Franz Reuter   Bettina Reuter

Einsatz in Afrika

Tagebuch des Leutnants Franz Reuter
1907 - 1908

Das Buch

63 Blätter in einem Schnellhefter, Tagebuch-Aufzeichungen einer aufregenden Zeit. Nur wenig mehr war übrig geblieben von dem Abenteuer, in das sich der junge Soldat Franz Reuter im Sommer 1907 gestürzt hatte und das er 14 Monate später mit seinem Leben bezahlen sollte.

Bettina Reuter, Ehefrau des Großneffen, schrieb die Seiten nicht nur ab, sondern ergänzte sie mit vielen interessanten Anmerkungen sowie Informationen durch seitdem veröffentlichtes Material.

Zudem wird von einem weiteren Abenteuer in Kamerun berichtet, das 80 Jahre später stattfand und Entwicklungen des Landes seit der Kolonialzeit beschreibt. Mit 23 Abbildungen und 4 Karten ergibt sich insgesamt ein bewegender Eindruck von Einsätzen junger Menschen in Afrika.

Die Autoren

Franz Reuter, geboren 1881 in Bielefeld, ergriff zur Zeit des Deutschen Kaiserreichs wie schon sein Vater den Beruf des Soldaten. Es war vermutlich die Sehnsucht nach fernen Ländern und eine unbändige Lust nach Abenteuern, die ihn schließlich im Juli 1907 nach Afrika brachten. In den hier vorliegenden Tagebuch-Aufzeichnungen beschreibt er anschaulich seinen Marsch durch den Dschungel Kameruns, die Zeit, die er auf seinem kleinen Posten verbrachte und die Auseinandersetzungen zwischen umliegenden Stammesmitgliedern und europäischen Händlern, bis er schließlich bei einem Gefecht eine tödliche Verwundung erlitt.

Bettina Reuter ist 1964 in Berlin geboren und auch dort aufgewachsen. Sie lebt heute zusammen mit ihrem Mann, dem Großneffen jenes Verfassers, in einem kleinen Dorf im Teutoburger Wald, unweit der Heimat Franz Reuters. Schriftliches Erzählen war lange bloß ein Zeitvertreib in Form von Briefen oder in Gestalt ihres Tagebuchs. Im Februar 2020 veröffentlichte sie unter einem Pseudonym einen Band mit Erzählungen.

Berührt durch die Aufzeichnungen und das Schicksal Franz Reuters bilden seine Aufzeichnungen zusammen mit ihren Ergänzungen nun ihr zweites literarisches Werk.

Franz Reuter   Bettina Reuter

Einsatz in Afrika

Tagebuch des Leutnants Franz Reuter
1907- 1908

©Bettina Reuter
Herstellung und Verlag: BoD – Books on Demand, Norderstedt
© 2020 Reuter, Bettina; Reuter, Franz
ISBN: 9783751980340
©Umschlaggestaltung Bettina Reuter

Alle Rechte liegen bei der Autorin
Bildnachweis siehe S. 189

Bibliografische Information der Deutschen Nationalbibliothek: Die Deutsche Nationalbibliothek verzeichnet diese Publikation in der Deutschen Nationalbibliografie; detaillierte bibliografische Daten sind im Internet über dnb.dnb.de abrufbar.

Inhaltsverzeichnis

Was vorher zu sagen wäre

Über hundert Jahre sind vergangen seit Franz Reuter in der abwechslungsreichen Landschaft Kameruns seine Erlebnisse und Abenteuer niederschrieb. Jahrzehntelang lagen die Aufzeichnugnen in der Schublade seiner Familie. Irgendwann in dieser Zeit, vermutlich in den 70er Jahren des letzten Jahrhunderts, wurden sie herausgenommen und Margot Reuter, Ehefrau des Neffen Franz Reuters, des Lesens der alten Schriftzeichen kundig, schrieb sie säuberlich mit der Schreibmaschine ab. So wie sie vieles im Auftrag ihres Mannes oder anderer niederschrieb. Danach ruhten auch diese 63 Blätter wieder in einer Schublade. Und dann war es wiederum eine Ehefrau, diesmal des Großneffen, die diese Blätter nun wiederum abtippte, jetzt mit Hilfe einer elektronischen Tastatur den Text auf die Festplatte ihres PCs bannte.

Mein Name ist Bettina Reuter und ich habe die Aufzeichnungen in den Habseligkeiten meines Schwiegervaters mit dem gleichen Namen, Franz Reuter, gefunden. Sie haben mich berührt, und ich befand, die offensichtliche Vergeblichkeit des Tuns jenes jungen Soldaten sollte sich nicht länger fortsetzen, sondern endlich ihre Bestimmung finden. Eigentlich hatte ich die Erinnerungen nur abschreiben wollen, um sie dann mit Hilfe dieser neuen Möglichkeit des Selfpublishings nun viel mehr Menschen zugänglich zu machen. Doch ich entdeckte dabei einmal mehr: wir wissen so wenig von der Geschichte unseres Landes und der anderer Länder sowieso. Aus der Kolonialzeit waren mir nur die oberflächlichen Fakten bekannt, die man uns fertig vorsortiert zu vermitteln sucht.

Ich liebe es, anhand von Büchern zu lernen und so neue Welten und auch Geschichte zu entdecken. Daher schätze ich es, wenn es mir beim Lesen eines Buches leicht gemacht wird und ich nicht selbst im weltweiten Netz nachschlagen muss. Die Fakten über die im Manuskript genannten Orte sollten eingefügt werden, ebenso die Bedeutung mancher Begriffe. Und auch die Vorgesetzten und Kameraden, die Franz Reuter erwähnte, wollte ich dem Leser näherbringen, als es allein der Name erreicht; sind sie doch keine Papierhelden sondern tatsächlich lebende Menschen gewesen, die nicht nur in diesem Manuskript eine Rolle spielen, sondern teilweise der Welt ihren mehr oder weniger großen Fußabtritt hinterlassen haben. Informationen darüber kann man teilweise im Internet und auch in gedruckten Büchern nachlesen.

Eine große Hilfe war mir dabei die Dissertation über die Kolonialzeit in Kamerun, die Florian Hoffmann 2007 verfasst hat[1]. In zwei Bänden wird darin die Geschichte der deutschen Kolonie Kamerun umfassend beleuchtet. Dort fand ich im 2. Teil auch die mir bekannten Lebensdaten jenes Leutnants Franz Reuter abgedruckt. So bleibt er nicht länger der ungreifbare Held eines Manuskripts, gleich einer Romanfigur, sondern gewinnt mehr Realität; wie all die anderen, denen er begegnete, die er festhielt in seinen Aufzeichnungen und die ich alle wiederfand im wissenschaftlichen Werk Florian Hoffmanns.

Ich erwarb gedruckte Exemplare der Dissertation und lernte dadurch viel über die Geschichte der Deutschen Kolonie Kamerun. Das bloße Tagebuch fand durch die Recherche eine nicht unerhebliche Ausweitung und es ist nicht länger nur das Werk Franz Reuters. Und doch glaube ich, dass mein Anteil nur eine Bereicherung dabei ist.

Die Worte des Urhebers ließ ich im Wesentlichen unverändert. Hier und da erlaubte ich mir kleine Änderungen zur besseren Lesbarkeit. So stellte ich die Sätze um, wo sie ungelenk klangen oder kürzte die Sätze, wenn der Urheber allzu viele Information in einem bandwurmartigen Satz unterbringen wollte. Dann wurden daraus zwei neue Sätze gebildet.

Eine Gliederung in Kapitel gab es nicht, diese habe ich vorgenommen und auch deren Überschriften stammen aus meiner Feder, um dem Leser einen Überblick zu geben.

Selbst als Autorin tätig, besitze ich einen anderen Stil. So war die Arbeit an dem Manuskript auch von der Herausforderung begleitet, die Persönlichkeit des Schreibers mit seiner ihm eigenen Ausdrucksweise zu würdigen und nur dann einzugreifen, wenn es gar zu holprig klang. Man muss sich

---

[1] »Okkupation und Militärverwaltung in Kamerun«, Teil I und II, Florian Hoffmann, Cuvillier Verlag Göttingen, 2007

auch vor Augen halten, dass Franz Reuter im Alltag seines Expeditionslebens meist nur wenig Zeit hatte, seine Erlebnisse niederzuschreiben und das Manuskript die erste Urschrift darstellt.

Ich habe die teils für uns altmodisch klingenden Worte beibehalten und auch die Ortsnamen in der damals üblichen deutschen Schreibweise belassen. In den Anmerkungen verwendete ich dann aber nach Hinweis die heute übliche Orthografie.

Auch die für uns heute herablassend klingenden Worte wie *Neger, Nigger* oder auch *Kaffer* habe ich belassen und bitte darum, sie mit dem Hintergrund der damaligen Zeit zu lesen. Diese wird hier nur dadurch deutlich, wenn man die Worte nicht vermeidet, sondern benennt. Indem man versucht, den Worten nachzuempfinden, wie sie tatsächlich ausgesprochen wurden und gemeint waren, nur dann kann Geschichte vollständig dargestellt sein und ist nicht länger kurzgefasst durch die heutige, allseits anerkannte Brille.

Warum als Soldat nach Afrika??

Jener Franz Reuter war für mich lange nur eine Gestalt in der Familiengeschichte meines Ehemannes. Sein Schicksal war bekannt: Soldat bei den »Schutztruppen« in Kamerun und leider auch dort in jungen Jahren verstorben. Sein Fehlen gehörte zur Geschichte dazu, er selbst blieb dahinter verborgen, sein früher Tod war die ganze Geschichte zu seinem Namen.

Für mich ist Familie auch immer ein berührendes und spannendes Netz von Persönlichkeiten, deren Schicksal einander bedingt. Je mehr ich mich den einzelnen Menschen nähere, je besser ich sie erfühle und verstehe, desto näher komme ich auch mir selbst. Mein Leben ist von all dem geprägt, nicht ausschließlich, aber gewisse Grundbedingungen werden dadurch gesetzt. Sie sind die Startpunkte meines eigenen Lebens, von dort aus bin ich es dann, die gestaltet.

Er könnte mir fern sein, jener Franz Reuter. Nur durch meine Heirat des Großneffen bin ich ein Teil des Reuter'schen Netzes. Deren Schicksale hatten keinen Einfluss auf meine Startbedingungen, wohl aber auf die meines Mannes, indirekt, in gewisser Ferne, und zusammen mit der schweren Geschichte Deutschlands, deren Folgen uns alle geprägt haben.

In den Hinterlassenschaften meines Schwiegervaters entdeckte ich die Tagebuchaufzeichnungen des Franz Reuter: 63 Seiten, mit Hilfe einer Schreibmaschine abgetippt, unscheinbar in einem Schnellhefter abgelegt. Die handschriftliche Urversion ist offensichtlich verloren gegangen oder wurde möglicherweise vom Neffen als nicht mehr benötigt vernichtet. Das wäre ihm zuzutrauen, meinem Schwiegervater mit dem gleichen Namen. Jüngst ergaben vage Hinweise aus der Familie eine neue Spur: möglichlicherweise sind sie dem Detmolder Landesmuseum zur Verfügung gestellt worden. Die Recherche im Anschluss an meine Nachfrage dauert derzeit noch an.

Es war mir eine große Freude, in den letzten Wochen gemeinsam mit Franz Reuter Kamerun zu bereisen. Ich erlebte die ihm aufregend fremde

Welt durch seine Augen und ich bin ihm dabei recht nahe gekommen. Mittlerweile kann ich sagen: so gern wäre ich ihm selbst begegnet!

Aber dies wäre wohl kaum geschehen, auch wenn er nicht so jung gestorben wäre. In dem Jahr, als ich geboren wurde, hätte er seinen 83. Geburtstag gefeiert.

Doch sehr gern hätte ich mit ihm »gemütlich« beisammen gesessen, so wie er es mochte und all die Fragen gestellt, die noch offen sind, die Erlebnisse gehört, die unerzählt blieben.

Die Erzählweise der Geschichte eines jeden Landes durch Rückschau erscheint uns sehr vertraut. Es ist so leicht, darin das Geschehen sogleich einer Beurteilung zu unterziehen. Man weiß ja auch wie es ausgegangen ist und wie die Folgen waren. Das Leben wird jedoch nach vorne gelebt, wir wissen heute noch nicht wie die Zukunft verlaufen wird und wie sich politische Situationen entwickeln werden. Wir alle sind im Moment des Geschehens geprägt von den Wertvorstellungen, die uns zu diesem Zeitpunkt umgeben, in der Presse und den übrigen Medien dargelegt, und auch in der Gesellschaft, in der wir uns bewegen.

Wer war nun jener junge Mann, in welche Familie wurde er hineingeboren und wie waren seine Startbedingungen zu dieser Zeit? Es ist ein kleiner Ausflug in die Geschichte der Familie Reuter und der des deutschen Landes nötig, um zu verstehen, warum der junge Franz so frohgemut und unbeschwert zu seinem Abenteuer aufbrach.

Franz Georg Hermann Wilhelm Reuter wurde am 19. November 1881 in Bielefeld geboren. Er war das zweite Kind von Franz Friedrich Rudolf Reuter und seiner zweiten Frau Sophie.

Der Vater selbst war 1842 in einer für Deutschland unruhigen Zeit geboren worden. Und es gab dieses Land noch nicht einmal als solches. Vielmehr gab es nur den »Deutschen Bund«, einen losen Zusammenschluss von eigenständigen Königreichen sowie Herzog- und Fürstentümern. Seit der Neuordnung durch den Wiener Kongress 1815 gehörte das ehemalige Herzogtum Westfalen nun als Provinz Westfalen zum Königreich Preußen und der Großvater Wilhelm, studierter Jurist, diente seinem Herrn als »Königlich Preußischer Justizrath« in der Kreisstadt Höxter.

In eine gutbürgerliche Familie hineingeboren, erlebte Vater Franz die Unruhen der 1848er Jahre wahrscheinlich wenn überhaupt, nur über die strenge Gegenseite der Rebellen: die Justiz. Ab 1861 folgte Vater Franz zunächst dem ungeschriebenen Familiengesetz und studierte wie schon Vater und Großvater ebenfalls Jura. Möglicherweise war eines der behandelten Themen in den Vorlesungen der gemeinsame Verfassungskonflikt Preußens und Österreichs mit Dänemark um das Herzogtum Schleswig. Der Konflikt mündete ab Februar 1864 in den Deutsch-Dänischen Krieg, der bereits nach wenigen Wochen mit der legendären Erstürmung der Düppeler Schanzen im April für Preußen und Österreich erfolgreich entschieden war. Der Friedensschluss im Oktober bescherte Preußen das Herzogtum Schleswig sowie über einen Kauf von Österreichs Rechten auch das Herzogtum Sachsen-Lauenburg. Es war der erste der drei Deutschen Einheitskriege.

Diesen ersten erlebte Vater Franz nur aus der Ferne, bevor er dann sein Studium im Herbst 1864 erfolgreich abschloss. Da war er 22 Jahre jung, die Euphorie des siegreichen Kampfes muss ihn wohl ergriffen haben, denn Franz sen. trat im folgenden Frühjahr zunächst als Einjährig-Freiwilliger in die Armee ein, die er wie geplant als Reservist im Frühjahr 1866 wieder verließ.

Möglicherweise wäre sein Leben und das seiner Söhne ganz anders verlaufen, wenn nicht wenige Wochen später der Deutsch-Österreichische Krieg ausgebrochen wäre. Vordergründig ging es um Konflikte in der Verwaltung der Herzogtümer Schleswig und Holstein, eher Aufhänger zur Klärung als der letzte Tropfen vor dem Überlaufen. Wie so oft in der Weltgeschichte waren wirtschaftliche Fragen und Konflikte der Hintergrund und viel weniger imperialistische Großmannssucht, aber die lässt sich dem ahnungslosen Volk leichter verkaufen und ist besser geeignet, um für die eigene Intention die gute Seite von der bösen deutlich zu unterscheiden.

Seit 1815 rang man nun darum, wie der Nachfolger des Heiligen Römischen Reiches aussehen sollte. Es galt, eine neue Balance in Europa zu finden. Und schon damals begriff man rasch: viele Zollgrenzen und uneinheitliche Gesetze erschweren den Handel und schaffen Nachteile gegenüber dem wirtschaftlich so erfolgreichen England. Wie heute überließ man 1815 die einheitlichen Gesetze späteren Verhandlungen in der Zukunft.

Preußen ergriff zusammen mit seinen Verbündeten die Initiative, dies führte zunächst 1834 zum erfolgreichen »Deutschen Zollverein«. Doch eine wirtschaftliche Zusammenarbeit ist eben auch nur ein Bein und führt nicht automatisch zu einem neuen Staat. In den folgenden Jahren wurde heftig diskutiert und um kleindeutsche Lösungen (ohne Österreich) und großdeutsche Lösungen (mit Österreich) gerungen. Für das große Habsburger Reich war damit die Frage verbunden, wie dann Ungarn zu behandeln wäre, eine Abtrennung von Österreich für ein Großdeutsches Reich war undenkbar und führte zum konsequenten Nein der Österreicher für diese Lösung.

Die Unruhen 1848/49 führten schließlich zu vielfältigen Versuchen von Bündnissen und Unionsgebilden: es gab für 6 Monate ein *Deutsches Reich*, gefolgt von einer *Bundeszentralkommission* und der *Deutschen Union*, bevor man 1851 wieder zum vorrevolutionären *Deutschen Bund* zurückkehrte, der aber nur eine »*völkerrechtsvertraglich vermittelte Vereinskompetenz*« besaß, also nur den kleinsten gemeinsamen Nenner abbildete. Kommt uns in Bezug auf die EU irgendwie bekannt vor, nicht wahr?

Die strategischen Ideen des preußischen Ministerpräsidenten Bismarck standen unvereinbar denen Österreichs gegenüber: der eine forderte, der Zeitströmung geschuldet, klug ein vom Volk gewähltes Nationalparlament, wodurch das bevölkerungsreiche Preußen einen Vorteil erreicht hätte. Österreichs Ideen für einen künftigen Bundesstaat als »*Frankfurter Reformakte*« 1863 vorgelegt, beinhalteten eine für jedes Land festgelegte Anzahl von Vertretern und ein Direktorium unter Vorsitz Österreichs. Ein periodischer Wechsel an der Spitze, wie von Preußen vorgeschlagen, war bei dem Vorschlag hingegen nicht vorgesehen. Bismarck war es dann schließlich, der die Lösung des Konflikts auf dem Schlachtfeld herbeiführte durch den Einmarsch der Preußischen Armee in Holstein am 7. Juni 1866, was Österreich natürlich als Angriff eines Bündnispartners wertete und seinerseits zwei Tage später nach erfolgreichem Antrag beim Deutschen Bund die eigenen Truppen und die seiner Verbündeten mobilisierte.

Vater Franz ereilte also kaum einen Monat nach seiner Entlassung als Reservist schon wieder der Rückruf zur Armee im Mai 1866, wie er in seinen Erinnerungen schreibt. Es folgten Wochen voller Anstrengung und Abenteuer für den jungen Mann. Zunächst erlebte er den Erfolg gegen die

Hannoversche Armee:

»erst im Hannoverschen Lande wurde es ernster, vorn ertönten Schüsse, Husaren jagten umher und auf einmal war die Chaussee mit Spielkarten übersät, die die abergläubischen Soldaten vor dem Gefecht wegwarfen. Der Marsch nach Hannover wurde mir, da ich seit 4-5 Tagen nicht ins Bett gekommen war, sehr schwer. ... Die Hannoversche Armee war kurz zuvor entwischt, wir hinterher ... über Kassel, Eisenach pp, zogen wir nach Süden und hatten unser erstes Gefecht am 4. Juli bei Dermbach. Hier fiel mein Hauptmann v. Konrezinski und mein guter Freund Leutnant Piehl ... wir zogen ... nach Kissingen. ... rückten unter heftigem Granat- und Gewehrfeuer in die schon genommene Stadt, sahen auf Plätzen unsere Verwundeten und auf Matratzen gebettete Offiziere liegen, die uns beim Vorbeimarsch lustig zuriefen. Draußen vor dem Thor an der mit Kugelspuren übersäten Kirche und dem Kirchhof vorbei ... sahen wir vorwärts unsere Gefallenen liegen. Leutnant Plange stand wie ein Held im tollsten Feuer aufrecht ... naßkalt, nichts zu essen und zu trinken, Lager im Kornfeld auf einem toten Pferd. Von morgens 4 Uhr bis abends im Dunkeln ununterbrochen marschiert und gefochten ... Am 16. Juli Einzug in Frankfurt am Main, Gefecht bei Tauberbischofsheim ... nach Würzburg, Waffenstillstand und Beförderung zum Landwehroffizier.«

So grausam wie es für uns heute klingt, waren es für den jungen Franz offenbar überaus erfüllende Wochen, sodass er sich, nach Höxter zurückgekehrt, entschloss, beim Regiment zu bleiben. Ein Offiziersexamen wurde ihm wegen »Tapferkeit vor dem Feind« erlassen, ab 16. August 1866 diente er als Leutnant im 6. Westfälischen Infanterie-Regiment Nr. 55, das auch für seinen ältesten Sohn Wilhelm eine große Bedeutung erlangen sollte.

Es folgten für Vater Franz glückliche und dann auch erfolgreiche Jahre in der Preußischen Armee.

»Nun kam der Krieg 1870/71, den ich als Adjutant des 2. Bataillons im 55er Regiment mit all seinen Schlachten und Gefechten mitmachte.« Es ist hier nicht nötig die genauen Hintergründe zu beschreiben, die zu diesem neuerlichen Krieg führten. Die politische Situation hatte sich durch die beiden vorhergehenden nicht wesentlich geändert und man suchte noch immer nach einem Modell für ein neues Staats- oder Staatengebilde. Und wie heute werden mitunter Kriege aus vorgeschobenen oder bewusst initiierten Situationen heraufbeschworen, um in einer Zwangssituation Gesetze oder sogar

ganze Verfassungen neu zu schreiben und das eigentliche Ziel zu erreichen. Frankreich spielte Bismarck in die Hände und so genügte nur ein kleines Missverständnis im Zusammenhang mit der legendären Emser Depesche, für den Beginn dieses letzten der deutschen Einheitskriege. Bismarck verschaffte es den nötigen Druck auf die Einzelstaaten, um sie endlich einig hinter sich zu versammeln im gemeinsamen Vorgehen gegen Frankreich.

»Am 29.10. rückten wir in Metz ein. Unterwegs brachte mir ein Adjutant das Eiserne Kreuz. Dann lagen wir bis 6. Dezember in Metz ...«, schreibt Vater Franz darüber. Ungeachtet des laufenden Krieges gelang es Bismarck, das Gemeinsame rasch in eine neue Verfassung zu gießen, die am 1. Januar 1871 nun endlich zu dem gewünschten deutschen Nationalstaat, dem Deutschen Kaiserreich führte. Der Waffenstillstand in dem kurzen, aber für Deutschland so erfolgreichen Krieg wurde am 31. Januar unterzeichnet, ein offizieller Friedensvertrag dann am 10. Mai 1871.

Der normale, wenig aufregende Garnisonsdienst ab dem Sommer 1871 behagte dem mittlerweile 29 jährigen Franz sen. dann weniger:

»und ich war entschlossen, meinen Abschied zu nehmen, als ich im September die Nachricht von meiner Berufung zur Kriegsakademie in Berlin erhielt. Drei Jahre Akademie in Berlin, eine Wiederholung der fröhlichen Studentenzeit, im Herbst jeden Jahres noch ca. 3 Monate zum Regiment und zum Manöver.«

In diesen Jahren erhielt Vater Franz an der Preußischen Kriegsakademie eine fundierte Ausbildung. Im Unterschied zu den Kadettenanstalten und Kriegsschulen für Offiziersanwärter bildete die Kriegsakademie Offiziere für den Generalstab aus, heute vergleichbar der Führungsakademie der Bundeswehr. Als Oberleutnant kehrte er zurück zu »seinem« 6. Westfälischen Landwehr-Regiment Nr.55, ab 1881 dann Hauptmann und Kompaniechef. Und bevor er es sich wiederum anders überlegen konnte, wurde er als Lehrer zur Kriegsschule nach Erfurt abkommandiert.

Dazwischen liegen aber auch tragische Ereignisse wie der Tod seiner ersten Ehefrau und der gemeinsamen Tochter 1877 im Kindbett. Doch dem sollten bald wieder glückliche Ereignisse folgen:

»Am 1. Januar 1879 war ich bei Carl Bertelsmann zum Mittagessen geladen, fand dort fröhliche Gesellschaft und mir gegenüber am Tisch Fräulein Sophie Gante vor, eine Freundin meiner verstorbenen Frau. Ihr fröhliches, frisches Gesicht, ihre

lebhafte Unterhaltung ließen in mir sofort den Wunsch aufsteigen, sie näher kennen zu lernen. Und ich wurde hierin bestärkt durch einen Traum, den ich bald nach dem Tode meiner ersten Frau gehabt hatte, in welchem mir diese erschienen war und mir sagte: ,Sophie wird Dich trösten.' Ich hatte den Gedanken weit von mir gewiesen, jetzt tauchte er verstärkt wieder auf. Am folgenden Tage schrieb ich ihr einen Brief, dem alsbald eine zusagende Antwort folgte. Am 10. Januar 1879, abends 6 Uhr wurde ich in ihr Haus bestellt und wir verlobten uns zur großen Überraschung des Vaters. Am 28. Juni 1879 fand unsere Trauung im Hause statt und wir machten unsere Hochzeitsreise den Rhein herauf, Schweiz, Meiringen, Interlaken ect.«

Es muss eine überaus glückliche Reise gewesen sein, denn der älteste Sohn Wilhelm erhielt später als Geschenk zu seiner Hochzeit eine Reise der Eltern nach Interlaken, gleichermaßen glückselige Erinnerungen später für Wilhelms Frau Lydia.

Zehn Monate nach jener Hochzeit wurden Franz und Sophie im April 1880 Eltern eben dieses ersten Sohnes. Und nur weitere 18 Monate später, im November 1881, erblickte dann der zweite Sohn, eben jener Franz Reuter, um den es eigentlich in diesem Buch geht, das Licht der Welt.

Die beiden Söhne erlebten ihren Vater als erfolgreichen Berufssoldaten, der nach einer weiteren Station als Lehrer der Kriegsschule im schlesischen Glogau, 1887 als Kompaniechef des 7. Pommerschen Infanterie-Regiments Nr. 54 nach Kolberg versetzt wurde. Dieses wurde 15 Jahre später auch das »Heimat-Regiment« des zweiten Sohnes Franz, verbunden mit vielen schönen Erinnerungen. In Kolberg wurde schließlich im Dezember 1889 der dritte Sohn von Franz und Sophie geboren, Herbert.

Schon seit der Beförderung zum Major 1891 war Vater Franz, noch in Kolberg wohnend, einem Nebenetat des Großen Generalstabs zugeteilt worden. Und noch einen weitere Stufe auf der Karriereleiter stand ihm bevor: mittlerweile im Range eines Oberstleutnant erhielt er 1898 nun die Ehre, zum Großen Generalstab in Berlin berufen zu werden. Man zog wieder einmal um, nun also die Hauptstadt.

Und wiederum ist ein kleiner Ausflug in die Geschichte Deutschlands nötig, um die Bedeutung der Position dieser Gruppierung innerhalb der Armee deutlich werden zu lassen. Dazu müssen wir zurückgehen bis zur

Niederlage Preußens und der anderen deutschen Gebiete im Krieg gegen Napoleon 1806. Das einstmals hochgerühmte preußische Militär Friedrichs des Großen war zu dieser Zeit nur noch ein heruntergekommener, schlecht organisierter Haufen, den Napoleon mit seiner neuformierten Armee und modernen Waffen mühelos überrannte.

Wie so oft im Leben der Menschen ist erst eine gehörige Leidenszeit nötig, bis man bereit ist, Änderungen vorzunehmen und von alten, überholten Vorstellungen abzulassen. Und für Preußen und all die anderen Gebiete waren diese Jahre unter französischer Herrschaft durchaus schmachvoll: die Hauptstadt Berlin von Franzosen besetzt, der König in das noch sichere Ostpreußen geflohen. Erst durch eine gründliche Reorganisation des Militärs durch Gerhard von Scharnhorst und August Neidhardt von Gneisenau gelang 1813 in den Befreiungskriegen unter dem Generalfeldmarschall von Blücher ein glorreicher Sieg. Noch heute gibt das Völkerschlachtdenkmal in Leipzig Zeugnis davon. Als Vater Franz 1842 geboren wurde, waren seit dieser Leidenszeit sowie dem Sieg im Anschluss erst 30 Jahre vergangen.

Die Idee eines Generalstabs war nicht neu, aber in den Jahren ab 1807 wurde sie weiter verfolgt und es entstand die sich später so bewährende, neue Spitzenbehörde innerhalb des Militärs, ab 1821 auch nicht länger dem Kriegsministerium unterstellt. In den verschiedenen Abteilungen erhielten u.a. Führungsoffiziere dort ihre Schulung, um ihrerseits entweder die Truppen auszubilden oder zu führen; in einer anderen Abteilung wurden Kriegsgeschichte und Schlachtpläne der Vergangenheit wissenschaftlich analysiert, in der Abteilung Preußische Landesnahme ein großes topographisches Kartenwerk erstellt und verwaltet. Die wissenschaftlichen Ausarbeitungen durch Carl von Clausewitz trugen in erheblichem Maße zur Entwicklung bei. Der Generalstab wurde Schaltzentrale und nahm bald die höchste Kommandogewalt ein, zuständig für Vorbereitung, Leitung und Ausführung der militärischen Operationen.

Seit der glänzend bestandenen Bewährungsprobe der neuformierten Armee 1866 unter dem neuen Generalstabschef Helmuth von Moltke in den Einigungskriegen war »generalstabsmäßige Planung« ein Begriff, der synonym für gute Planung auch in anderen Bereichen verwendet wurde und bis heute im Sprachgebrauch ist. Spätestens seit dem Sieg 1871 war Deutschland endlich wieder eine wahrnehmbare und geachtete Größe geworden. In den erfolgreichen Gründerjahren setzte sich die glückliche Zeit fort. In dieser Zeit wuchsen die drei Söhne auf, diese Atmosphäre atmeten sie ein. Und sie hörten von den ruhmreichen Erlebnissen des Vaters in den erfolgreichen Kriegen, der letzte lag kaum 30 Jahre zurück.

Auch für uns ist heute die Zeit des Mauerfalls und das Glück des geeinten Deutschlands noch sehr präsent, auch für uns sind seither erst 30 Jahre vergangen.

In diese Führungsbehörde, dem Großen Generalstab in Berlin wurde Vater Franz nun 1898 versetzt, eine Position voller Prestige. Man wohnte gutbürgerlich in einer großen Wohnung mit hohen Räumen im Bezirk Charlottenburg, gegenüber des Kleinen Tiergartens.

Und vermutlich gehörte es in dieser Zeit einfach dazu, dass der älteste Sohn den gleichen Weg einschlagen sollte und bereits in jungen Jahren zur umfangreichen Ausbildung in die Kadettenanstalt geschickt wurde. Es gibt ein Photo von Wilhelm, das ihn 1893, im Alter von 13 Jahren in seiner Uniform zeigt. Bei Franz, dem zweiten Sohn, wurde vermutlich ein anderer Weg gewählt, denn dieser erwähnt in seinen Aufzeichnungen seine Erinnerungen an das Luisenstädtische Gymnasium in Berlin. Dies war der Alternativweg für die Ausbildung zum Soldaten: nach dem Abitur am Gymnasium besuchte man als Fahnenjunker eine Kriegsschule. Nach drei Jahren schloss man den Lehrgang ab und wurde zum Leutnant ernannt. Für den jungen Franz Reuter war dieses Ziel im Januar 1902 erreicht.

Ein Soldat verbringt berufsbedingt viel mehr Zeit mit seinen Kameraden als Menschen anderer Beschäftigung mit ihren Kollegen. Mehr noch als in sonstigen Berufsgruppen werden wohl Beziehungen genutzt für die Besetzung von Positionen. Und so fällt es auf, dass der junge Leutnant Franz in das gleiche 7. Pommersche Infanterie-Regiment Nr. 54 berufen wird, in dem schon sein Vater Kompaniechef gewesen war und Franz somit nach Kolberg zurückkehrt. Und es fällt weiteres auf, das womöglich seinen Weg als Kolonialoffizier beeinflusst hat: in eben diesem Regiment in Kolberg hatte vordem auch ein Soldat mit bekanntem Nachnamen gedient: Oskar von Lettow-Vorbeck. Es ist vermutlich auch kein Zufall, dass Vater Franz einst dorthin berufen worden war, denn vermutlich hatten sich die Wege beider im Krieg 1870 in Metz gekreuzt und sie blieben womöglich im Kontakt. Die

Lettow-Vorbecks sind ein altes pommersches Adelsgeschlecht und waren mit vielerlei Nachkommen in der Preußischen Armee vertreten. Einer der bekanntesten ist wohl Paul von Lettow-Vorbeck, der von 1904 - 1906 als Kompaniechef unter Lothar von Trotha in Deutsch-Südwestafrika diente und zugegebener Maßen damit verbunden, zweifelhaften Ruhm erlangte. Allerdings wurden die Zweifel erst in den letzten Jahren laut. Bis dahin gab es zahlreiche Straßen und Schulen, die seinen Namen trugen. Ob nun direkt durch Begegnungen mit Verwandten Lettow-Vorbecks oder indirekt über Artikel und Berichte, der junge Franz interessierte sich sehr für den Dienst in den Kolonialgebieten. Vermutlich war es eher das Fernweh, das Bedürfnis ferne Länder und andere Kulturen zu sehen und weniger das aufregend-martialische Kampfgeschehen, das ihn reizte. Diesen Eindruck gewann ich aus seinen Aufzeichnungen.

Das Ziel als Offizier der Schutztruppen eingesetzt zu werden, war nicht leicht zu erreichen. Viele junge Soldaten interessierten sich für einen solchen Einsatz.

Es seien »*abenteuerliche und gewalttätig veranlagte Naturen*« und »*mißratene Söhne ... hochstehender, einflußreicher Herren*«[2], so wird in der deutschen Bücherlandschaft gern über die Angehörigen der Schutztruppen berichtet. Es ist das Bild, das man in unserer Zeit zeichnen möchte. Doch die tatsächlichen Umstände sahen anders aus, wie Florian Hoffmann in seiner Dissertation schreibt. In der Schutztruppenordnung wurden »*gute dienstliche und außerdienstliche Führung, absolute Zuverlässigkeit, solider Lebenswandel, gute militärische Ausbildung, vor allem im Felddienst und im Schießen, Fähigkeit zu selbstständigem Handeln für alle Chargen*« gefordert. Darüber hinaus war nach einer mindestens dreijährigen Dienstzeit als Offizier eine gute dienstliche Qualifikation Bedingung, sowie »*ein ruhiger, fester Charakter, klares Urteil, Sicherheit und Festigkeit im Entschluß, Verständniß der Behandlung Untergebener, taktvolles Verhalten gegen Vorgesetzte, kameradschaftlicher Sinn, Schuldenfreiheit und geordnete Verhältnisse ... unbedingte Erfordernisse.*«[3]

Laut Hoffmanns Quellen überstieg die Anzahl der Anwärter den Bedarf

---

[2] Gustav Noske »Kolonialpolitik und Sozialdemokratie« 1914,
    zitiert nach F. Hoffmann
[3] Schutztruppenordnung §7, zitiert nach F. Hoffmann

um ein Vielfaches und so war eine einwandfreie Beurteilung ohne Ausnahme notwendig. In den Anfängen der Entsendung von Kolonialregimentern gab es kaum eine spezielle Ausbildung oder Vorbereitung. Allerdings wurde darauf geachtet, dass die Soldaten neben den körperlichen Anforderungen auch besondere Eigenschaften und Fertigkeiten besaßen. Eine körperliche Leistungsfähigkeit, Abhärtung und Anspruchslosigkeit war selbstverständlich. Daneben wurden Erfahrungen im Anfertigen von Skizzen für die Kartographie, der Umgang mit meteorologischen Instrumenten, Theodolithen und Sextanten zur Vermessung im Gelände, Grundkenntnisse im Umgang mit Segel- oder Ruderbooten, im Bau von einfachen Unterkünften sowie im Gartenbau und Viehzucht erwartet.

In der Zeit als sich Franz Reuter für den Einsatz bei den Schutztruppen bewarb, war der Besuch des Seminars für Orientalische Sprachen für die Vorbereitung mittlerweile verpflichtend. Darin wurden neben Grundkenntnissen der vorherrschenden Sprachen auch Kenntnisse unter anderen zur astronomischen Ortsbestimmung, Pflanzenkunde, Rechtskunde für Kolonialgebiete und Konsulargeschäfte, Islamkunde und Tropenhygiene vermittelt, so beschreibt es auch Franz Reuter in seinen Aufzeichnungen. Es gab sogar die Vermittlung praktischer Fähigkeiten zur Photographie und chemische Technologien oder, wie es Franz Reuter erlernte, im Präparieren von Tieren.

Für Soldaten gab es in der langen Friedenszeit nur in den Kolonialgebieten eine Möglichkeit zur Auszeichnung oder Bewährung. Auch heute ist es nicht ungewöhnlich, dass das Erlernte natürlich eingesetzt werden soll. Vielmehr ist es eigentlich alltäglich, ohne dass dies in den Medien heute direkt thematisiert wird, dass in Stellvertreter-Kriegen das eingekaufte Material erprobt wird und die eigene Schlagkraft potentiellen Gegnern demonstriert werden soll. Ein ganzer Industriezweig ist heute gerade daran sehr interessiert und bezieht daraus sein Einkommen.

Für den jungen Franz Reuter war schon nach vier Jahren Dienst als Leutnant das Ziel erreicht: er wurde auf die Anwärterliste der Schutztruppen gesetzt.

Erinnern Sie sich, verehrter Leser, an Ihre jungen Jahre? Welche Träume hatten Sie im Alter von 26 Jahren, welche Flausen gab es, über die Sie heute den Kopf schütteln. Und in welche riskanten Abenteuer haben Sie sich gestürzt, die hoffentlich am Ende ein glückliches oder wenigstens glimpfliches Ende fanden? Oder blieben Sie am Ende immer auf sicheren Pfaden und die Heldentaten blieben ein Gedankenspiel?

Nach meiner Beobachtung sind es gerade die letzten Jahre vor dem 30. Geburtstag, in denen wesentliche Reifeprozesse geschehen: die berufliche Ausbildung ist bei den meisten spätestens jetzt abgeschlossen und viele lernen in diesen Jahren durch Versuch und Irrtum welche Ziele ihnen wichtig sind. Oft braucht es leider eine Enttäuschung, eine Desillusionierung, aber auch einen klaren Blick und eine gesunde Portion Reflektion, die uns unsere Sicht auf die Welt infrage stellen lassen. Mit 26 Jahren hat man eher weniger Erfahrungen solcher Art gemacht. Zudem waren vor 100 Jahren die gesellschaftlich anerkannten Wege viel stärker vorgezeichnet und ein Ausreißen geschah eher selten.

Die Entscheidung eines Soldaten, sich den Schutztruppen anzuschließen war zu jener Zeit ein eher prestigereicher Weg. Zudem waren ferne Länder viel weniger bekannt und erreichbar als heute. Der letzte Krieg lag über 30 Jahre zurück, man lebte in einer Zeit ähnlich großer Sicherheit wie heute.

Wie viele junge Menschen begeben sich heute auf Trecking-Touren in die Gebirge Asiens, in die Wüsten Afrikas oder auch in die europäischen Alpen. Und manch einer kehrt auch heute durch leichtsinnige Entscheidungen oder Fehltritte von diesen Abenteuern nicht zurück.

In den 70er Jahren des letzten Jahrhunderts hielten uns die Taten der jungen RAF-Anhänger in Aufregung, heute sind es die der NeoNazis. Aus beiden Richtungen gibt es allerdings auch Berichte von jenen, die nach einiger Zeit mit zunehmender Erfahrung reflektieren und den eigenen Weg korrigieren.

Wenn wir heute über die Schutztruppen-Soldaten sprechen, ist der Sog, sich der im Allgemeinen von den Medien und der Literatur kolportierten Meinung anzuschließen groß. Dem Schicksal des einzelnen Menschen wird man dabei nicht gerecht. In diesem Buch wird jedoch das Schicksal eines Einzelnen beleuchtet und soll im Vordergrund stehen. Viel zu wenig wird dies geachtet und muss hinter dem Bewusstsein um die Schuld der Nation zurücktreten.

Hier soll es umgekehrt sein: Franz Reuter soll im Fokus stehen, das urpersönliche Erleben seines Abenteuers, seine Freude an der Natur und sein Handeln sowie die persönlichen Folgen für seine Familie.

Und nicht zuletzt bitte ich darum, sein Leben in dem gesellschaftlichen Hintergrund der damaligen Zeit zu lesen und zu verstehen. Natürlich urteilen wir heute anders, wir wissen viel mehr und die Entwicklung der gesellschaftlichen Meinung und der Erziehung ist voran geschritten. Man nehme nur die Prügelstrafe, die vor 100 Jahren in den Familien noch fast selbstverständlich war. Aber verkennen wir nicht die Realität, wenn wir uns über das vermeintliche Relikt aus einer vergangenen Zeit empören? Ist doch auch heute diese Art der Disziplinierung in vielen Ländern verbreitet und wird sogar in Deutschland nicht selten genutzt. Nur damals empörte sich wohl kaum einer darüber. Das Prügeln galt mehr oder weniger als legitime und übliche Disziplinierungsmaßnahme.

Es liegt mir fern, all die unguten und teilweise grausamen Handlungen der Kolonialtruppen Deutschlands und der aller anderen Länder zu verharmlosen. Auch ich war erschrocken und bestürzt bei der Recherche, das wahre Ausmaß und manche Einzelheit zu lesen. Auch Franz Reuter erhob die Hand gegen Schwarze unter seinen Untergebenen und vermutlich erschoss er, oder auf Befehl sein Unteroffizier, ohne Reue nicht nur einen der »aufmüpfigen« Einheimischen. Es ist traurig und bitter, dies zu lesen, es eingestehen zu müssen, auch wenn es nur eine Seite ist im Leben des Franz Reuter. So soll dieser Bericht keineswegs eine Verharmlosung oder gar Glorifizierung darstellen, nur weil hier ein Familienangehöriger betrachtet wird.

Es wäre in meinen Augen aber auch eine Missachtung der Wirklichkeit, wenn wir Schicksale der Vergangenheit nur mit einer rosaroten Brille des entwickelten »Gutmenschtums« betrachten mit dem wohligen Gefühl, dass wir ja zu den Besseren gehören. Wenden wir nicht gerade dann eine Art klassifizierenden Denkens an, gegen die wir uns heute eigentlich verwehren?

Indem wir uns als die weiter entwickelten Menschen, die Besseren, fühlen, erheben wir uns über die vorherigen Generationen. Auch heute lesen wir von dem Sog, den der IS auf seine Anhänger ausübt, von seiner gnadenlosen Anwendung von Gewalt; wir lesen von den Taten der Al-Shabab-Miliz in Afrika, von den Folterungen im Gefängnis von Abu Ghraib und von brutaler Gewalt bei Festnahmen durch Polizisten. Die psychologische Kraft, die von einem Ideal, einer Gruppe, Partei oder der Doktrin eines Staates ausgeht, kann immens sein. Wir alle sind auch heute nicht gefeit davor, dem Sog nachzugeben, die Kritikfähigkeit zu verlieren und sich der Meinung der Masse anzuschließen.

Natürlich müssen wir uns von Gewaltakten distanzieren, aber wir dürfen uns nicht darüber erheben. Die Möglichkeit, der eigenen Täterschaft bliebe uns somit verschlossen und wir könnten insofern auch das Schicksal eines anderen nicht wirklich nachempfinden. Wir bleiben außerhalb seines Erlebens.

Ich bitte also darum, sich IN das Leben des Franz Reuter zu begeben und mit ihm und seiner Familie sein letztes Abenteuer zu erleben.

Und nun ist der einleitenden Rede genug und er selbst soll nun endlich zu Worte kommen!

Doch zuvor noch einige Photos aus dem Familienalbum, damit die Personen ein Gesicht erhalten.

Abb. 1
1864, Franz Reuter sen. als Student

Abb. 2 Sophie Reuter, geb. Gante

Abb. 3,
Franz Reuter sen. als Leutnant

Abb. 3 + 4   *die Söhne:*

    Wilhelm und Franz Reuter   *Franz und Wilhelm Reuter*

Abb. 5   *im Jahre 1895*

    Franz Reuter sen., Mitte, zusammen mit zwei seiner Brüder, sowie den Söhnen:

      Franz jun.   *Herbert*   *Wilhelm*

Abb. 6 Die Eltern Franz und Sophie Reuter mit den Söhnen
     Franz jun.   Herbert   Wilhelm

Abb. 7 + 8, Franz Reuter   und   Sophie Reuter
            1904

Abb. 9   Weihnachten 1907 in Berlin-Charlottenburg,
Franz Reuter nur als Photo auf dem Tisch, er ist bereits in Kamerun

Abb. 10, Franz Reuter als Leutnant der Schutztruppe

Tagebuch des Leutnants
Franz Reuter 1907- 1908

Beginn und Vorbereitung

Am 2. September 1906 traf endlich die höchst erfreuliche Nachricht ein. Der Regimentsadjutant teilte mir mit, daß ich nunmehr auf der Anwärterliste für die Schutztruppe stehe! Die erste Stufe meines mir seit langem vorschwebenden Zukunftbildes war erreicht.

Das Weitere entwickelte sich dann programmmäßig: Meine Beurlaubung zum orientalischen Seminar bis zum 15. April 1907, daran angeschlossen habe ich weitere vier Monate bis zum 15. August eine Zeit im Elternhaus in Berlin verlebt, die ich nie vergessen werde. *[Anm. Verf.: die zeitlichen Angaben können nicht übereinstimmen mit dem tatsächlichen Ablauf, evt. liegt ein Übertragungsfehler vor]*.

Die Vorlesungen am Seminar waren recht interessant und erstreckten sich auf Sprachen, afrikanische Landes- und Pflanzenkunde, Tropenhygiene, Kolonialrecht, meteorologische Beobachtung auf Reisen und anderes mehr. Es blieb jedoch daneben noch reichlich Zeit, um alles, was einem die Wintersaison in der Metropole bietet, zu genießen.

Besonders hervorzuheben aus dieser Zeit war allerdings noch ein Privatkurs im Präparieren am Königlichen Naturkunde-Museum, den ich zusätzlich belegte.

Die Wochen des Zwischensemesters vom 3. März bis 22. April benutzte ich dazu, meine englischen Kenntnisse in Old-England etwas aufzufrischen, was mir auch leidlich gelungen ist.

Der neue kolonialfreundliche Reichstag war uns wohlgesonnen und überraschte uns mit seiner Entscheidung: wider Erwarten hatte er die 10. Kompagnie für Kamerun bewilligt und so waren mit einem Schlage die bisher trüben Aussichten auf ein Hinauskommen nach Afrika glänzend geworden. Bereits Ende Mai erhielt ich die Benachrichtigung, daß ich wahrscheinlich am 9. Juli nach Kamerun ausreisen würde und dementsprechend meine Vorbereitungen zu treffen hätte. Es folgten einige Wochen voll regster Tätigkeit, denn es ist wirklich keine Kleinigkeit, sich für einen 1½ jährigen Aufenthalt in den Tropen vollständig zu equipieren. Die umfangreiche Beschäftigung mit allem, was nötig war, ließ mir auch keine Zeit, viel über den Abschied vom Elternhaus nachzudenken. Das hatte gewiß auch sein Gutes; denn ich denke man sollte am besten an eine neue Aufgabe ganz frisch und unbelastet herangehen. Am Ende folgte eine kurze, aber recht vergnügliche und gemütliche Abschiedsvisite in meiner Garnison Kolberg, gefolgt vom recht herzlichen Abschied von Zuhause.

Die Reise beginnt

Am 7. Juli sollte es endlich zusammen mit vier Gleichgesinnten nach Cuxhaven gehen, um von hier aus am 11. Juli die Ausreise anzutreten. Aber nicht nach Kamerun, sondern zunächst nach Südwestafrika. Und das kam so: an diesem Tage sollte ein Ablösungstransport von 800 Mann nach S.W.A. [*Südwestafrika, das heutige Namibia, Anm. Verf.*] abgehen, dem fehlte es jedoch an Begleitoffizieren. So wurden kurzerhand wir fünf Offiziere und zwei Ärzte der Kameruner Schutztruppe dazu ausersehen, zunächst nach Swakopmund die Mannschaften zu geleiten, dann etwa 14 Tage in dieser Kolonie zu bleiben, um dann etwa Anfang September in Kamerun einzutreffen. Innerhalb von vier Tagen wurde in Cuxhaven der Transport aufgestellt. Der Staat Hamburg verabschiedete sich feierlich durch Überreichung eines wohlgefüllten Zigarrenetuies. Major von Wolff, der das Oberkommando der Schutztruppen vertrat, brachte als Antwort daraufhin ein letztes Hoch auf den Kaiser aus. Dann nahm uns die der Hapag gehörige Otavi für die Dauer eines Monat in ihre Arme.

Nordsee und Atlantik waren milde und die Zusammensetzung der Messe sehr nett. Am wenigsten angenehm war in den folgenden Tagen die ziemlich warme, zu zweien bewohnte Kabine.

Erster Landgang: Gran Canaria

Die Kanarischen Inseln boten bald Abwechslung. Las Palmas wird mir dabei stets in sehr angenehmer Erinnerung bleiben. Wir ankerten 7h abends, eine halbe Stunde später verließen so ziemlich sämtliche Offiziere, die sich bereits seit einer Stunde in Zivil an Deck tummelten, die Otavi, um im Motorbötchen an Land befördert zu werden. Die alte Haussa-Klasse[4], Wegelin ...[5] und ich vereinigten uns zum gemeinsamen Tun und erwischten zunächst ein Wägelchen, das uns in etwa ½ Stunde ins Städtchen brachte.

---

[4] Haussa-Klasse wurde das Seminar für orientalische Sprachen in Berlin genannt
[5] nicht lesbar

Es war wundervolles, mildes Wetter und so präsentierte sich Las Palmas mit seinen ganz leidlichen Straßen bei elektrischer Bogenlicht-Beleuchtung eigentlich recht gut. Wir bummelten dann zur Hauptsehenswürdigkeit aller spanischen Städte, der Remineszenz der guten, alten Zeit: die Kathedrale, die auch einen ganz imposanten Eindruck machte. Nachdem noch der Gardino pubblico, ein ganz nett gehaltener Palmenhain beaugscheinigt war, ließen wir uns dann zum gemütlichen Abendschoppen an einem Marmortischchen vor dem Kasino nieder. Einige Fläschchen Einheimischen taten dann das Übrige, um eine urgemütliche Stimmung zu erzeugen.

Die Rückkehr zur Otavi wurde dann nicht ganz so leicht, was aber nicht am konsumierten Wein lag! Eine halbe Stunde brachten wir damit zu, nach einem Vaporetto zu rufen. Auch Pfiffe halfen kaum, doch schließlich gelang es, eines heran zu holen und damit wenig später endlich, die ersehnte Nachtruhe auf der Otavi zu finden. Es war aber auch wirklich Zeit, denn am nächsten Morgen sollte es früh losgehen. Von Offizieren geführte Landgänge standen auf dem Programm. Dazu sollten die Kompagnien von 6h vormittags an von den Offizieren in die Stadt geführt werden.

Dies erfolgte dann auch pünktlich. Ich engagierte mir einen einheimischen Führer: ein Dutzend Einheimische begleiteten uns. So fragte ich einmal einen nach dem besten Wege zur Kathedrale. Von nun an blieb dieser rührend drei Stunden unaufgefordert an meiner Seite. Halb italienisch, halb englisch wurde eine feine Umgangssprache hergestellt, und mein cicerone machte mir Vorschläge, was und in welcher Reihenfolge ich am besten alle Schönheiten von Las Palmas besichtigen könne. Die Straßen waren zum Teil recht belebt. Einen besonders seltsamen Anblick gewährten die großen, unbeholfenen Karren, die von sechs Maultieren, zu dreien nebeneinander gespannt, gezogen wurden. Ein großer Teil der stattlichen Häuser war halb verfallen und die Fensteröffnungen mit Brettern vernagelt. Erst bei Tage merkte man so recht den fürchterlichen Staub und die wenigen sauberen Bewohner.

Stolz marschierte ich mit meiner Kohorte zum Fruchtmarkt, wo sich sogar eine Markthalle befand. Hier ließ ich meinen Leuten Zeit, sich mit Bananen, Weintrauben usw. zu versehen. Ich zeigte ihnen die Kathedrale und führte sie zu einem schönen Aussichtspunkt. Von dort hatte man ganz Palmas vor sich ausgebreitet mit seinen bunten Häusern und den Bananenfeldern, die sich an den umliegenden Bergen hinaufziehen, dahinter das prachtvoll dunkelblaue Meer.

Es folgte noch die Besichtigung einer großen Zigarren- und Zigarettenfabrik, wo unser Erscheinen durch einen vorausgeschickten Läufer bereits angekündigt war. Hier konnten die Leute für billiges Geld ihren Rauchvorrat ergänzen. Sehr im Gegensatz zu dem Tauschhandel an Bord, wo von den kleinen, die Otavi umschwärmenden Booten ein Handel mit Zigarren, Früchten, Postkarten usw. zu wirklich fabelhaften Preisen betrieben wurde. Nachdem ich meinen Führer mit 2M beglückt hatte - deutsches Geld wird hier allgemein genommen - kehrten wir hochbefriedigt von unserer Exkursion zurück. Gegen Mittag lichteten wir sodann die Anker, um Monrovia im freien Staat Liberia entgegen zu dampfen.

Die Zeit an Bord verlief ziemlich gleichmäßig ruhig, Dampfer sahen wir fast gar nicht mehr. Nur Walfische, deren Anwesenheit man an den aufsteigenden Wasserstrahlen bemerkt, und gewaltige Herden von Delphinen bringen ab und zu etwas Abwechslung. Sonst war Zeit für die Erprobung der Jagdgewehre, es wurde auch mit der Pistole geschossen oder auch ganz einfach Dienst getan. Dieser beschränkt sich naturgemäß auf die einfachsten Übungen - Gewehre sind nicht an Bord - :Tauklettern, Freiübungen, zwei vorhandene Barren bilden ein gesuchtes Turnobjekt.

Die Diensteinteilung meines Vorgesetzten Witte ist für mich besonders angenehm: Ich habe fast alle 2 Tage nur ein oder zwei Stunden Dienst, dafür komme ich jeden 4. Tag als Offizier vom Dienst an die Reihe. In der übrigen Zeit wird manch gemütlicher Skat gedroschen oder wir erfinden neue Knobeltouren. Und leider: ein schreckliches Bedürfnis nach Schlaf hat man an Bord. Doch vielfach habe ich dieses Liegen im bequemen Korbstuhl auch als gutes Mittel gegen das Schwanken des Kahns empfunden.

Auf das nächste Ziel hatten wir uns alle gefreut: Monrovia. Allerdings machte uns das Wetter einen gehörigen Strich durch die Rechnung: die Aussichten waren wenig erfreulich. Unruhige See mit Regen, von An-Landgehen keine Rede. Außerdem bekamen wir nicht genügend ...neger[6] an Bord, die als sehr erwünschte Arbeiter im tropischen Klima stets hier aufgenommen werden. So mußten wir dann am nächsten Tage noch Nisu (?)

---

[6] leider nicht lesbar, vermutlich »Transportneger«

anlaufen, wo wir dann den nötigen Vorrat erwischten. In Monrovia fand noch ein äußerst lebhafter Briefmarkenhandel statt; der schwarze Postmann vereinnahmte fast 1000M für Postkarten und Briefmarken.

Das erste Ziel: Deutsch-Südwestafrika

Jetzt kamen wir allmählich unserem Ziele - Swakopmund[7], in der deutschen Kolonie Südwestafrika - näher. Die Hapag erlaubte sich, die Messe zu einem fröhlichen Abschiedstrunke, verbunden mit einigen Cotillon...(?)[8] zu invitieren. Im Anschluß daran wurde ein kräftiger Schlußskat verhastet[9]. Um Mitternacht wurden wir dabei auf angenehme Weise gestört durch das Heruntergehen des Ankers auf der Swakopmunder Reede - deutlich war der Leuchtturm zu erkennen. Am nächsten Morgen, der 7. August 1907, lag Hafen und Städtchen vor unseren Augen. Die Sonne tat zwar das ihrige, das Bild zu verschönern, berückend war die Aussicht jedoch auch dann noch nicht. Von einem Hafen keine Rede. Von gelbem Sand umgeben sieht man etwa 100 Häuser, manche ganz stattlich in Stein aufgeführt, sehr viele auch aus Wellblech. Im Süden gewaltige Sanddünen.

Rasch entschlossen schwangen wir uns an einer Strickleiter hinab in die Pinasse[10] und gelangten durch die ziemlich kräftige Brandung zum Pier, einem wahren Meisterwerk unserer Eisenbahnkompagnie. Fünf große Dampfkräne besorgen auf diesem das Aus- und Einladen, während Wagons die Waren den Pier entlang direkt an ihren Bestimmungsort bringen. Durch ganz Swakopmund befördern nur auf Schienen laufende Loren die Güter durch den fußhohen Sand. Das Aus- und Einladen von Personen

---

[7] Swakopmund liegt direkt im Namib-Wüstenstreifen, an der Atlantikküste. Ab 1892 wurde dort verbunden mit hohen Kosten eine künstliche Mole als Hafen für die deutschen Schutztruppen ausgebaut. Ab 1894 nahm die Reederei Woermann den Frachtverkehr auf. Im Juli 1902 wurde die 382km lange Eisenbahnstrecke nach Windhoek eingeweiht. Heute hat Swakopmund 44.000 Einwohner.
Quelle wikipedia. Siehe Karte im Anhang S. 184

[8] leider nicht lesbar

[9] veralteter Ausdruck, hier im Sinne von »gespielt«

[10] franz. Ausdruck für Boot aus Kiefernholz, hier: größeres Beiboot

in die Boote findet lediglich durch einen Korbstuhl statt, der wie ein Kolli[11] auf- und abgeschwenkt wird. Wenn man sich nun der Stadt nähert, muß man allerdings staunen, was in diesem Sand geschafft ist.

Die Regierungsbauten sind durchweg praktisch und nett gebaut. Auch unser Hotel Bismarck bot leidlichen Komfort. An die Preise muß man sich allerdings erst gewöhnen. Die Flasche Bier 1,50 - 2,00M[12], Wein 4 - 7M. Da versteht man, daß die Offiziere mit ihrem angeblich so hohen Gehalt kaum auskommen, solange sie an größeren Orten weilen, wo sie auch Verpflichtungen haben.

Einen traurigen Anblick gewährt die Mole, oder vielmehr deren Überreste, die durch das Meer zum Teil fortgerissen, zum Teil vollkommen mit Sand bedeckt sind.

Am 8. trafen wir dann auch unsere Reisevorbereitungen, indem wir einen Frühstückskorb erstanden und diesen mit Cornedbeef, Ölsardinen, Konserven, Cakes, Rotspon[13] usw. anfüllten. Wir legten uns weiter keine Gebote auf bezüglich des Tragens der offiziellen Meldeanzüge. Vielmehr reisten wir einfach in Kaki, Feldmütze, Wickelgamaschen, Paletot und Reitstock. Zwei Kamelhaardecken leisteten uns ausgezeichnete Dienste, denn es war morgens um ½5h schrecklich kalt und nebelig und wir hockten im offenen Wagen mit einer Plane über unseren Häuptern. Durch den Niederschlag des Nebels waren die Decken vollständig naß. Allmählich kam dann die Sonne durch und nun suchte jeder Schutz vor der brennenden Hitze und Luftzug.

Wir fuhren nicht mit der Staatsbahn sondern mit der Otavi-Bahn, da letztere wesentlich schneller fährt. Über die Leistungsfähigkeit und Betriebssicherheit beider Bahnen läßt sich bei der geringen Spurweite von nur 60 cm nur Anerkennendes sagen. Die Bahnen haben bis Windhuk immerhin die ganz beträchtliche Steigung von 1800 m zu überwinden.

---

[11] colli, Pl von collo (italien.) Stückgut im Warenverkehr, kleinste Verpackungseinheit
[12] der Maßbierpreis lag 1910 bei rund 0,40M; andere Quellen nennen einen vergleichbaren Preis für eine Flasche Bier
[13] roter Fasswein

Unterwegs passierten wir die Station Waldau[14]. An einem zerstörten Farmhaus konnten wir noch die Spuren des Hereroaufstandes[15] ganz in der Nähe sehen.

Nach der Durchquerung des Dünengürtels, gelangt man in den Bezirk des niederen Dornbusches, der dann von höheren Dornbäumen, hauptsächlich Kameldorn, abgelöst wird. Es scheint kaum ein Fleckchen ohne Dornen in der Kolonie zu geben. Bei unseren Reisen durch das Land merkten wir dieses so recht: 10 cm lange Dornen sind nichts seltenes, noch unangenehmer sind jedoch kleinere, zurückgebogene Dornen, die jeden Kaki in kurzer Zeit vernichten. Starker Kord ist das einzig Material, was standhält. Etwas weiter im Inneren ist der Boden streckenweise bedeckt mit Dammas, etwa kegelkugelgroße Kürbisse. Diese werden vom Vieh gern genommen, allerdings nur wenn sie süß sind, leider nur etwa 10% von allen.

Einen wundervollen Anblick gewährt die Landschaft am Abend, während und nach Sonnenuntergang. Alles ist dann zunächst gelbrot gefärbt, um dann in ein prachtvolles dunkelrot überzugehen. Die Berge erscheinen lilagrau. Der Anblick erinnert mich lebhaft an das hellgraue Bild in der Kolonialausstellung, das ich einst bewunderte. Heute weiß ich, das es ganz ausgezeichnet getroffen ist.

In Usakos[16] tranken wir am Nachmittag ein Täßchen Kaffee, und hier erfuhr ich, daß Hauptmann v. Hunold hier seine Farm habe. Leider konnte ich ihm wegen der Kürze keinen Besuch abstatten und mußte mich begnügen,

---

[14] Waldau war die letzte Station auf der Bahnlinie vor der Stadt Okahandja

[15] Im Januar 1904 begann der Aufstand der Herero mit dem Angriff der Ovaherero auf deutsche Einrichtungen und Farmen. Bis August 1904 wurde der Aufstand von den deutschen Schutztruppen unter Befehl von Lothar v. Trotha niedergeworfen. Viele Herero wurden erschossen, ein großer Teil der fliehenden Herero verdursteten zusammen mit ihren Viehbeständen in der Omaheke-Wüste, nachdem v. Trotha diese abriegeln ließ und die Herero von den Wasserquellen verjagte. Man geht davon aus, dass 40 - 60 Tsd. Herero den Tod fanden! Der von v. Trotha bewusst formulierte *Vernichtungsbefehl* gilt als Beweis für den ersten Völkermord des 20. Jhdt. Die Kämpfe wurden erst 2015 erstmals vom Auswärtigen Amt Deutschlands als solche bezeichnet. Dem Aufstand folgte ein Guerilla-Krieg ab Okt. 1904 durch die Nama unter Führung von Hendrik Witbooi und Jacob Morenga, siehe Fußnote 19. Dabei wurden ca. 10.000 Nama getötet, bevor sie sich im März 1907 unterwarfen. Quelle wikipedia

[16] Gemeinde mit heute ca. 3500 Einwohnern, 150 km östlich von Swakopmund

meine Visitenkarte mit einem Gruß zu hinterlassen. Abends kamen wir in Karibib[17] an, wo Staats- und Otavi-Bahn fast aufeinanderstoßen. Hier befindet sich nur ein Wachkommando von 30 Mann.

Den Abend verbrachten wir recht gemütlich im Kasino. Ich traf dort mehrere Offiziere, die sich nach Kamerun gemeldet hatten. Gleich bei unserer Ankunft in Swakopmund empfing hatte uns die Nachricht ereilt, in Kamerun sei Orlog[18]. 2 Südwester Kompagnien gehen als Küstenschutz dorthin, um alle Truppen für das Innere frei zu machen. Diese Nachricht erfreute uns begreiflicherweise sehr, da wir jetzt hoffen konnten, möglichst bald ins Innere zu kommen. Noch während unseres Aufenthalts in Südwest hieß es jedoch bald, es sei gar nicht so gefährlich in Kamerun. Schließlich kam jedoch die Meldung, Morenga und Simon Copper[19] hätten wieder den Feldzug eröffnet. So wurde von der Aufstellung der 2 Südwester Kompagnien Abstand genommen und dafür der ganze Norden des Schutzgebiets für den Orlog mobil gemacht.

Doch ich kehre nach Karibib zurück. Die Unterhaltung mit den anderen Offizieren war echt lebhaft, meines Regimentskommandeurs v. Knobelsdorff wurde rührend Erwähnung getan. Als ich hörte, daß er ziemlich in der Nähe auf der Station sei, beschloß ich, ihm auf der Heimreise einen Besuch abzustatten.

---

[17] Gemeinde mit heute ca. 5000 Einwohnern, liegt an der Bundesstraße zwischen Swakopmund und Windhoek, 30 km nordöstlich von Usakos. Seit 01.12.1901 war Karibib Sitz der Zentralverwaltung des Schutzgebiets, die Bahnstrecke von Swakopmund war ab 1902 verlängert bis Windhoek. Ab 1904 war dann Karibib ein wichtiger Eisenbahnknotenpunkt für Truppentransporte und diente auch als Militärstützpunkt. Hatte der Kaufmann Eduard Hälbich bei seinem Kauf von 20 Tsd. Hektar Land 1894 dem Herero-Häuptling noch über 22.000 RM bezahlt, wurde 1907 das restliche Land der Herero enteignet und weißen Siedlern angeboten. Ab 1907 hatte Karibib schon über 300 weiße Einwohner, 1909 wurde Hälbich ihr Bürgermeister. Quelle wikipedia

[18] veraltet für Krieg, niederländisch oorlog = Krieg

[19] Jacob Morenga, auch »der schwarze Napoleon« genannt, war einer der wichtigsten Anführer im Aufstand der Herero und Nama von 1904 -1908. Simon Kooper (auch oft Copper) war als Kaptein seit 1894 der traditionelle Führer der Fransman-Nama. Er schloss sich zusammen mit Morenga nach Ende des Herero-Kriegs Hendrik Witbooi und dessen Aufstand an, der in den Nama-Krieg mündete. Nach dem Tode von Witbooi übernahmen Morenga und Kooper die Führung des Aufstands. Quelle wikipedia

Am nächsten Tage zogen Wegelin[20], Zickwolff[21], Stechele[22] und ich es vor, nur bis Okahandja[23] und nicht bis Windhuk zu fahren. Wir würden zum einen erst nachts dort ankommen, andererseits wollten wir dann aber auch den großen Festtagen dort - Einzug Lindequists[24] mit Kirchen-Grundsteinlegung - entgehen. Wir haben unsere Entscheidung auch durchaus nicht bereut. Denn am nächsten Mittag und Abend wurden wir so liebenswürdig im Kasino aufgenommen, daß wir uns wie zuhause fühlten.

Die Feste Okahandja, aus einem viereckigen Ziegelsteinbau mit 4 Ecktürmen bestehend, lag fürher ganz im Dornbusch. Jetzt, nach dem Aufstand und überstandener Belagerung, ist ringsum alles freigelegt.[25] Viele Kugelspuren waren in den Mauern noch zu sehen, auch einige zerstörte Häuser in der Nähe.

Am nächsten Vormittag unternahmen wir eine prunkvolle Wagenpartie: Viere lang, 2 Schecken und 2 Apfelschimmel über Kreuz gespannt. Es sollte nach Usona gehen, um die dortigen Kleinsiedlungen zu besichtigen. Das ganze Landschaftsbild erinnerte hier durchaus an Deutschland. Wasser ist überall leicht zu graben. Ob sich jedoch die von der Regierung unterstützten Ansiedler halten werden, ist die Frage. Ich fürchte, sie werden für das zu bauende Gemüse kaum genügend Absatz haben.

Die Ställe für Maultiere und Pferde wurden ebenfalls von uns besichtigt und der Regierungsversuchgarten desgleichen. Alles war in musterhafter

---

[20] Cäsar Wegelin, *1875, erhielt 1912 als Hpt. in Kamerun eine Denkmünze verliehen, starb am 27.08.1914 bei Ménil Quelle: F. Hoffmann

[21] Hermann Wilhelm B. Zickwolff, *1877 in Bayreuth, ab Juli 1907 in Kamerun, u.a. Postenführer in Sangmelima, Quelle: F. Hoffmann

[22] Günther Stechele, *1880 in Eisenach, ab Juli 1907 als Arzt in Douala, Kamerun, nahm als Stabsarzt 1914-16 am Feldzug in Kamerun teil, ab 1916 Internierung in Spanien, später Oberstabsarzt a.D. und Medinzinalrat in Dresden, Quelle: F. Hoffmann

[23] Okahandja, in der Sprache der Herero Otjiherero, seit Ende 18 Jdt. bedeutender Siedlungsplatz der aus Botswana eingewanderten Herero, Schnittstelle der Nationalstraßen, heute ca. 22000 Einwohner. Quelle: wikipedia

[24] Friedrich v. Lindequist, * 1862, ab 1892 Kolonialbamter des Auswärtigen Amtes, ab Nov. 1905 Gouverneur von Südwestafrika als Nachfolger von L. v. Trotha, dem das Amt wegen seiner überharten Maßnahmen gegen die Herero entzogen wurde. Unter v. Lindequist kam es zur Beendigung des Herero-Aufstandes, allerdings auch zu einer neuen Gesetzgebung, die die Herero weiterhin unterdrückte und ihre Arbeitskraft möglichst effektiv ausbeuten sollte, sowie diese u.a. zwang, dauerhaft eine Messingmarke zur Identifizierung zu tragen. Quelle: wikipedia

[25] Der Kriegszustand war offiziell am 31.03.1907 beendet

Ordnung. Der Hauptmann und Stationschef war auf Patrouille, so machte Leutnant Runkel, der den ganzen Orlog mit großer Auszeichnung mitgemacht hat, mit 3 anderen Herren die freundlichen Wirte. Da wir am Schluß um keinen Preis unser Geld für die vertilgten Getränke loswerden konnten, so baten wir die Herren, bei unserer Rückkehr von Windhuk zu einem Gläschen, was dann auch dankend angenommen wurde.

Windhuk, unser nächstes Ziel, hat uns längst nicht so gefallen. Schrecklicher Wind und Staub flog permanent durch die Straßen und setzte sich überall fest.

Von ½12h wurden wir in kurzer Audienz von Estorff[26] empfangen. Die Regierungs- und Gouvernementgebäude in Windhuk, die Kasernen, die Veste, Hotels und viele Stores sind naturgemäß ganz stattliche Gebäude. So gewährt Windhuk den Eindruck einer Stadt. Landschaftlich jedoch ist man enttäuscht. Es liegt an einem Bergabhange, obenauf die Veste. Bäume gibt es jedoch außer im Gouvernementsgarten nicht gerade sehr viele. Wir beschränkten uns denn darauf, einen Bummel durch die Stadt zu machen und uns ein Bad gegen die vielen Staub zu genehmigen.

Am Nachmittag besuchten wir sodann die alte Veste, das jetzige Restaurant Sperlingslust[27] und um 4 fuhren und ritten wir abwechselnd nach Klein-Windhuk[28]. Hier ist allerdings so schon sehr viel getan. Ausgezeichnete

---

[26] Ludwig von Estorff, *1859, seit 1904 Bataillons-Kommandeur in Deutsch-Südwestafrika, unter L. v. Trotha Beteiligung an einer Aktion gegen die Herero in der Omaheke-Wüste, wo viele Herero durch gezielte Vertreibung von den Wasserlöchern umkamen. Ab 1907 war v. Estorff als Oberstleutnant Kommandeur der Schutztruppe in Südwestafrika. Quelle wikipedia

[27] Die Alte Veste wurde für die deutsche Schutztruppe errichtet. Ihr Erbauungsdatum 1890 gilt als Gründungsdatum der Stadt Windhoek. Bereits 1904 wurde die Veste verkauft an den Architekten Wilhelm Sander, der sich einen Namen gemacht hatte mit dem Bau des Bahnhofs Swakopmund und dem legendären Leuchtturm dort. Sander baute das Bauwerk um in ein Restaurant mit Biergarten, das er »Sperlingslust« nannte. Nach Verkauf an den Grafen v. Schwerin 1913 blieb Sander allerdings Architekt des nun folgenden Umbaus zu einem Schloss, das fortan »Schwerinsburg« genannte wurde. Quelle wikipedia

[28] Klein-Windhoek gilt als Ort der ersten Besiedelung durch die deutsche Schutztruppe. John Ludwig eröffnete dort 1892 sein Restaurant »Ludwigslust« und ist noch immer Namensgeber des Stadtteils Ludwigsdorf. Quelle wikipedia

Berieselungen haben ein üppiges Grün hervorgezaubert. Viele Weingärten, Gemüsegärten jeder Art sieht man hier. Etwas höchst kurioses sahen wir dort: einen mit 22 Ochsen bespannten Wagen im Rivier[29] sitzen, während 3 Kaffer[30] sich bemühten, die an einer langen Kette ziehenden Ochsen anzutreiben. Es gelang ihnen jedoch nicht trotz Rufens und Schlagens mit der Swip (Peitsche), einen gleichmäßigen Zug herzustellen, und so schienen sie, bis aufs Erste festzusitzen. Die Wagen sind sehr stark gebaut und fassen 60 Zentner.

Ein Ausflug nach Otavi und den Minen war leider nicht mehr möglich und so beschlossen wir, am nächsten Tag nach Okahandja zurückzukehren. Der Adjutant hatte uns liebenswürdig einen Wagen zu 5h15 bestellt, unser Wirt drückte uns einen Wecker in die Hand.

Ich möchte jedoch Windhuk nicht verlassen, ohne des gemütlichen Teetisches Erwähnung zu tun, den wir bei Frau Bezirksamtmann Narciß, einer guten Bekannten von Wegelin angehören durften. Hier lernte ich auch Frau Oberrichter Bruns, eine junge, sehr nette Dame kennen, die uns viel von dem Leben und Treiben in Südwest erzählte.

Wecker und Wagen versagten. 6h15 klopfte es schüchtern. Es waren die Reiter, die unser Gepäck abholen sollten, uns aber nicht gefunden hatten. Rasch entschlossen sprangen wir aber trotzdem aus den Betten, um uns in Windeseile anzukleiden, Wegelin und ich. Im Galopp ging's dann zum Bahnhof, um hier zu erfahren, daß der Zug seit einer ¼ Stunde von dannen war. Hiermit bestürmten wir den Stationsvorsteher um eine Lokomotive. Doch diese war nicht vorhanden. Aber eine Lore gab er uns mit einem Bremser darauf, und so fuhren wir auf dem abschüssigen Terrain famos ohne jede Betriebskraft und erreichten den Anschluß an der nächsten Station.

---

[29] Rivier ist ein deutsch-namibisches Lehnwort für einen zeitweilig wasserführenden Fluss, Trockenfluss, entlehnt aus dem Wort Rivier, africaans für Fluß

[30] Kaffer, ursprünglich vermutl. aus dem hebräischen kafri = dörflich; später jiddisch Kaffer für Bauer, Dörfler wanderte der Begriff ab ca. 1830 in die Umgangssprache ein und wurde als Schimpfwort für »dummer Kerl« verwendet. Zeitgleich verwendeten Muslime den Begriff für nichtmuslimische Gruppen, u.a. die Xhosa in Afrika. So wurde Kaffer bald als Begriff für Angehörige auch der Bantu verwendet. Quelle: wikipedia

In Okahandja angekommen, machten wir eine Kletterpartie auf den Kaiser-Wilhelmsberg[31], wohin die Hereros sich damals zurückgezogen hatten und dann von Hauptmann Franke von dort vertrieben waren[32]. Die Tour war außerordentlich lohnend, über eine halbe Stunde haben wir uns an der schönen Aussicht auf die umliegenden Berge und das tief im Tal liegende Okahandja geweidet.

Wir sahen unterwegs eine Menge Wild wie Springböcke im Rudel von 100 Stück, Adler, Geier und andere Tiere. Am Abend gaben wir sodann unsere kleine Bowle, so wir es bei der Abreise vor einigen Tagen versprochen hatten. Wir saßen recht gemütlich und lange beisammen.

Abschied von Südwestafrika

Nach sehr herzlichem Abschied von Runkel, Pattberg usw. fuhren wir zurück nach Karibib. Hier machte ich am nächsten Tag, an dem ich mich eigentlich mit Knobelsdorff treffen wollte - dieser war jedoch 50 km entfernt auf Pferdeposten - eine schöne Spazierfahrt mit 6 Maultieren, fast immer Galopp. Ich durfte auch ein Chamäleon kennenlernen, das sich wunderbar seiner Umgebung wie Tischtuch, Blatt, Baum anpaßte und fauchte, wenn man es berührte.

Karibib liegt ziemlich in der Ebene und gilt als recht heiß. Es befinden sich hier große Magazine und Munitionsdepots. Auf der Weiterfahrt begegneten wir dem Prinzen, der augenblicklich DSWA[33] bereist, erblickten ihn jedoch nur von weitem.

Schließlich gelangten wir in den Dünengürtel und freuten uns, endlich wieder das schöne Blau des Meeres zu sehen. Wir hatten uns für die Reise in genügendem Maße mit Decken und Proviant versorgt und auch Dank der

---

[31] 1670 m hoher Berg bei Okahandja

[32] Viktor Franke, *1866, seit 1896 Mitglied der Schutztruppe für Südwestafrika, erhielt für seine Dienste im Kampf gegen die Herero den Orden »Pour le Mérité«. Er war später als Oberstleutnant bis zur Kapitulation der letzte Kommandeur der Schutztruppen in Südwestafrika. Quelle wikipedia

[33] Deutsch-Südwestafrika

liebenswürdigen Aufnahme unterwegs war uns die etwas strapaziöse Reise durch unsere Kolonie recht gut bekommen. Braun gebrannt waren wir wie die Mulatten. Auch die Trockenheit der Luft im Inneren hatte sich recht störend in der Nase bemerklich gemacht, ebenso an den Lippen und Händen.

Jetzt wurden noch einige Besorgungen gemacht und fort ging's an Bord der »Erna Woermann«, die uns nach Duala bringen soll. Die Einschiffung mittels des Korbes ging glatt von statten, mit der Einzelkabine war es jedoch wieder nichts, dafür bewohne ich jedoch mit Stechele zusammen eine von den Luxuskabinen, die recht ordentlich sind und ausreichend Platz gewähren.

Mehrere Südwester Offiziere, die jetzt nach ihrer vertragsmäßigen Zeit von 3 Jahren nach Haus zurückkehren, berichten sehr interessant von ihren Erlebnissen und Beobachtungen in Südwest. Es gibt keinen Zweifel, daß die Kolonie als Viehweideland so ziemlich das Beste ist, was es gibt. Da jedoch stets größere Weideplätze vorhanden sein müssen, eignet es sich nur für den Großfarmbetrieb, die Anzahl deutscher Ansiedler wird also stets eine ziemlich beschränkte bleiben müssen. Auch Handwerker, die während des Orlogs naturgemäß gehörig auf ihre Kosten kamen, bilden nur eine geringe Zahl. Ganz abgesehen von der augenblicklich herrschenden Ungewißheit bezüglich der Dauer des neuen Krieges mit Morenga wäre es in dieser Zeit absolut unrentabel, eine Viehfarm neu zu begründen. Das Vieh steht augenblicklich im Preise so hoch, daß es notgedrungen nunmehr im Preise nachgeben muß, also von einem Verdienen nicht die Rede sein kann.

Ein gewaltiges Wertobjekt bilden die vorhandenen Bodenschätze. Besonders Kupfer wird nicht nur in den bereits in Betrieb genommenen Minen, sondern auch an vielen anderen Stellen des Schutzgebietes in reichlicher Menge gefunden. Mit unserer Erna werden wieder 1100 Tonnen Erz nach Hamburg verschifft.

Die Notwendigkeit der Eisenbahnen in unseren Kolonien, im besonderen der Bahn Kubub-Ketmanstrop, ist ja vom neuen Reichstag durchaus bejaht worden, es hätte sonst aber auch der neu ausbrechende Aufstand im Süden neun Millionen für Ochsenwagentransporte gefordert. Ich habe kein Urteil darüber, ob die jetzige Stärke der Schutztruppe ausreichend ist, jedenfalls bildet die im ganzen Lande verstreute neu begründete Polizeitruppe in der

Stärke von 600 Köpfen nur eine schwache Beigabe.

Zum Schluß noch einige Worte über den Woermann-Dampfer.[34] Die Erna ist nicht eine von den größten dieser Linie, dennoch muß ich sagen, man kann nur ein Lob aussprechen. Kapitän und Schiffsoffiziere sind liebenswürdig, zukorkommend. Das Schiff ist peinlich sauber, die Kabinen luftig, geräumig. Die Verpflegung, nicht das Unwichtigste bei einer langen Seereise, hervorragend und abwechslungsreich. Die Otavi der Hapag konnte in keinem Punkte auch nur entfernt hier konkurrieren.

---

[34] Die »Erna Woermann« ursprünglich als großes Frachtschiff »Louisiana« von der Bremer Argo-Reederei gebaut, von der Woermann-Linie 1905 übernommen und umgebaut, 127m lang, bis zu 12 Knoten schnell, bot sie Platz für ca. 130 Passagiere in 3 Klassen, davon 40 der I.Klasse. Quelle wikipedia

Ankunft in Kamerun

Kribi

Am 22. abends sehen wir zum ersten Mal wieder ein Leuchtfeuer und zwar ein Kameruner - das von Kribi[35]. Kribi hat keinen Hafen und die Schiffe verbleiben auf Reede. Daher war eigentlich für 9h am nächsten Morgen der Landgang angesetzt. Es wurde jedoch etwas früher und so schwangen wir uns denn in Hast und ungefrühstückt in die Pinasse, d.h. in den daran gehängten Leichter[36]. So ziemlich die gesamten Passagiere fuhren sodann in recht fideler Stimmung - die See war nicht gerade sehr ruhig - der Brandung zu. Hier machte unser Dampferchen kehrt und überließ uns den fünf Schwarzen, die uns mit erheblichem Geschrei und heftigen Arbeiten mit ihren Paddeln auch glücklich und ziemlich trocken hindurchbrachten.

Kribi macht von der See aus mit seinen von Palmen umgebenen weißen Gebäuden einen recht netten Eindruck, und dieser wird an Land noch verstärkt. Es ist hier schon Erstaunliches geleistet, obwohl das Terrain vielfach erst eingeebnet werden mußte. Das trifft insbesondere auf nun vorhandende Straßen, Übergänge und Durchlässe zu.

Wegelin und ich machten zunächst einen Bummel durch den Ort. Dann schlossen wir uns dem Hauptstrom der Passagiere an, die den Weg nach der

---

[35] Kribi ist eine Stadt am Golf von Guinea im Süden Kameruns mit heute ca. 60.000 Einwohnern. Seit 1884 zur deutschen Kolonie gehörig wurde der Ort rasch zum administrativen und wirtschaftlichen Zentrum des Südens. Dort war der Hauptausfuhrhafen für Elfenbein und Kautschuk, bereits 1895 wurde ein eigenes Zollamt eingerichtet. Quelle wikipedia

[36] Leichter, auch Barge, ist ein schwimmender, antriebsloser Ladungsbehälter, der gezogen oder geschoben wird.

etwa 2h entfernten, auch an der Küste gelegenen Plantation[37] genommen hatte; hier sollte gegen Mittag auch unsere Erna eintreffen. Diese Küstenpromenade war recht lohnend. Besonders die Südwester waren über unsere andere Kolonie baß entzückt und benutzten die Zeit eifrigst damit, sich in den am Wege gelegenen Eingeborenendörfern Raritäten wie Bogen und Wurfspeere, Kalebassen und anderes zu sammeln.

Der Weg schlängelte sich durch Busch und Urwald, gewährte schöne Ausblicke auf die See, wo man die Brandung zwischen den Felsblöcken und Klippen hervorleuchten sah. Auch auf der anderen Seite wechselten prachtvolle Palmen mit kleinen, ringsumwachsenen Seen ab.

Schließlich wurde es doch etwas heiß, da wir vielfach auch den Strand als Weg benutzen mußten, die Tropenhelme taten uns recht gut - und wir waren froh, als wir endlich Plantation durch die Bäume hindurchschimmern sahen. Durstig wandelten wir an der Beach und faßten uns endlich ein Herz und drangen mutig in ein schön gebautes Haus ein, das dem Vertreter der Hamburg-Afrika-Gesellschaft gehört. Wir fanden dort mehrere Kameraden vor, die bereits vor uns eine gute Nase gezeigt hatten und wurden hier freundlichst eingeladen, uns einen Whisky-Soda und ein Frühstück zu genehmigen. Sichtlich gestärkt traten wir sodann die Heimfahrt zur Erna an.

---

[37] Die »Kamerun Land- und Plantagengesellschaft« hatte etwas außerhalb von Kribi eine Plantage unterhalten. Eigner war Adolph Woermann, der nicht nur mit mehreren Schiffen den Warentransport unterhielt, sondern v.a. auch Handel betrieb: Branntwein, Waffen und Schießpulver wurden im Tausch gegen Kautschuk und Palmöl gehandelt. Er wurde zum Initiator für die Schutzverträge, die den Gebieten ihren Namen gaben. 1884 wurden zwischen der C. Woermann-Faktorei und dem Stammesführer der Douala König Bell »Schutzverträge« unterzeichnet, gegengezeichnet von weiteren Stammesführern. Die Verträge übertrugen der Faktorei Souveränität, Gesetzesgewalt und Verwaltung. Im Rahmen des Vertrags wurden die Gebiete zur Sicherung des Handels unter den Schutz des Reiches gestellt. Als Mitglied der Handelskammer Hamburg hatte Woermann in einer Denkschrift an die Reichsregierung 1883 gefordert, den Handel u.a. zum Schutz vor englischer und französischer Konkurrenz einen besonderen Schutz durch das Reich zu etablieren. Auch mithilfe von persönlichen Gesprächen mit Bismarck wurden diese Ziele mit Vertragsunterzeichnung erreicht. Auf dem Gelände der Plantation befand sich das Bezirksamt sowie die katholische Mission mit ihrer Kirche und der Schule. Quelle wikipedia

Duala

Am nächsten Morgen ist Duala in Sicht. In der Mündung des Kamerun-Flusses geht der Dampfer vor Anker. Der Adjutant Ostermeyer[38], Garnisonältester von Duala, zugleich Kompagnieführer der Stammkopmpagnie, und Leutnant Dickmann[39], kommen an Bord und bringen uns die ersten authentischen Nachrichten und die Offiziersverteilung: von Rheinbaben[40] ist als Adjutant für Major Puder[41] bestimmt, Stabsarzt Hühne zum Stabe, Wegelin zur Kompagnie in Soppo[42]. Außer Hühne nicht sehr erfreut alle. Lessel[43] nach Garua[44] im Norden, zusammen mit dem am 30.08.07 eingetroffenen Oberleutnant von Raben[45]. Abmarsch am 7.9. Assistenzarzt Stechele zur Stammkompagnie nach Duala[46]. Das war zunächst auch das mir verkündete Ziel, als Nachfolger von Leutnant Dickmann. Am Tage vor meiner Ankunft wurde jedoch vom Kommando telegrafiert, Zickwolff tauscht mit Reuter, da ersterer als Maschinenschütze ausgebildet, um die in Duala eintreffenden Unteroffiziere am Maschinengewehr auszubilden. Da habe ich mich zum ersten Mal gefreut, daß ich nie einen Kurs am Maschinengewehr mitgemacht habe.

---

[38] Erhard Ostermeyer, *1874, 1904-1908 bei den Schutztruppen in Kamerun, ab 1905 Oberleutnant. Quelle F. Hoffmann

[39] Johann Dickmann, *1879, 1906-1916 bei den Schutztruppen in Kamerun, ab 1914 Hauptmann, Quelle: F. Hoffmann

[40] Hans Karl August v. Rheinbaben, 1878-1915, zusammen mit F. Reuter als Leutnant 1907 nach Kamerun, bis 1909 Quelle: F. Hoffmann

[41] Harry Puder, *1862, 1897 als Hauptmann zu den Schutztruppen Ost-Afrika, ab 02/1908 Kommandeur der Schutztruppen in Kamerun, Quelle F. Hoffmann

[42] Soppo, im Westen Kameruns, war von 1904 - 1914 Sitz des Kommandos der Schutztruppen in Kamerun Quelle: wikipedia

[43] Karl Lessel, *1883 , besuchte zusammen mit F. Reuter das Vorbereitungs-Seminar, später Postenführer in Ngawndere, baute den Posten Dumru. Quelle: F. Hoffmann

[44] Garua, heute Garoua, im Norden Kameruns, mit über 200.000 Einwohnern heute die drittgrößte Stadt, besitzt aufgrund seiner Lage am Fluss Benue große Bedeutung für den Schiffsverkehr. Ab 1889 Handelsniederlassung der Royal Niger Company. 1901 Übernahme durch deutsche Kolonialverbände und Einrichtung der Residentur Adamaua. Quelle: wikipedia

[45] Ernst von Raben, *1877, von 1901-1906 als Leutnant bei den Schutztruppen in Kamerun, dann wieder als Oberleutnant ab 07/1907 zunächst in Kusseri, ab 11/1907 Postenführer in Dikwa. Quelle: F. Hoffmann

[46] Duala, heute Douala, benannt nach dem Volk der Duala, mit 2,7 Mio E. größte Stadt Kameruns, bis 1904 Sitz des Kommandos der Schutztruppen. Quelle: wikipedia

Nun lautete meine Bestimmung: Abmarsch am 13.09.07 nach Lomie[47] im Südbezirk. Auf diese Weise bin ich dem Rekrutendrillen in Duala glücklich entronnen. Lomie hat ein neugebautes, steinernes Stationsgebäude und gilt als gesund.

Die Nachrichten, welche wir in Südwest über Kamerun erhielten, klangen sehr bedrohlich. Es sollte ein großer Aufstand der Muhammedaner im Gange sein, ein Sturmangriff auf die Station glücklich abgeschlagen. Hier angekommen stellte es sich heraus, daß diese Gerüchte sehr übertrieben waren. Es haben sich allerdings einige Fanatiker erhoben, vorläufig ist jedoch die Gefahr eines Aufstandes nicht vorhanden. Der ganze Süden ist ruhig.

In der Offiziersmesse verabschiedeten wir uns mit einem kühlen Trunke - denn es gibt in Duala eine Gouvernements-Eismaschine - von den Südwestern. Diese waren von Duala ganz entzückt und mochten sich kaum trennen. Danach machten wir uns daran, uns gemütlich einzurichten.

Ich habe ein sehr geräumiges Zimmer im ersten Stock mit Veranda und Bad. Für Kisten und Koffer ist reichlich Platz, sodaß ich bequem meine Reisepackung für Lomie bewerkstelligen kann. Da ich etwa 40 Tage bis dorthin zu marschieren habe, außerdem einen Proviantvorrat für 4 Monate bei der Baseler Missionsgesellschaft[48] auszusuchen habe, ist meine außerdienstliche Zeit ziemlich in Anspruch genommen, denn Dienst wird auch getan. Bis zum Abmarsch treten Lessel und ich dienstleistend zur Stammkompagnie. Gewöhnlich von 6½ - 8, 9 - 11, 3 - 5. Häufig wird jedoch diese Zeit nicht eingehalten, da die Leute Arbeitsdienst leisten müssen. Die Kompagnie ist augenblicklich durch Entsendungen von Mannschaften geschwächt und zählt etwa 60 Köpfe. Als Zentralstelle des Sanitätswesens befindet sich Oberstabsarzt Zupitza[49] hier, zugleich Messevorstand.

---

[47] Lomie, heute Lomië, im Südosten Kameruns, heute 18.000 Einwohner, noch heute sind dort Gebäude der Kolonialverwaltung wie das Gefängnis, Gerichtsgebäude und das Postamt zu sehen. Quelle: wikipedia

[48] »Evangelische Missionsgesellschaft Basel«, dort 1815 gegründet, entsandte Missionare in alle Welt. Quelle wikipedia

[49] Maximilian Zupitza, *1868, ab 1895 bei der Schutztruppe in Deutsch-Ostafrika, ab 1905 Oberstabsarzt für die Schutztruppen in Kamerun. Quelle F. Hoffmann

Das Schwierige beim Abhalten des Dienstes ist zunächst die Unkenntnis des fürchterlichen Negerenglisch. Zuerst traute ich meinen Ohren nicht, als »Massa Dickmann« ein Palaver mit einem Soldaten führte, der sich im Anzug vernachlässigt hatte. Die Tracht der Truppe ist entschieden kleidsam und praktisch. Kakihose mit Beinwickel ohne Stiefel. Einreihiger Kakirock. Koppel mit zwei vorderen Patronentaschen und ein kurzes Seitengewehr. Gewehr 71[50] und ein rotes Käppi in der Größe etwa einer Studentenmütze gleich, mit blauer Troddel. Die Leute sind fast durchweg schlank und gut gewachsen und stammen aus allen Teilen der Kolonie. Die Headleute - Unteroffiziere - tragen am rechten Ärmel 1-3 ineinander geschobene, rote Winkel. Die weißen Unteroffiziere entsprechen in ihrer dienstlichen Tätigkeit etwa den Offizieren der Armee, haben ihre besonderen Boys und ihre eigene Messe.

Wie beim Rekrutendienst in Deutschland erstreckt sich der Dienst im Wesentlichen auf Erzielung einer guten Stellung des Mannes, Marsch, Güsse, Zielen, Schießen bis 100m, Gefechts- und Patrouillendienst einfacher Art und etwas Wachdienst. Die Leute verpflichten sich auf 3 Jahre, können, wenn geeignet, nach 4 Wochen abgeschoben werden und gelten mit 6 Monaten als fertig ausgebildet. Disziplinmittel »twentyfive for backside«[51], Degradierung bei schweren Vergehen, Versetzung zur Arbeiterkompagnie und Kettenhaft.

Der Dienst läßt sonst reichlich Zeit für andere nützliche Beschäftigungen. So werden Büchsen und Flinten erprobt oder das Zielfernrohr neu eingestellt, da die Hitze und Luftdichte wesentlich darauf einwirken.

Zweimal fuhren wir mit einem Boot in die Creeks um Affen zu schießen, jedoch ohne Erfolg, da die Nähe der Wohnungen sie scheu und vorsichtig gemacht hat. Gesehen haben wir eine ganze Anzahl. Spaziergänge durch die

---

[50] Bajonett, eine Stichwaffe, die am Lauf eines Gewehrs befestigt wurde. Benannt nach dem Jahr der Einführung 1871, gehörte es zum Gewehr M1871 und galt als einheitliche Waffe des Reichsheeres. Quelle wikipedia und waffenhändler-kuratorium.de

[51] vielverwendete Züchtigungsmaßnahme, von allen Kolonial-Nationen, mit unterschiedlichen Werkzeugen. E. Steudel fertigte ein Fachgutachten an über die Folgen nach Verwendung eines Tauendes (weniger Hautverletzung, dafür größere Gefahr für innere Verletzungen mit u.U. Todesfolge) oder Verwendung einer Nilpferdpeitsche (Kibokos: mehr Hautverletzungen). Quelle: Spiegel Spezial 2007

schön angelegten Straßen von Duala sind sehr interessant. Verschiedene Handwerker wie Goldschmiede oder Korbflechter und andere kann man bei ihrer Tätigkeit beobachten. Urkomisch sind black people im Sonntagsstaat. Teilweise im großen Landauer, Männlein und Weiblein auf dem Stahlroß. Die meisten lustwandeln in moderner, europäischer Kleidung, das Grelle wird natürlich bevorzugt. Der Vater im weißen Anzug mit Zylinder und dünnen Spazierstöckchen, die Mammi in Lila mit großem Rembrandt-Hut und Straußenfächer, der muntere filius in Samthosen und Matrosenmütze.

Die Zeit von 5 - 7 nachmittags bis zum Dinner wird mit Besuchen ausgefüllt. Ich hätte nie gedacht, in Kamerun so viele Visitenkarten brauchen zu müssen. Sonnabend Abend hatten wir Einladungen an sämtliche Herren, mit denen wir gesellschaftlich verkehren, zu einem Gläschen kühlen Biers ergehen lassen. Es war ein recht munteres Fest. Die Offiziersmesse, verstärkt durch 2 neu eintreffende, »alte Afrikaner«, hatte den Woermann-Dampfer um je ein Tönnchen Hell und Dunkel gekränkt. So speiste die Messe um 7 wie sonst und um 8 sammelte sich alles im Garten, in dessen einer Ecke die schwarze Kapelle Aufstellung genommen hatte, um die Gäste zu empfangen. Unsere schwarzen Militärmusiker spielten ganz ausgezeichnet unter der Leitung ihres tüchtigen Kapellmeisters, Herrn Höhne. Manche europäische, sogenannte Kapelle könnte davon lernen. Bald herrschte dann auch eine recht flotte Stimmung. Kameruns Zukunft wurde eingehend besprochen, Jagd- und Kriegsabenteuer aufgetischt. Erst gegen 1 Uhr trennten sich die letzten, ich auch.

Der Hafen von Duala ist als ausgezeichnet zu bezeichnen. Es müßte nur, von uns schon längst verlangt und als notwendig eingesehen, die im Kamerunflusse liegende Lehmbank weggebaggert werden. Diese verhindert nämlich, daß die größeren Woermann-Dampfer direkt am Pier anlegen können. Nur die kleinen Dampfer sind dazu in der Lage.

Auch die Manenguba-Bahn[52] macht gute Fortschritte und dürfte in 2 Jahren fertig sein. Was von entschiedenem Nutzen für den Gesundheitszustand in Duala sein würde, ist die geplante Wasserleitung und Kanalisation. Jedoch: wann wird sie bewilligt werden? Der Aufenthalt hier kann als durch-

---

[52] auch Nordbahn genannt, 1. Bahnprojekt, von Douala nach Nkongsamba, 1916 waren 160km fertiggestellt Quelle wikipedia

aus gesund gelten. Moskitos gibt es wenige, ich habe bis jetzt keine gesehen, das Wasser ist gut.

Mein Marsch nach Lomie wird etwa 40 Tage beanspruchen. Unter mir stehen 3 neu eingestellte, weiße Unteroffiziere und dann ca. 150 Träger, eine ganz nette Karawane, dazu Soldaten nach Bedarf. Verpflegung nehmen wir für 4 Monate mit, eine Jahresverpflegung bei Broemel-Hamburg[53] bestellt Dickmann für mich in Hamburg.

Von Duala zurück nach Kribi: letzte Vorbereitungen

Am 12.09.1907 dann die Abschiedsfeier im Kasino mit Musik. Früh um 6h folgte am 13.09. die Abfahrt zusammen mit 2 Front- und 2 Sanitätsunteroffizieren auf der Herzogin Friedrich, etwa 250 Lasten an Bord. Das Schiff ist äußerlich sehr schmuck, schaukelt jedoch ziemlich. Ich war froh, als wir 10:15 vor Viktoria[54] ankamen und hiermit etwas ruhiger lagen. Viktoria gewährt einen prachtvollen Anblick von der See aus. Bei der Abfahrt am Abend gab es wieder unruhige See, wie meistens während der Regenzeit. Am nächsten Tag, dem 14.09. erfolgte um 6h früh Ankunft auf der Reede von Kribi. Die Verabschiedung von Kapitän Witt war sehr herzlich. Er ist ein famoser Gesellschafter, der hier viel Interessantes miterlebt hat.

In Booten ging es dann mit einiger Mühe über den Lobé[55]. Ich versammelte dann an der Bark meinen Hausstand, bestehend aus den Boys Siloba und Melem, ferner dem Koch nebst Gattin. Sie will ihren Gatten nicht allein in den Busch ziehen lassen. Auch die Unteroffiziere und sämtliche Lasten treffen glücklich ein. Der stellvertretende Bezirksamtmann, der Bezirksrichter

---

[53] die Firma Gebrüder Broemel in Hamburg war spezialisiert auf den Export konservierter Nahrungsmittel und gängige Adresse für Militär- und andere Missionen. Quelle wikipdia

[54] 1858 als Victoria durch einen britischen Missionar gegründet. Direkt am Golf v. Guinea gelegen, 75km westlich von Douala. Nach Douala zweitwichtigster Hafen des Kolonialgebiets. 1982 in Limbe umbenannt, hat die Stadt heute ca. 80.000 Einwohner. Quelle wikipedia

[55] vermutlich meint Franz Reuter eher den Kineke River, der den Hafen von der Stadt trennt. Der Lobé liegt etwas weiter südlich.

Adae[56] nebst seiner sehr netten Frau orientieren mich sehr freundlich über alles Nötige wie Quartier, Verpflegung und so weiter und bitten mich gleichzeitig um 1h zu Tisch. Mein Haupt lege ich in einem Neubau der Süd-Kamerun-Gesellschaft nieder, wo ein Zimmer für mich mit Feldbett, Stuhl und Tisch möbliert ist. Meine Unteroffiziere werden teils in Barracken, teils in ihren Zelten untergebracht. Die Hauptsache, nämlich die Träger, die unsere Lasten ins Innere schleifen sollen, sind bis jetzt noch nicht da und werden wohl erst in 2-3 Tagen in ihrer vollen Stärke hier sein. So heißt's also warten, was mir jedoch nicht so sehr schwer fällt, da ich bei Adaes ständiger Mittags- und Abendgast bin und mich dort sehr wohl fühle.

Ich nutze die Zeit und beschäftige mich mit Orientierungen über Wege und Träger. Sonntag Morgen sollte um 10h der neue Gouverneur Seitz[57] und der neue Kommandeur Puder von ihrer Besichtigungsreise aus dem Inneren der Kolonie hierher zurückkehren. Demgemäß sollten sich sämtliche Europäer um diese Zeit auf dem Exerzierplatz zum Empfang bereithalten. Auch ich wollte natürlich mitmachen. Doch es kam anders. Bereits um 9h erschienen die Herren, ritten fast unbemerkt zum Bezirksamt und nahmen hier Quartier. Da es außerdem stark regnete, wurde jeder Empfang abgesagt. »Exzellenz würde im Laufe der Tage die Europäerwohnungen besichtigen.« Ich selbst meldete mich 11:30 in full dress, d.h. in Weiß mit sämtlichen Verschnürungen bei Seitz, der mich sehr freundlich Willkommen hieß und sich über meine Reisepläne orientieren ließ. Puder ließ meinen Besuch verschieben.

Eintreffende Telegramme besagen, demnächst würden die bestellten Träger eintreffen. So benutze ich die Gelegenheit, mir Kribi gründlich anzusehen. Noch vor 5 Jahren mitten im Urwald gelegen, ist es jetzt frei nach allen Seiten. Mit Herrn Adae zusammen machte ich eine zwar ziemlich anstrengende, aber sehr lohnende 3stündige Tour durch den angrenzenden Urwald. Es ist wirklich großartig. Man kommt nur kletternd und stolpernd voran. Bindfadenstarke Schlinggewächse legen sich tückisch um die Füße. Will man sich einen Augenblick verschnaufen, bemerkt man zu seiner Freu-

---

[56] Fritz Adae,1875-1967, später Oberregierungsrat in Stuttgart Quelle wikipedia

[57] Dr. Theodor Seitz, 1863-1949, Jura-Studium, ab 1895 in Kamerun als Kanzler des Gouverneurs, ab 05/1907 Gouverneur von Kamerun, ab 1910 Gouverneur von Südwestafrika. Quelle F. Hoffmann

de, daß man rings von Ameisen umgeben ist und muß schleunigst flüchten.

Heute ist der 19.09.1907. Der gestrige Tag war wohl einer der interessantesten, die ich erlebt habe. Seitz hatte für diesen Tag sämtliche Kaufleute des Südens zu einer Besprechung zu sich gebeten, um ihre Ansichten über Zoll, Wege und Eisenbau zu hören. Ich holte mir von seiner Exzellenz und von Puder die Erlaubnis, derselben beiwohnen zu dürfen, was mir auch bereitwilligst gewährt wurde.

Gegen 9h vormittags sammelte sich alles im Debritzschen Amtshause, wo auch Seitz und Puder Wohnung genommen hatten. Ich saß neben einem Kommandeur und Seitz gegenüber, hieran reihten sich an langer Tafel zu beiden Seiten die Kaufleute. Es war für mich wirklich die allerbeste Gelegenheit, mich mit hiesigen Verhältnissen vertraut zu machen.

Der Gouverneur leitete die Verhandlungen in sehr klarer, ruhiger Weise. Er legte den Standpunkt der Regierung dar, machte seine Vorschläge und ließ jeden zu Worte kommen. Die einzeln erörterten Fragen sind meistens noch nicht spruchreif, ich gehe also darauf hier nicht ein. Im Wesentlichen wurde ein volles Einverständnis erzielt. Ich machte mir eifrigst Notizen, um meinem Hauptmann Schloßer[58] genau über den Gang der Verhandlungen Bericht erstatten zu können. Allseits großen Beifall brachte meine neu mitgebrachte Karte, sie wurde bei der Besprechung der Grenzfragen viel benutzt. Um 1h wurde die Sitzung durch ein Frühstück, das Seitz den Herren gab, unterbrochen. Hierzu erschienen auch die vier augenblicklich in Kribi anwesenden Damen. Von 3 - 5 Uhr wurde dann der Rest der strittigen Fragen erledigt. Am Abend war ich zu dem hier wohnenden Regierungsarzt eingeladen zusammen mit sämtlichen Verheirateten. Es war ein recht gemütlicher Abend.

Heute ist es an der Zeit, mein Pferd zu erproben. Morgen oder Übermorgen werde ich nun wohl doch abreisen. Meine Post dürfte dann notgedrungen etwas spärlicher werden.

---

[58] Franz Schlosser, *1872, ab 1900 als Oberleutnant in Kamerun, 1905 Hauptmann und Kompaniechef, ab 1907 Leiter der »Südexpedition« und Postenführer in Lomie. Quelle F. Hoffmann

Gestern abend, 19.09. um ½6 Uhr fuhren der Gouverneur und Puder von hier ab. Beide verabschiedeten sich sehr herzlich von den zahlreich am Strande versammelten Europäern. Puder trug mir verschiedene Grüße an im Innern stationierte Offiziere auf. In zwei schmucken, weißen Booten, am Bug und Heck die flatternde Gouvernementsflagge, die schwarze Crew in blendend weißen Matrosenanzügen und schwarzer Schärpe, die Boote selbst mit blauem Tuche ausgelegt, fuhren sie ab.

Auch die Pferdefrage ist jetzt für mich gelöst. Das Gouvernement ist nicht in der Lage, mir ein Reitpferd zu stellen, da solche hier in Kribi kaum vorhanden sind. Daher machte ich dem Kommandeur den Vorschlag, ich würde mir hier ein Streitroß kaufen, und dieses sollte dann gegen Erstattung des Kaufpreises in den Stationsbestand von Lomie übernommen werden. Hierauf ging der Major jedoch nicht ein. So habe ich mir von einem soeben aus dem Busch zurückkehrenden Kaufmann einen ganz leidlichen Haussa-Schimmel[59] für 250 M mit voller Reitausrüstung erstanden, ihn gestern bereits geritten und ganz brauchbar befunden.

Der Vertreter der hiesigen, größten Firma Randads & Stein[60] hat mir einen munteren Foxterrier verehrt, sodaß ich wohlausgerüstet in den Busch ziehe.

---

[59] Kleinpferd mit ca. 150 cm, Unterrasse des westafrikanischen Dongola-Pferdes; aus Nigeria stammend sind sie vermutlich durch Einkreuzung von Berberpferden entstanden. Werden oft auch als eigene Haussa-Rasse bezeichnet.
Quelle puserni.com pferderassenliste

[60] Heinrich Randad, 1855-1939, schloß 1884 als Kaiserlicher Konsul in Togo dort einen »Schutzvertrag«, war ab 1902 der Geschäftsführer der »Deutschen Kamerun Gesellschaft« in Douala und am Sanagafluß. Quelle wikipedia

Abmarsch ins Landesinnere

Auf dem Weg nach Lomie

Die erste Nacht im afrikanischen Busch! In einem schönen Zelte unter dem Moskitonetz liegend, auf einem einfachem, aber praktischen Feldbett setze ich jetzt mein Tagebuch fort.

Gestern (22.09.) abends bekam ich die Nachricht, daß endlich die von mir sehnlich erwarteten Träger eingetroffen seien. Ob ich heute jedoch schon würde abmarschieren können, war sehr zweifelhaft, da die Leute erst ihren »shop«[61] bekommen mußten, was bei einer so großen Zahl im voraus auf 8 Tage berechnet, nicht so einfach ist. Alles jedoch erledigte sich glatt. Um ½10h etwa war die Verteilung der Verpflegung erledigt, dann wurden die Lasten, Metallkoffer sind besonders unbeliebt, Holzkisten, Tische, Stühle, Petroleumflaschen, Küchengeräte usw. nach den Kräften des Trägers verteilt. In 2 Minuten etwa hat sich der Nigger ein Traggerüst aus Weiden und Stricken herumgemacht und wartet nun das Zeichen zum Aufbruch ab. So ganz pünktlich gings natürlich am ersten Tage nicht, da zuviel im letzten Augenblick noch geändert werden mußte. Nebenbei war einem Unteroffizier in dieser Nacht aus seinem Zelte eine Kiste gestohlen worden. Die sollte natürlich erst wieder da sein, was ich aber nun doch nicht abwartete.

Endlich setzte sich die Karawane in Bewegung. Ein Unteroffizier vorneweg, um das Tempo zu regeln und den besten Weg auszusuchen. Die beiden anderen folgen zum Schluß, um den Zusammenhalt zu gewährleisten. Ich selbst mit dem Horseboy an der Spitze. Dieser Pferdeknecht ist seit 3 Tagen zum ersten Mal in seinem Leben in einem Stall gewesen. Er versteht vom Aufzäumen eines Pferdes fast gar nichts, wird es aber wohl noch lernen, obwohl er so gut wie gar kein Negerenglisch versteht. Er trabt hinter mir her

---

[61] tchop: Pidgin-Bezeichnung für Essen, Einkauf. So wurde mittels des tchop während des Marsches die Versorgung der Expedition gewährleistet, indem von Einheimischen aus den umliegenden Dörfern das gekauft wurde, was angeboten oder benötigt wurde.

mit umgehängtem Karabiner[62] den Trunkeimer in der Hand, in dem sich Halfter, Bürste, Striegel und mein Zigarrenetui befinden. Mein Headboy Siloba schreitet gar stolz im Kakirock und weißer Pluderhose einher mit umgeschnalltem Seitengewehr [*siehe Anm. 50*] und trägt dazu meine Pirschbüchse. Der andere Boy, Mebem, geht schlicht im Lava-Lava, d.h. Lendentuch und ist sehr eifrig, jedoch nicht so routiniert wie Siloba. Der versteht das Bett- und Zeltbauen, Tisch-decken usw. aus dem ff, er führt meine Schrotflinte, ferner den umbrella und raincoat für mich. Der cook geht säuberlich in weißer Jacke und englischer Reisemütze, trägt nichts und sinnt über das Menü des Abends nach. Seine Frau hat sich meines kleinen Terriers besonders angenommen und trägt ihn streckenweise.

Mit dem Schimmel, denke ich, einen ganz guten Kauf getan zu haben. Trotz des unglaublich schlechten Weges ist ihm der heutige Marsch nicht zu viel geworden. Reiten konnte ich ihn nur 1/3 der Wegstrecke. Der »Weg« ist großenteils so schmal und eng, daß nur je einer und zwar zu Fuß gehen kann. Die Brücken waren verschieden gut. Von der einen war die jenseitige Hälfte verschwunden, eine andere wurde durch einen hinübergeworfenen, schmalen Baum zart angedeutet. Bei der dritten Art, der am meisten vertretenen, war der Belag so verlegt, daß man sich überlegen konnte, ob man darauf oder in die Zwischenräume treten sollte. Das Pferd mußte natürlich stets neben der Brücke durch den Sumpf gezerrt werden. Teilweise war der »Weg« auch durch einen Bach angedeutet, den ich dann auf dem Rücken eines Niggers passierte (wie beim Ausbooten).

Unterwegs ließ ich einmal in einer kleinen, sogenannten »town«, Halt machen. Hier empfing mich der King in Militärmütze und einem großen Kutschermantel und reichte mir die biedere Rechte. Um 4:15h erreichten wir endlich ermüdet, unser heutiges Ziel Bedua[63]. Unterwegs mußte mir Siloba des öfteren die mit kaltem Tee gefüllte Feldflasche reichen.

Und dann ging es auch gleich an ein gewaltiges Zeltaufschlagen, Wasserholen. Dann wurde eine Dusche genommen, ein Täßchen Tee geschlürft und

---

[62] kurzläufiges Gewehr. Von franz. Carabin = leichter Reiter. Beträgt die Länge eines militärischen Infanterie-Gewehrs etwa 140cm, so hat ein Karabiner eine Länge von etwa 100cm, doch eine genaue Zuordnung gibt es nicht. Quelle wikipedia
[63] vermutlich Bidou, 23 km von Kribi entfernt

um 7 Uhr diniert (Rinderzunge mit Wachsbohnen). Jetzt freue ich mich auf einen tüchtigen Schlummer.

Dieses war jedoch nicht der Fall. Die erste Hälfte der Nacht regnete es gelinde, nach Mitternacht jedoch ging ein Tornado mit Blitz und Donner nieder, sodaß ich fürchtete, das Zeltdach würde durch die Wassermenge eingedrückt oder das ganze Zelt mit allen Pflöcken unterspült. Um 5h wollte ich aufbrechen, um ½6h hörte erst der Regen auf, sodaß der Abmarsch erst um 6:15h erfolgen konnte. Bald begann es von neuem unablässig vom Himmel herunterzuströmen. Mir, mit dem günstigen Lodenumhang angetan, machte es auf meinem Rößlein sehr wenig aus. Alles andere wurde vollständig durchnäßt. Zweimal machte ich je eine halbe Stunde Halt. Um 2:15h langte ich wirklich ziemlich müde im heutigen Quartier Adjap[64] an. Da ich im Auftrage des Bezirksamtmannes von Kribi hier ein Palaver[65] zu erledigen habe, außerdem verschiedene Träger bereits fußkrank sind, werde ich morgen einen Ruhetag hier machen und dann eine Revue über meine Truppe abhalten. Die Landschaft ist sehr abwechslungsreich, absolut nicht immer der finstere Urwald.

Der Ruhetag ist wie bei der heimischen Truppe auch hier ein zweischneidiges Schwert. So kamen die Headleute der Träger und machten »shop palaver«, das heißt sie behaupteten, sie hätten nicht genug zu essen, was ich denn durch einige Planten (Bananen) erledigte.

---

[64] Adjap, Dorf in der Region Océan Süd, ein Dorf auf der heutigen Straße N17, etwa 23 km von Bidou entfernt,

[65] Palaver bezeichnet meist eine gerichtliche, teils auch religiöse Versammlung. Ehemals kam dabei der Gemeinderat, aus den reichsten und angesehensten Bewohnern bestehend, zusammen. Vorsitz hat der Ranghöchste (king, big man), der darauf achten muss, nicht überstimmt zu werden, da er dann seine Autorität verliert. Es werden Streitigkeiten behandelt, die nicht nur allein vom big man entschieden werden. Quelle: »Rechtsverhältnisse von eingeborenen Völkern in Afrika und Ozeanien«, S. R. Steinmetz, 1903 und Koloniallexikon 1920
Im Buch über die Gerichtsbarkeit von U. Schaper, wird deutlich, wie stark die Kolonialherren nun ihre eigenen Rechtsvorstellungen auf die Bevölkerung übertrugen, S. 225: »Indem sie [die einheimischen Bewohner] sich der Argumentation des kolonialen Rechts zu eigen machten, verblieb ihr Protest aber in den Strukturen des kolonialen Rechts«

26.09.1907

Das Gelände ist ziemlich gebirgig, daher die Wege schlecht. Ich war froh, als ich um 1 Uhr in Njabilobé[66] ankam. Der Einzug in die zum Nachtquartier bestimmte »town« gestaltet sich verschieden. Meistens kommt dem »white man«, der Häuptling (big man oder King) vor den Toren entgegen, im Festschmuck, der verschieden ausfällt. Zwei Hüte übereinander sind beliebt. Der Regenschirm darf nicht fehlen. Einer erschien durchaus europäisch gekleidet, hatte aber zum Zeichen seiner Würde ein Frottiertuch als Schärpe umgeschlungen.

Ich reite der Karawane meistens etwas voraus, um den geeigneten Platz für die 4 Zelte auszusuchen. Das ist nämlich insofern von Wichtigkeit, als bei ungünstig gewähltem Terrain Zelt und sämtliches Gepäck durch ein Tornado unterspült und mitgerissen werden können. Dann darf der Standort aber auch der Mücken wegen nicht dicht am Wasser, andererseits des Wasserholens wegen nicht zu weit davon entfernt liegen. Zeltlasten befinden sich stets an der tête des Zuges. Im Nu sind die Zeltsäcke geöffnet, es wird noch angegeben, wohin die Zeltöffnung zeigen soll, dann beginnt unter Anleitung der Soldaten der Aufbau.

Mittlerweile habe ich dem King meine Wünsche bezüglich Eiern, Hühner, Planten, Bananen, Früchte mitgeteilt, die er zu erfüllen sich nun anschickt. Dem Koch und den Boys wird ein Haus angewiesen.

Das Pferd wird sofort abgesattelt und sucht sich einen Platz zum Grasen oder muß gleich abgerieben werden,

Die allmählich eintreffenden Träger werden mit ihrer Last zu dem betreffenden Zelt geleitet, wo sie warten, bis sie diese unter das aufgeschlagene Zelt unterschieben können. Jetzt kommt der Unteroffizier oder Soldat, der am Schluß marschiert, und meldet, daß alles - gottlob - glücklich einpassiert ist. Sobald das Bett mit Moskitonetz fertig aufgestellt ist, meldet der Soldat »finished«, hiermit endet seine Tätigkeit für heute.

Nunmehr erscheint auch der big man, gefolgt von beladenen Männern, die mehrere Bündel Planten, zubereitete, in Blätter gewickelte und um-

---

[66] etwa 20 km östlich von Adjap

schnürte Kassavawurzeln[67], Bananen, 1-4 Hühner und Eier. Diese sind allerdings mit Vorsicht zu betrachten sind, da die Neger sie nicht selbst essen und oft wochenlang als Geschenk für die Europäer verwahren. Die Unteroffiziere sind beim tchop zugegen, es beginnt die Verteilung, meistens ist jedoch der tchop so reichlich, daß für die 12 Headleute und Soldaten noch etwas abfällt. Als Gegengeschenk überreiche ich nun selbst Tabak, je nach Verdienst mehr oder weniger.

Mein Schärpen-Häuptling behauptete »sick for bell«, magenkrank, zu sein und erhält ein Glas Rum, was ihm sichtlich schmeckte. Ein Träger kommt herbei mit gefülltem Eimer und nun beginnt aus dem Segeltuch Duscheimer das köstliche Naß herabzuströmen und den ermüdeten Körper zu erfrischen.

Heute, am 27.09., wurde die Dusche durch ein prachtvolles Flußbad abgelöst, was natürlich weit köstlicher war. Mit frischer Wäsche angetan sieht die Umgebung schon viel netter aus.

Jetzt zerren die Boys aus dem Mantelsack alles, was etwas feucht vom Regen geworden ist: Stiefel, Gamaschen, Tücher, Decken, Behänge, damit die Zeltleinen trocknen. Sie breiten alles rundherum aus, sodaß das Zelt wie eine Jahrmarktsbude aussieht.

Bald kommt auch der Magen zu seinem Recht. Eine Flasche abgekochtes Wasser vom Abend vorher wird sofort nach dem Eintreffen in einen angefeuchteten Flaschenkühler gesteckt und aufgehängt. Dieses praktische Aggregat hat Frau Adae mir in liebenswürdiger Weise aus einem Scheuerlappen kunstvoll genäht und ich freue mich jeden Tag über die mit so einfachen Mitteln erreichte Verbesserung. Das so gekühlte Wasser wird in die Sodaflasche gefüllt, mit Himbeersaft, Kognak versetzt ergibt das ein feines Getränk.

Das Diner erledigt der Koch ziemlich selbstständig und gut, d. h. vor

---

[67] Maniok, stärkehaltige Knollen von Manihot esculenta, von den Portugiesen bereits im 15. Jhdt. nach Afrika gebracht, im 17. Jhdt. nach Asien. Kultivierung in Westafrika erst ab 19. Jhdt. Die Wurzeln werden geschält und gekocht, getrocknet und gemahlen wie Mehl verwendet oder teils auch fermentiert. Fufu ist z.B. ein weitverbreiteter Brei aus Maniok und Kochbananen. 2018 wurden weltweit 278 Mio T. geerntet. In Asien wird Maniok auch zur Bioethanol-Produktion eingesetzt. Quelle: wikipedia

allem abwechslungsreich. Mit Wegerkundigungen für den nächsten Tag, Revision des Pferdestalles ect. vergeht sehr schnell der Nachmittag.

Mein kleiner Terrier ist der Freund der ganzen Karawane, obwohl er stets nach den Zehen der Nigger hascht. Gestern wurde er von einem Buschköter gebissen und sofort stürzten 10 Träger dem entfliehenden Köter nach, um die Unbill zu rächen. Mebem hat ihn in Obhut und erzählt mir soeben: »Massa, small dog make too much Katte-Katte«, d. h. er macht zuviel Unsinn. Nichts sei vor seinen Zähnen sicher. »He never sleep for night, he tchop myself«, Er schläft nicht in der Nacht, er beißt mich!

Aufstehen findet morgens um 4:45 bis 5h statt, falls es nicht sehr stark regnet. Als ich gestern um diese Zeit aufstehen wollte, erschienen meine Soldaten und der King vor meinem Zelte - ich muß hinzufügen, es hatte die ganze Nacht sehr stark geregnet - und erklärten mir: »plenty, plenty water live«, d. h. alle Wege sind durch den Regen aufgeweicht, ich sollte noch 3 Stunden warten, dann würde alles trocken sein. Ich lehnte jedoch diesen Vorschlag ab, bekam aber doch einen kleinen Schreck, als ich um 6h an der gestern erkundeten und für gut befundenen Brücke ankam.

Durch das Hochwasser war der den Übergang bildende Baumstamm etwa 1½ Meter überflutet. Trotzdem ließ ich die Leute mit hoch gehobenen Lasten hinübergehen. Schlimmer war es dann mit dem Pferde. Dieses konnte jetzt bei den Strudeln nicht durchschwimmen. Da ich den Weitermarsch aber dadurch nicht weiter verzögern lassen wollte, beauftragte ich einen Unteroffizier (früher Train-Battaillon[68]), nach Ablauf des Wassers das Pferd vorsichtig durchschwimmen zu lassen. Ich zog mich selbst aus, balanzierte hinüber, zog mich rasch wieder an und marschierte mit der ersten Hälfte der Träger ab. Es ging auch alles ganz gut. Ich selbst kam 12:30 Uhr, die zweite Hälfte 1:30, Pferd 3:30 nachmittags an. Dann erfuhr ich: mittels der Trommelsprache hatte der King 20 kräftige Männer zusammenberufen, die eine Kette über den Fluß bildeten. So kam der Schimmel glücklich hinüber.

---

[68] Train war zwischen dem 18. und dem frühen 20. Jhdt. die Bezeichnung für das militärische Transportwesen. Heute Nachschub- oder Logistiktruppen.
Quelle: wikipedia

Heute morgen, 28.09., hatte ich Jagdglück. Ich kam zum ersten Mal auf annehmbare Entfernung zum Schuß auf Papageien, wo ich zwei durch einen Schuß herunterholte. Dann schoß ich eine Papageitaube. Erstere sind grün mit rotem Schwanz, letztere hellgrün. Die Polli (Papageien) geben ausgezeichnete Suppe, die mir heute eine angenehme Abwechslung im Tin-Schmausen war.

Im Allgemeinen sind jetzt die Wege besser. Neulich brachte eine drollige Szene die ganze Karawane zum Lachen. Der Horseboy sollte den Schimmel durch einen Bach führen, während ich selbst von der schadhaften Brücke aus das Experiment leitete. Der Untergrund war schrecklich sumpfig. Mit einem Mal brach das Pferd vollständig ein, Jone setzte sich vor Schreck gleichfalls rückwärtsgehend hinein, hatte das schnaubende Pferd dicht über sich. Er war aschfahl im Gesicht und wagte nicht, sich zu rühren. Bis ich dann selbst zusprang und den Schimmel herausbrachte. Jone's erstes Wort war: »Massa, I live for die«, ich wäre beinahe gestorben!

Gestern veranstaltete ich mit den 3 Unteroffizieren eine Affentreibjagd, die uns jedoch außer nassen Füßen nichts einbrachte. Ich freue mich darauf, morgen 01.10. einmal wieder recht gemütlich in Ebolowa mit Kameraden bei Tisch zu sitzen.

03.10.1907

Vorgestern rückte ich nach einem kurzen 3-stündigen Marsche in Ebolo-wa[69] ein. Bereits etwa eine Stunde vor Ankunft begleiteten mich bis zum Stationsgebäude sämtliche weiblichen Insassen der Dörfer, laut singend und tanzend, sodaß mein Pferd beinahe scheu wurde. Endlich erblickte ich die malerisch auf einer Kuppe gelegenen Stationshäuser, die Umgegend weit im Umkreise beherrschend. Es war prachtvoller Sonnenschein und so gewährte das am Fuße der Veste gelegene Dorf mit seinen in grelle Tücher gekleideten Männern ein ganz farbenprächtiges Bild. Oben begrüßte mich der stellvertretende Stationschef Stabsarzt Handl[70] sehr herzlich. Ich hatte ihm, wie üblich, meine Ankunft 2 Tage vorher angemeldet. Der Feldwebel besorgte

---

[69] Ebolowa, Stadt im Südwesten Kameruns, seit 1899 deutsche Militärstation, 111 km von Njabilobé und 171 km von Kribi entfernt, heute ca. 60.000 Einwohner Quelle wikipedia

[70] Anton Handl, 1875-1954, 1900 ein Jahr im Ostasiatischen Expeditionskorps, 1903 als Oberarzt nach Kamerun, 1907-1909 Stabsarzt in Kamerun Quelle F. Hoffmann

Unterbringung der Unteroffiziere und Träger, und so konnte ich nach 9 Tagen erstmals wieder gleich nach dem Marsche die Beine unter den Tisch strecken.

Von anderen Offizieren hatte ich gehört, Ebolowa sei eine der am schönsten gelegenen Stationen. Und jetzt kann ich sagen: es stimmt. Auf der abgeflachten Kuppe liegt sehr nett das Hauptmannshaus, mit ausgebauten Ecktürmen und Veranden versehen. Das Dach wurde kürzlich erneuert. In geringer Entfernung das Haus des Stabsarztes, etwas einfacher gehalten, in dem ich ein sehr geräumiges Zimmer erhielt. Ein zweistöckiges Haus für Geschäftszimmer, Kasse, Wache, Post begrenzte das Plateau auf der einen Seite, schräg gegenüber lag Gefängnis, Unteroffiziershaus, ferner ein Boyhaus. Die Veranda meines Chateau's war durch Bogenfenster abgeschlossen. Von dort aus hat man einen wirklich entzückenden Blick auf die umgebenden Bergketten. Es erinnerte mich an die Aussicht, wie man sie etwa von der Wartburg aus hat. Rings herum am Abhang des Berges und im Tal sieht man Wiesen, Farmen mit Mais, Kassava usw., ferner mehrere Faktoreien, Ansiedelungen von Eingeborenen und Ställe.

Diese Station macht nicht den Eindruck einer Veste wie etwa in Südwest-Afrika, sondern vielmehr den eines großen Rittergutes. Viel Gemüse wird mit Erfolg angebaut. Ein Gestüt ist angelegt. Der neugebaute Schafstall faßt ungefähr 100 Tiere. Soldaten, gelernte schwarze Handwerker, Strafgefangene, alles ist damit beschäftigt, Gebäude aufzuführen, Wege und Brücken zu bauen; für die Station selbst bleibt nichts übrig.

Der Stationschef, Oberleutnant Heinicke[71], hat mit 30 Mann einen Erkundungsmarsch unternommen, sodaß gerade noch eine ausreichende Wache gestellt werden kann. Die übrigen Mannschaften verteilen sich auf die beiden Offiziersposten (daher bekam ich auch nur 3 Mann für meine Karawane). Herr Handl ist ein ziemlich alter Afrikaner, hat China auch schon mitgemacht und konnte mich ausgezeichnet über Wege, Verpflegung usw. orientieren.

Ich erfuhr dann auch, daß ich bei meinem shop-palaver nicht immer ganz korrekt verfahren war; woher sollte ich es jedoch auch wissen, in Kribi konn-

---

[71] Horst Heinicke, 1868-1922, ab 1900 als Leutnant nach Kamerun, 1909 Hauptmann, von 1906-1913 Stationsleiter in Ebolowa. Laut Hoffman war Heinickes Verwaltung durch seinen Einsatz für den Schutz der afrikanischen Bevölkerung vor den Batangafirmen gekennzeichnet. Quelle F. Hoffmann

te mir niemand Bescheid sagen.

Ich beschloß, einen Ruhetag hier zu machen, um meine Gehaltsberechnung für Oktober, zugleich die der Unteroffiziere und ferner die Bezahlung der Träger zu erledigen. Nicht nur unseren Körpern tat diese Ruhe gut. Auch die Träger, die mich zum Teil noch ein Stück weiter begleiten und besonders auch mein Pferd konnten den Ruhetag brauchen. Die Waschmannschaft stürzte sich auf meinen Befehl auf die Wäsche. Die Koffer wurden umgepackt, eine Laterne sowie Petroleum gekauft. Kurzum alles, was man bisher auf dem Marsch als praktisch erprobt hatte, wurde nun in der erneuten Vorbereitung verwertet.

Leider regnete es am Ruhetag, sodaß ich die schöne Umgebung nicht auf der Platte festhalten konnte. Umso gemütlicher saßen wir auf der Veranda: eine Ziege, eine Ente sowie Bumswein (Sekt) mußten dran glauben. Manche Stunde haben wir gemütlich verplaudert.

Jetzt sitze ich schon wieder im Busch, jedoch so ganz leicht ging die Abreise nicht. Ein großer Teil meiner alten Träger zeigte wenig Lust, von neuem zu marschieren und erschien heute morgen nicht. So verzögerte sich der Abmarsch bis 9:20 [Uhr].

Vorher waren sämtliche schwachen und kranken Träger umgewechselt, die Lasten genau verteilt und 3 Headleute, die als Schlachtenbummler mitzuziehen gedachten, zurückgewiesen. Dann hielt ich im Beisein der Unteroffiziere, den Soldaten und den 12 Träger-Headleuten eine Rede, in der ich mein Programm bezüglich Marschordnung, Quartier-beziehen entwickelte und rückte nach herzlichem Abschied vom Stabsarzt mit meiner Kolonne den Berg hinab.

Nach 2 Stunden machte ich den ersten Halt und erblicke plötzlich neben mir einen der zurückgewiesenen Headleute mit einem Klappstuhl beladen. Ich befrage nun die Unteroffiziere über den Tatbestand und nun stellt es sich heraus, daß der schlaue Nigger sich unterwegs dem Zuge angeschlossen, sich einen auf der Last festgebundenen Stuhl losgebunden, sich umgehängt und so den Anschein eines fest eingestellten Headmannes gegeben hatte. Ich muß hier zur Erläuterung sagen, daß Träger und Headleute besonders gut bezahlt werden und daher gern unaufgefordert sich anschließen, um den Trägerlohn zu bekommen. Bei der folgenden Musterung der Headleute stellte es sich heraus, daß noch 2 andere auf diesen schlauen Gedanken gekommen waren. Um nun sofort ein Exempel zu statuieren, ließ ich dem ersten gleich durch den Soldaten und Headmann 10 for backside geben und schickte alle 3 mit einem erläuternden Zettel zur Station zurück.

Mit dem heutigen Tage ändert sich für meine Kolonne der Verpflegungs-modus. Vorher waren die Träger im Voraus beköstigt, jetzt soll jeder täglich seinen shop bekommen. So forderte ich denn in meinem Quartier den big man auf, plenty-plenty shop herbeizuschaffen. Mit Hilfe der umliegenden Dörfer waren endlich genügend Plantenbündel zur Stelle. Jetzt hatte der Un-teroffizier vom Dienst 150 Portionen zu schaffen. Dann nehme ich den sehr beliebten Tabak, in langen Blättern zu je 5 zu einem head geknotet, zur Hand, schreite die lange Front ab und bezahle mit einer entsprechenden An-zahl heads. Dann erhielt jeder Träger seine 10-15 Planten und zog ab. Zeitraubend ist die Prozedur immerhin.: um 1h komme ich im Dorfe an, welches als Nachtquartier bestimmt ist, erst um 5 Uhr ist die Verteilung des shop beendet.

05.10.1907

»Some people want play«. Damit werde ich soeben unterbrochen; heißt auf gut Deutsch: einige Leute möchten gerne die Palavertrommel[72] spielen und dazu tanzen. Mit der Beschränkung von 7 - 9h gestatte ich es natürlich.

Die Jagd war heute ganz abwechslungsreich, es kamen Nashornvögel, von denen der meinige eine Flügelspannweite von 1,10 m hatte, Papageien, Tauben, ferner ein mir unbekannter, brauner Vogel mit krummen, langem, roten Schnabel. Es knallte bald an der Spitze, bald am Ende der Kolonne. Das Menü für Mittag und Abend war daher entsprechend abwechslungs-reich.

Zitronen für Limonade gibt es im Überschuß, heute bekamen wir zum ersten Male Ananas angeboten. Ich probiere sonst grundsätzlich jedes Ge-richt und jede Frucht, die die Eingeborenen genießen, habe auch vieles für den europäischen Gaumen recht schmackhaftes gefunden. Heute Abend

---

[72] große Trommeln (ca. 150 cm hoch), die zur Einberufung eines Palavers benutzt wer-den.   Quelle: wikipedia, Bild: https://de.wikipedia.org/wiki/Datei:Palaver-Trom-mel_in_Kamerun.jpg

wurde mir ein Riesenkäfer 19 cm lang, 5 cm breit mit samtartigen, braunen Flügeldecken und schwarzem, weißgebänderten Rückenschild in einem kleinen Bastkörbchen herbeigebracht und gegen ein Trinkgeld abgeliefert.

Auf dem Marsche ist stets ein Schmetterlingsnetz in der Nähe, um seltene Tiere sofort erhaschen zu können. Heute Nachmittag hatte ich etwas länger Zeit, da wir früh im Lager eingetroffen waren, und so benutzte ich die Zeit dazu, den Schädel, die Flügel und Fänge des Nashornvogels zu präparieren.

Um die Mittagszeit ist es ja sehr heiß zum Trocknen aller Sachen, heute 32°C im Zelt, abends und während der Nacht ist es jedoch kühl und feucht. Jetzt um 7h sind es bereits 22°C, das klingt viel, man empfindet es jedoch als durchaus angenehm.

11.10.1907

Der letzte von Europäern besetzte Militärposten, Sangmélima[73], ist vorüber, das nächste Ziel wird Lomie sein.

Am Tage vor meiner Ankunft in Sangmélima lernte ich noch einen Tornado in der Vollendung kennen. Ich hatte mein Zelt an dem höher gelegenen Dorfausgange aufbauen lassen. Die zur Sicherheit gezogenen Gräben funktionierten auch zunächst recht gut. Ein schräg auf die Ecke meines Zeltes zuführender Weg jedoch verwandelte sich in einen 1m breiten, kräftigen Bach. Diesem war ich nicht gewachsen. So mußte ich den Vorplatz meines Zeltes mit Tisch und Stuhl den Fluten überlassen und mich auf die Verteidigung des eigentlichen Zeltes beschränken. Dieses gelang mir auch einigermaßen. Eine Hilfskolonne von 20 Trägern im strömenden Regen, als Beleuchtung dienten die zahlreichen Blitze, zog dafür in kurzer Zeit einen Damm quer vor dem Zeltplatz, um den Bach abzulenken. 2 Unteroffizieren erging es weniger gut. Ihre Zelte lagen tiefer, der Wasserstrom nahm seinen Weg mitten durch das Schlafgemach und überzog alles mit einer dicken Schicht Schlamm.

---

[73] Sangmélima, ca. 130 km östlich von Ebolowa, heute mit 60.000 Einwohnern Hauptstadt des Bezirks Dja-et-Lobo . Quelle wikipedia

Leutnant vom Hagen[74], Postenführer in Samgmélima, holte mich hoch zu Roß in sein hübsch gelegenes Besitztum ein. Vor 5 Monaten ist er mit dem Auftrage hierhergekommen, einen Posten einzurichten und hat in dieser kurzen Zeit wirklich Erstaunliches geleistet.

Auf dem mit einem 1½m hohen Fenz (Zaun) umgebenen Platze erhebt sich das Offiziershaus mit 4 großen Zimmern und Vorratskammern, 5 Soldatenhäusern, Munitionshaus, Wache, Küche, Boyhaus, Soldatenküche; das Unteroffiziershaus ist im Bau begriffen. Im ersten Monat war 1 Unteroffizier hier, seitdem wirtschaftet Hagen allein mit 15 schwarzen Soldaten. Strafgefangene und eine selbst gebildete Polizeitruppe von 10 Mann sind seine einzige Hilfe beim Bau.

Nebenbei ist eine Menge Büroarbeit zu leisten. Täglich etwa 100 Träger abzufertigen, eine Kasse zu führen, Palaver zu schlichten usw. Ich habe mir den ganzen Betrieb während der 1½ Tage, die ich hier zur Neubildung meiner Trägerkolonne verweilte, eingehend angesehen und bin erstaunt, daß bei so viel Nebenarbeit der Postenaufbau so schnell vor sich gegangen ist.

Die Häuser sind zwar nicht aus Stein, aber aus festen Stämmen mit Rindenbelag sehr sauber, haltbar und praktisch gebaut. Für die stattliche Viehherde von 100 Stück (Ziegen und Schafe), ferner für Pferde, Hühner ist je ein geräumiger Stall errichtet.

Die Aussicht ist nicht so schön wie in Ebolowa, aber doch recht nett. Am Abend erschienen noch 2 in der Nähe wohnende Faktoristen[75], die wir mit Leuchtkugeln und Magnesiumfackel begrüßten. Nach Tisch wurde noch ein gemütlicher Skat verhastet, es war wirklich recht gemütlich.

In Afrika lernt man jeden Tag etwas Neues. Allein über Trägereinteilung, Quartier, Marschpausen ließe sich ein Buch schreiben, manchen guten Rat habe ich mir in Sangmélima geholt.

---

[74] Gunther vom Hagen, 1884-1923, ab 1906 als Leutnant nach Kamerun, ab 1907-1910 + 1912-1914 erster Postenführer in Sangmélima. Quelle F. Hoffmann

[75] Begriff aus der Kolonialzeit: Leiter einer Faktorei = Handelsniederlassung, der vor Ort als Geschäftsführer im Auftrag seines Prinzipals oder der Handelskompanie Ansprechpartner ist in allen Angelegenheiten und für die Warenlogistik verantwortlich. Quelle wikipedia

17.10.1907

Einige mehr oder weniger anstrengende Tage sind vorüber. Vorgestern war ein ziemlich großes Marschpensum zu erledigen. Der Himmel tat ein übriges und öffnete 2 Stunden nach dem Abmarsch recht kräftig seine Schleusen, sodaß kein Faden trocken blieb. Ziemlich erschöpft langte die Karawane um 1 Uhr in Malin, dem Nachtquartier an. Ich beschloß am folgenden Tage einen Ruhetag einzulegen.

Der nächste Tag war glücklicherweise sehr schön sonnig und so nutzte ich die Gelegenheit dazu, große Wäsche zu machen und meine sämtlichen Habseligkeiten, die mehr oder weniger durchnäßt waren, den wärmenden Strahlen der Tropensonne auszusetzen.

Shop war knapp, so schickte ich einen Soldaten mit 3 Patronen ausgerüstet auf Jagd. Um 2 Uhr nachmittags kam dieser aufgeregt ins Lager gestürzt: »Massa, I look plenty balu (Gorilla).« Einen behauptete er, verwundet zu haben. Nach Verbrauch seiner Taschenmunition habe er sich dann zurückgezogen. Der Soldat erschien glaubwürdig, mein Headman holte sich sofort Erlaubnis, mitjagen zu dürfen. Ich selbst und ebenso die Unteroffiziere waren zwar im bequemen Lagerkostüm und, wie man dem Soldaten ansah, war »plenty pottepotte« (Sumpf) keine Übertreibung. Demnach schnell den Entschluß gefaßt, meine 9,3[76] geladen, mit Gelbmantel dem anderen Soldaten die Verantwortung für das Lager übertragen, Hosen in die weiten und halbhohen Lagerstiefel gestopft, 5 Träger mit Buschmessern beordert und weg. Der Schütze mit dem »country man«, welcher den Führer gemacht hatte, dann der »head man« mit den Trägern, dann ich und in einigem Abstand die Unteroffiziere, die etwas länger zu ihren Vorbereitungen gebraucht hatten. Im Laufschritt bei der Gluthitze durch schattenlose Farm, dann einen Sumpf durchwatet, Baumstämme überklettert, eine Viertelstunde einen 30cm tiefen Bach als Weg benutzend, dann durch den richtigen Busch kriechend und gleitend, den Tropenhelm hatte ich längst als zu hinderlich einem Träger gegeben.

Nach etwa einer Stunde, nur Soldaten, Träger und ich waren noch zusam-

---

[76] offensichtlich eine Waffe für eine 9,3 Patrone, vermutlich x 62, da diese ab 1900 vornehmlich für die Jagd in Afrika entwickelt worden ist, weil sie in kurzläufigen, leichten Waffen verschossen werden kann. Dafür hat sie nur eine geringe Reichweite. Quelle wikipedia

men, machte die tête[77] Halt. Ich kam heran und der Soldat zeigte mir freudestrahlend auf einem riesigen Baumwollbaum, durch das Blätterdach ziemlich verdeckt, ein dunkles Etwas, das sich bald darauf bewegte, sodaß ich den Balu erkennen konnte. Nachdem ich ein klein wenig zu Atem gekommen war, überlegte ich den Schlachtplan und wollte Träger und Soldaten unter und auf die andere Seite des Baumes verteilen, um ein Entweichen des Tieres zu verhindern. Darauf wollten sie sich jedoch um keinen Preis einlassen. So schoß ich, gestochen, ganz ruhig, worauf der Gorilla einen lauten Schrei ausstieß, einen Moment am Ast baumelte und dann krachend das Unterholz durchschlagend schwer aufschlug. Ich hatte mein Gewehr in Duala auf 100m eingeschossen und die Entfernung so weit taxiert. Sofort stürzte alles auf die Stelle zu. In seinem Jagdeifer hatte der eine Träger leider geglaubt, dem gefällten Riesen noch vollends den Garaus machen zu müssen und ihm mit einem mächtigen Hieb des Buschmessers die untere Kinnlade gespalten. Wie der Befund ergab, hatte der Soldat dem Affen den einen Hinterlauf durchschossen, was die Flucht auf den Baum erklärte; während die anderen Balus laufend flüchtig geworden waren. Ich hatte Brust und Hals durchschossen und freute mich, daß der erste Schuß aus meiner Büchse ein so seltenes Wild und mit einem guten Treffer zur Strecke gebracht hatte.

Bald erschien auch der Unteroffizier Bergen, der allein mir nachgefolgt war. Dann wurde der starke Herr an eine starke Stange gebunden und von 4 Trägern heimgeschleppt. Ich selbst ging voraus, traf um 4 Uhr bereits in der town wieder ein, zog mich um, goß die Stiefel aus und war bereits fertig, als die Jagdbeute, von den Trägern umringt, erschien. Der Herr war immerhin 1½m groß, hatte ein stattliches Gebiß und gewaltige Arm- und Beinmuskeln. Sämtliche Köche wurden nun beordert und nach meiner Angabe das Fell abgezogen. Sämtliche Träger, den shop mit gierigen Augen betrachtend und betastend, standen herum. Dann wurde das Fleisch flüchtig von den Knochen heruntergeschnitten - ich will natürlich auch das Skelett haben.

Dann begann die Verteilung des shop. Je 2 Mann bekamen ein ganz hübsches Beafsteak, der Schütze durfte sich zuerst ein kräftiges Häppchen wünschen. Nebenbei erhielten natürlich die an der Jagd beteiligten Soldaten

---

[77] Kopf, hier Spitzengruppe

und Träger einen ordentlichen Dash[78]. Lieblicher Bratenduft, wie beim seligen Homer, umzog das Haus.

Am nächsten Tage zierten Haut und Gerippe die Karawane. Kaum im Quartier angekommen, brach allerdings ein gewaltiger Tornado hernieder, der fast mein Zelt zur Strecke gebracht hätte. Ich hatte gottlob mein vorläufiges Quartier mit sämtlichen Lasten im nahegelegenen Palaverhaus aufgeschlagen, von wo aus ich die Rettungsarbeiten an meinem Zelte leitete.

Es regnete bis zum Abend durch. So richtete ich das Palaverhaus als Laboratorium her, zwei Köche wurden angestellt, das ziemlich umfangreiche Fell von Fett und Fleisch zu säubern, während ich selbst eine Mischung aus Alaun und Salz herstellte, um dann beim Scheine der Stallaterne die Innenseite des Fells damit einzureiben. Am nächsten Tage wurde das Skelett im Bach von 2 Trägern vom letzen Fleisch befreit, das sich diese freudestrahlend als Abendkost mitnahmen. Dann wurde auch das Fell ausgewaschen und ich machte mich dann daran, dasselbe säuberlich mit Arsenikseife einzupinseln. Dieses habe ich heute, 18.10., wiederholt und hoffe damit, den Gorilla endgültig der Nachwelt erhalten zu haben. Mühe habe ich mir genug damit gegeben.

Extraanmerkung von »Großvater Reuter«, Franz Reuter sen. 1842-1923, Oberstleutnant in Berlin:

»Der Direktor und Konservator Prof. Matschie vom Zool. Museum in Berlin schreibt über diesen Affen auszüglich: Der Schimpanse, den Sie erlegt haben, hier in gutem Zustande eingetroffen. - Der Schimpanse ist keineswegs ein gewöhnlicher Vertreter seines Geschlechts, sondern ein altes, ausgewachsenes Männchen der sogenannten Tahego-Schimpansen und zwar eine Art dieser Untergattung, welche auch in keinem Museum der Welt vertreten ist und der Wissenschaft als ganz neuer Fund zugeführt werden muß. Ich hoffe, noch in diesem Sommer diese neue Art beschreiben zu dürfen; mir sind nur einige im Besitz des Hauptmann Scheunemann befindliche Schätze derselben Art bekannt, ein Fell hat noch niemand in Europa gesehen. - Franz [jun., Anm. Verf.] schreibt: an diesem Schimpansen habe ich mir schriftlich das Eigentumsrecht vorbehalten, was auch von Herrn Matschie ausdrücklich anerkannt ist ...«

---

[78] dash = Strich, hier für: ein bißchen, etwas

Heute war es wieder gut und reichlich, von 6:10 mit kleinen Pausen bis 1:45. Gestern und heute habe ich verschiedene Büffel gespürt, hoffe auch noch auf dieses seltene Wild zu Schuß zu kommen. Die Karawane wächst ständig. Außer den Soldatengattinnen und Soldatenboys laufen eine ganze Anzahl Landeseinwohner von einer town bis zur anderen mit, die sich geehrt fühlen, für die Herren boys Feldstühle zu tragen oder die Ziegenherde zu treiben. Mittlerweile sind durch Ankauf oder als Geschenk diese nützlichen Braten auf 4 gestiegen, die Hühner auf 43, auch ein Papagei als Häuptlings-dash hat sich hinzugesellt, mit Pferd und Hund die richtige Arche Noah. Von allen Europäern, die ich unterwegs getroffen habe, hörte ich, daß Fleisch in Lomie ziemlich knapp sein, so denke ich, ganz gut vorgesorgt zu haben.

Die Wege sind jetzt, von kurzen Buschstrecken abgesehen, ausgezeichnet, die Brücken desgleichen. Während ich seit Sangmélima auf dem weißen Teil der neuesten Karte von Afrika wandelte, werde ich mit der Überschreitung des Dja[79] morgen, 22.10., wieder die Unterstützung der Karte finden und zugleich in den Machtbezirk der Station Lomie einrücken.

Ich langte heute zeitiger im Quartier, 15 Minuten vom Flusse entfernt, an, um die Übergangsstelle und Fahrzeuge eingehend besichtigen zu können.

Am Nachmittag machte ich mit 2 Unteroffizieren eine sehr lohnende Partie im Fluß aufwärts, um vielleicht dieses oder jenes zu schießen. Außer Nashornvögeln und einem Raubvogel bekamen wir jedoch nichts zu Gesichte. Die Fahrt auf dem ca. 100 m breiten, von Urwald eingefaßten Flusse jedoch war prachtvoll. Durch einen Kaufmann, den ich gestern, 22.10., traf erfuhr ich, daß ich keinen Gorilla, sondern einen Schimpansen erlegt habe, was den Wert des Fells und Skeletts etwas vermindert. Das einzige untrügliche Unterscheidungszeichen zwischen diesen beiden Menschenaffen soll ein Knochenkamm auf dem Schädel des Gorilla sein, und dieser fehlt bei meiner Jagdbeute.

---

[79] der Dja ist ein Fluss, der zusammen mit zahlreichen anderen Flüssen im Sumpfgebiet des Regenwaldes, südlich von Abong-Mbang, 250km nordöstlich von Sangmélima, entspringt. Er fließt zunächst nach Westen, macht dann eine 180° Wendung, fließt dann nach Süd-Osten, mündet in den Ngoko, dieser schließlich in den Sangha, einem Nebenfluss des Kongo. Teilweise wird auch der gesamte Flussverlauf bis zum Sangha als Dja benannt. Quelle wikipedia

Gleich hinter dem Dja tauchten wir im wahrsten Sinne des Wortes in den Urwald ein, denn es war ein einziger Morast. Brücken gab es nicht, nur schmale Baumstämme, die hinübergelegt waren. Zwei Ziegen gingen hierbei im Busch verloren, sodaß die stattliche Herde jetzt auf 6 gemindert ist. Auch mein Schimmel hat sich beim Durchschwimmen des Dja am Widerrist verletzt, sodaß ich ihn führen lassen muß.

Heute war der Weg wieder wesentlich besser, auch die Brücken. Die beiden letzten Tage, bevor wir - morgen, 26.10. - den Marschtag nach Lomie hinein beginnen, waren ziemlich anstrengend. Gottlob regnete es nicht. Bei Regen oder nach mehrtägigem Regen hier marschieren zu müssen, gönne ich höchstens meinem ärgsten Feinde. Man muß an vielen Stellen von Baumwurzel zu Baumwurzel springen, um nicht knietief im Morast zu versinken. Ein 300 m langer Sumpf wird passiert, indem man auf 10 cm breiten Stämmen balanciert, und dies die Träger mit ihren schweren Lasten. Mein Schimmel wird nebenher durch die »pottepotte« gezerrt, die ihm bis an den Bauch reicht. Ich sehe meistens bei diesen Prozeduren absichtlich weg und wundere mich, wenn ich mein Streitroß jeden Morgen ganz frisch den Marsch antreten sehe. Das kann auch nur ein Pferd leisten, das hier aufgewachsen ist. Unseren stattlichen Ziegenbock hat der Busch auch noch als Opfer gefordert; er war so zerkratzt von Dornen und entkräftet, daß wir ihn erschießen mußten.

Gestern feierte ich mit den Unteroffizieren zusammen den Schluß der gemeinsamen Reise, und es herrschte nur die eine Stimme, daß der schreckliche Marsch nach Lomie und der furchtbare Busch mit seinen Morästen doch längst nicht so schlimm sei, als es uns von vielen Seiten geschildert worden war.

Elefantenspuren haben wir gestern und heute mehrfach gesehen, dabei ist es aber geblieben.

Lomie

Eine Stunde vor Lomie [s. *Fußnote 47*] empfing mich Hauptmann Schlosser [s. *Fußnote 58*] zu Pferde, begrüßte mich sehr freundlich und geleitete mich bis zur Station, die recht nett gelegen ist. Gesund ist Lomie jedenfalls sehr: Malaria kommt so gut wie gar nicht hier vor. Der Verwaltungsbezirk Lomie ist bei weitem der ertragreichste des ganzen Schutzgebietes, da hier allein der Gummi wächst. Ich habe ein sehr nettes Haus mit Küche und Boyhaus für mich und fühle mich in meinen vier festen Wänden recht wohl, nachdem ich seit dem 7. Juli auf der Pad[80] bin.

Am 1. Weihnachtstage schwang ich mich einmal wieder auf meinen Schimmel, um meinem neuen Ziele, Dumestation, zuzusteuern, nicht ohne Bedauern, daß die wirklich schöne Zeit in Lomie nun vorüber.

In dienstlicher Beziehung konnte ich mir dort nichts Besseres wünschen. Ich war selbstständig als Kassenführer, nachdem ich von meinem Vorgänger, dem recht tüchtigen Feldwebel Kaltenbach, eine kurze und bescheidene Anweisung erhalten. Nach dessen Abmarsch zur Küste saß ich mit meiner Kassenvorschrift und Kassentagebuch solo da. Ich lernte aber auf diese Weise auch das Metier gründlich, um dann nach 2 Monaten wieder den Lehrmeister für meinen Nachfolger Thesing[81] abzugeben. Dieselbe Selbstständigkeit hatte ich im Dienst der Kompagnie, konnte Exerzieren und Schießen sowie den Beschäftigungsdienst nach eigenem Ermessen ansetzen. Auch ein Gefechtsschießen der 60 Gewehre starken Kompagnie habe ich angesetzt und bin nicht schlecht damit abgeschnitten.

Die Eingeborenen-Gerichtsbarkeit[82] hatte ich auch inne und damit Gelegenheit, einmal die formellen Sachen der Gerichte wie Protokolle pp., dann aber auch die einschlägigen Gesetzesparagraphen, die in den Kolonien wohl noch schwerer als zu Hause herauszufinden sind, kennen zu lernen. Schlosser sah mich zunächst als seinen Vertreter in Lomie an. Daher mußte ich mich auch in die Verwaltungsmaschine einbequemen und die zahlreichen Eingänge bearbeiten, Berichte schreiben etc. Außer diesen an das Gouvernement gerichtete Verwaltungs-Angelegenheiten fielen mir sämtliche Eingaben ans Kommando zu, wie Besoldungs-, Waffen- und Munitionsrapporte. Die Führung des Inventarien- und Materialienkontos ist weniger

---

[80] pad, niederländisch für Weg, in der Kolonialzeit auch im Deutschen verwendeter Begriff für Weg durchs Dickicht

[81] Horst Thesing, *1877, ab 1907 als Oberleutnant in Kamerun, stellvertr. Bezirksamtmann in Lomie, Abschied 1909 mit Pension nach umstrittener Hinrichtung von 4 gefangenen Makaa im Rahmen einer Expedition. Quelle F. Hoffmann

[82] siehe dazu mehr im Kapitel Kolonialpolitik

schwierig als vielmehr zeitraubend und daher eine unerwünschte Zugabe.

Ist nun von 6 - 8 exerziert, von ½9 - 11 und von 2 - 4½ im Büro gearbeitet, ich bemerke mit Pausen, je nach Eingängen pp., kam danach der Ausbau der Station an die Reihe. Die Aufsicht über die Arbeiten hat zwar der Sanitäts-Unteroffizier, dieser kann jedoch nicht überall sein und es muß ständig kontrolliert werden. Das Haus des Stationschefs wird abgeputzt, Lattenverschläge nach und nach durch Fester ersetzt, ein neuer Entenstall soll errichtet werden. Acht Brettschneider sind im Busche tätig, ihnen muß der richtige Stamm zugewiesen werden. In der Ziegelei hat der Hauptmann jetzt die Fabrikation von Dachziegeln eingeführt, da müssen dann ständig Proben gemacht werden. Die letzteren sind übrigens jetzt glänzend gelungen. Welche Farmen sollen heute von Unkraut gereinigt werden?

Nebenbei habe ich einen neuen Weg traciert, der schräg in langsamer Senkung bzw. Steigung eine Schlucht überwinden soll. Der darin fließende Bach ist bisher von einer mangelhaften Holzbrücke überspannt worden, jetzt soll eine neue auf gemauerten Pfeilern an ihre Stelle treten. Hierzu habe ich 10 - 15 Kettengefangene als Arbeiter, die jetzt bei meinem Abmarsch gerade den gesamten Weg fertig gestellt hatten. Manche halbe Stunde habe ich mit Richtstangen und Leine gearbeitet, um den besten Verlauf herauszufinden. Die Brücke hätte auch fertig werden können, wenn nicht zuletzt die Ziegel ausgegangen wären. So muß der nächste Brand, der wohl in 14 Tagen stattfindet, abgewartet werden. Die Brücke wird etwa 30 m lang, die Mittelpfeiler über 2 m hoch. Vorher mußten allerdings auch noch die Ufer befestigt werden.

Ist man gerade glücklich beim Wegebau beschäftigt, erscheint ein Soldat, der meldet, eine Trägerkarawane sei angekommen. Der Sanitäts-Unteroffizier, als Postmeister, nimmt sie zunächst in Empfang und schickt sie dann zur Löhnung nach der Kasse. Hier muß zunächst sorgfältig der zu beanspruchende Lohn festgestellt, dann in 50-Pfennig-Stücken aufgezählt und ausbezahlt werden. Noch mit der Eintragung ins Kassentagebuch beschäftigt, erscheint ein Fakturist, der 900M bei der Kasse einzahlen will, natürlich alles in 1M und 50Pf., höchstens in 2 oder 3 M-Stücken. So muß man sich also hinsetzen und Geld zählen, nebenbei müssen die 3M- und die alten 50Pf-Stücke ausgesondert werden, da diese von der Kasse nicht wieder verausgabt werden dürfen. Neulich hatten der Hauptmann und ich die Freude, 40.000M in 1M- und 50 Pf.-Stücken, die in Säcke à 1000M verpackt hier eintrafen, sämtlich nachzuzählen, da die Säcke morsch und gerissen waren. Für 2 Leute eine nette Arbeit!

Es gab aber auch teilweise weniger zu tun, dann machten der Kapitän und ich 1 - 2stündige Spazierritte in die Umgebung, um auch diese kennenzulernen. Ferner wurden die Fortschritte der Kautschukpflanzung, der großen Reisfarm und des Gemüsegartens geprüft, in denen allerdings neben den sehr nützlichen aber nicht eßbaren Luffa-Gurken nur Radieschen und grüne Bohnen augenblicklich Erträge abwerfen.

Es gibt hier eine ganz nette Stationsbibliothek, von Angehörigen der Schutztruppe und Beamten gestiftet, aus der ich gelegentlich etwas schöpfte, auch Hauptmann Schlosser, selbst sehr belesen, stellte mir seine Schätze bereitwilligst zur Verfügung, sodaß ich ohne Zeitungen und fast ohne Bücher unterwegs, mich hier gut versorgen konnte.

Nach etwa 14 Tagen änderte sich meine Sachlage insofern, als mich der Hauptmann, da bisher keine Ablösung für den längst urlaubsreifen Marwitz[83] in Molundu[84] gemeldet war, als dessen Nachfolger bestimmte. So machte ich mich denn mit den Akten Molundu bekannt.

Ein Brief meldete bald, daß Oberleutnant Thesing am 30.10. von Kribi aus abmarschiert sei mit dem Ziel Lomie. Das machte meine angekündigte Ablösung nach Molundu noch wahrscheinlicher. Thesing sollte wohl offenbar die Ablösung für Hauptmann Schlosser hier in Lomie werden. Ich freute mich recht auf das Wiedersehen mit dem alten Seminargenossen und das fernere Zusammenwirken im Bezirk Lomie. Als erste Nachricht teilte er mir dann jedoch meine Versetzung nach Dume-Station[85] (nördlich von Lomie am Dume-Fluß gelegen, auf der neuesten Karte noch nicht eingezeichnet) mit. So

---

[83] Wilhelm von der Marwitz, 1874-1915, ab 1906 nach Kamerun, 1907 als Oberleutnant Postenführer in Assobam und Molundu, nach 1911 dort Bezirkschef, 1913 als Hauptmann Bezirkschef von Unter-Sanga, 1915 verwundet, kurz danach verstorben, in Lomië beigesetzt. Quelle F. Hoffmann

[84] Molundu ist ein Ort im äußersten Südosten Kameruns, als Bezirk bezeichnete es den heutigen Bezirk Boumba-et-Ngoko mit der Hauptstadt Yokadouma, ab 1912 Namensgeber des Bezirks. Nördlich wurde damals der Bezirk abgegrenzt durch das Gebiet Dume, im Westen durch Lomie, südlich durch die Flüsse Dja und Sangha an der Grenze zu Französisch-Äquatorialafrika. Quelle wikipedia

[85] Dumestation wurde 1906 als Militärstation in der Folge des Aufstands der Jekebole und Makaa angelegt. Später Hauptstadt des Dumebezirks, heute Doumé, 18.000 Einwohner, 184 km nördlich von Lomië, am Fluss Doumé, Quelle wikipedia

übergab ich denn allmählich meine sämtlichen Funktionen an Thesing, blieb aber als sein Beamter im Kassenwesen bis Weihnachten in Lomie.

Vorher hatte ich schon zusammen mit dem Hauptmann einen sehr netten Geburtstag gefeiert. Morgens früh wurde ich durch ein Ständchen unserer zwei Hornisten geweckt, um 6 Uhr abends speiste ich bei ihm nach vorhergegangener Bescherung. Diese bestand aus kleinen Überraschungen wie ein Halsband für meinen Menne (Hund), einem netten Reise-Tintenfaß, einigen fotografischen Entwickler-Patronen und anderem.

Nach Thesings Ankunft verlebten wir dann zu dreien einen recht gemütlichen Weihnachtsabend. Vorher hatten Koch und boys ihren Christmas-dash, bestehend aus Tüchern, Singlets [*Unterhemden, Anm. Verf.*], Konserven, Tabak usw. erhalten. Im Anschluß daran gingen Thesing und ich zum Hauptmann hinüber, wo unser unter einem recht netten, grünen Bäumchen einige Überraschungen harrten: 1 Photographie vom Hause des Stationschefs und 1 von meiner Person, vom Hauptmann selbst angefertigt für mich, während Thesing einige ihm gänzlich ausgegangene Fläschchen Rotwein auf seinem Platz fand. Nachdem wir auch unsere großen Geschenke, Zigarren, einige von den hübschen Einschiebekartons für Photographien, mein Bild mit Widmung von mir, Zigarren und einige Scherzartikel von Thesing, lachend überreicht hatten, saßen wir bei Glühwein - meine Mischung - und Honigkuchen bis tief in die Nacht recht gemütlich zusammen. Allerdings nicht ohne dabei auch ein Glas auf die fernen Lieben zu trinken und ihrer zu gedenken.

Von Lomie nach Dume-Station

Am nächsten Morgen um 10 Uhr marschierten meine Träger ab, ich selbst feierte bei Thesing mit dem Hauptmann noch einmal Abschied, um dann nach 2 Stunden, von beiden noch ¼ Stunde begleitet, abzureiten. So bin ich also wieder auf dem Pad.

74

Ob ich in Dume-Station bleiben werde, ist sehr ungewiß. Wahrscheinlich werde ich den Posten Dume-Mündung[86] oder Posten Bertua[87] erwischen, beide sehr nett. Die Regenzeit ist seit ca. 3 Wochen vorüber, die Wege außerdem recht gut, so werde ich bis Dume-Station wohl nur 14 Tage gebrauchen.

Heute, 26.12.1907, waren die Wege weniger prächtig, es ging jedoch leidlich. Ich finde Elefantenspuren jetzt reichlich auf dem Wege und hoffe immer noch, auch auf dieses Wild noch eine Patrone loszuwerden.

Gelegentlich beschäftige ich mich auf dem Marsche, d.h. in der sonnigen Marschzeit von 9 bis 11 Uhr ca., mit Schmetterlingsfang. Vor der Kolonne hierreitend ist das nicht so einfach, da das gleichmäßige Marschtempo der Träger durch ein Absitzen und damit Weg-versperren nicht gestört werden soll. Erblicke ich nun einen anscheinend bisher noch nicht angetroffenen butterfly, so erhält mein hinter mir mit dem Netz einherschreitender Boy den Auftrag, ihn zu fangen, was nebenbei nicht sehr oft gelingt. Erschast [*von chasser, hier fangen, Anm. Verf.*] er denselben jedoch, reicht er mir das Netz aufs Pferd hinauf, worauf ich den Schmetterling sachgemäß abtöte, in eine eigens dazu mitgeführte flache Papiertüte stecke und den in den ebenfalls hinter mir herwandernden Zigarrentin[88] versenke. Damit ist die Sache erledigt. Sooft das Fangobjekt mir jedoch wertvoll erscheint, schwinge ich mich natürlich hinab und suche meine früher in der Sommerfrische unter Vaters Leitung erlernte Kunst selbst anzuwenden.

Der Weg ist, wie ich wohl schon sagte, erst im Bau und dazu berufen, eine gute Verbindung zwischen Lomie und dem Flusse Njiang[89] herzustellen. Da der letztere schiffbar ist, - er fließt der Küste direkt zu, was nicht bei allen

---

[86] Dume-Kadei, beim heutigen Mindourou mündet der Doumé in den Kadéï, nochmals 180 km östlich von Doumé gelegen,

[87] Bertua, eigentlich Gamane, Bertua war der Name des chiefs, der dann gleichzeitig, wie oft üblich, als Name des Ortes verwendet wurde. Alter Zentralort der Gbaya, ab 1903 unter deutscher Oberhoheit, Sitz der Bezirksverwaltung blieb Dume. Erst nach 1918 wurde es unter französischer Herrschaft zu Bertoua und Sitz der Bezirksverwaltung. Heute 218.000 Einwohner Quelle wikipedia

[88] flache Metallschachtel für Zigarrillos, Satzbau etwas mißverständlich, habe es aber wegen der Unklarheit nicht verändert.

[89] der Nyong entspringt 30km östlich Abong-Mbang in den flußreichen Sumpfgebieten dort. Er fließt westwärts und mündet 30 km nördlich von Kribi in den Golf von Guinea

Flüssen vom Inner-Kamerun der Fall ist, - wird auf diese Weise eine wesentlich bessere Verbindung Lomies mit der Küste gebildet. Dieses Projekt stammt vom Hauptmann Schlosser [*Anm. 58*]. Es hätte vor dem langen Landwege, den ich gegangen bin, den außerordentlichen Vorzug, daß es für eine große Wegstrecke die Träger, entbehrlich machen würde. Diese werden ja durch ihren nicht gerade gesundheitlich nutzbringenden Beruf von jeder Kulturarbeit wie Wege- oder Farmbau ferngehalten. Auf dem Njiang verkehren Dampfer und Kanus, doch darüber an Ort und Stelle mehr.

Auf der letzten Wegstrecke bis zum Njiang waren etwa 5 große Sümpfe zu passieren. Erst zwei davon waren durch solide Erddämme auf Knüppeln überbrückt. Zwei andere bestanden aus einem schwankenden, 3 Planken breiten Steg, der auf Holzgabeln, die etwa 2 m tief versenkt waren, getragen von Manillen [*eiserner Ring, Anm. Verf.*]; der mittlere palus[90] (der Neger macht darauf pottepotte) war bei weitem das Beste. Gottlob hatte ich mir den Häuptling, der zuletzt passierten town mit 20 Leuten, die mit Buschmessern und Äxten ausgerüstet waren, mitgenommen. Ich ließ den Schimmel absatteln und ihm nur eine Leine um den Hals legen. Auf 2 oder 1 Planken ca. 1 m hoch über den Sumpf balancieren ist für ein Pferd nicht gerade leicht. Auf kürzeren Wegen hat es dies jedoch brillant geleistet. Sind die Balken allerdings morsch, so geht's halt aber nicht. So wurde also neben dem Steg aus Balken, Stöcken, und zahllosen Palmwedeln eine weicher Pfad geschaffen, den der Schimmel, wenn auch zögernd, beschritt. Zunächst ging's leidlich, dann trat er andauernd durch, verschwand halb im Sumpf, wurde mit Hebebäumen herausgeholt, sprang halb heraus, um sich tiefer einzuwühlen. Der Scherz dauerte gut eine Stunde, dann war endlich wieder fester Boden gewonnen. Wäre es Regenzeit gewesen, hätte ich das Pferd nach Lomie zurückschicken müssen. So ist ihm außer etlichen Schrammen die Überquerung ganz gut bekommen.

---

[90] lat. Pfahl

Der Posten Abong-Mbang[91] ist sehr hübsch am Njiang gelegen. Ich werde morgen hier einen Ruhetag machen, da meine Träger ziemlich schlapp sind. In zwei Tagen gedenke ich dann die Dume-Station [*noch 58 km, Anm. Verf.*] zu erreichen. Elefantenspuren habe ich wieder sehr zahlreich gesehen, jedoch Elefanten weder gehört noch gesehen. Es findet hier ein reger Kanuverkehr statt, die Dampfer fahren jedoch nur während der Regenzeit.

Von Dume-Station nach Dume-Mündung

10.01.1908

Auch Dume-Station liegt schon hinter mir. Der Marsch von Abong-Mbang nach Dume-Station war für einen Fußgänger leidlich, für ein Pferd ziemlich unpassierbar wegen der Sumpfstrecken. Ich habe es zwar hindurchgebracht, es ist jedoch erheblich geschunden und etwas lahm, sodaß ich es bis zur völligen Wiederherstellung auf der Station gelassen habe.

Am Abend vor meinem Eintreffen in Dume begegnete ich Oberarzt Berké[92], der, abgelöst durch Oberarzt Freyer[93], seinen Heimaturlaub antreten will. Ich verlebte mit ihm zusammen einen recht gemütlichen Abend.

---

[91] Abong-Mbang, 128 km nördlich von Lomië, heute ca. 30.000 Einwohner; ab 1884 Teil der deutschen Kolonie, einige ehemals von Deutschen errichtete Gebäude werden heute noch genutzt, so wie z.B. das ehemalige Verwaltungsgebäude, das Postamt und ein ehemaliges Fort als Gefängnis. 1996 finanzierte die EU den Bau einer befestigten Straße von Lomië nach Abong-Mbang über etliche Brücken hinweg. Ziel war die Förderung des Kaffee-und Kakao-Anbaus. Trotz Widerstand der Afrikanischen Entwicklungsbank aufgrund der Sorge um das nahegelegene, als UN-Weltkulturerbe ausgezeichnete Wildtierreservat, wurde der Ausbau durchgesetzt! Die heutige Form von Kolonialismus? Quelle wikipedia.

[92] Theodor Berké, 1870-1949, ab 1901 als Assistenzarzt in Kamerun, 1903 Oberarzt, 1908-1915 Stabsarzt Quelle: F. Hoffmann

[93] Gottfried Freyer, 1874-1911, ab 1905 als Oberarzt in Kamerun, 1910 Stabsarzt. Gegen ihn wurde 1907 ein Ermittlungsverfahren eingeleitet wegen Mißbrauchs der Dienstgewalt, das trotz bleibenden Verdachts eingestellt wurde. 1910 leitete Freyer Maßnahmen zur Bekämpfung der Schlafkrankheit in der Nyong-Region und richtete in Akonolinga (130km westl. v. Abong-Mbang, 110km östl. v. Jaunde) das erste Schlafkrankenlager in Kamerun ein. Quelle: F. Hoffmann

Die Station ist hoch über dem Dume-Fluß gelegen und eigentlich erst im Entstehen begriffen. Das Soldatenlager befindet sich unterhalb in der Nähe des Flusses.

Nach meiner Meldung bei Hauptmann Scheunemann[94] eröffnete mir dieser sogleich, allerdings sehr freundlich und scherzhaft, ich sollte nur nicht erst auspacken. Ich müßte erstens, der beschränkten Wohnungsverhältnisse halber, mit dem Feldwebel ein Häuschen zusammen beziehen und zweitens bereits übermorgen abmarschieren, um Leutnant Michaelis[95] in Dume-Mündung [s. *Anm.86, Dume-Kadei, bei Mindourou, Anm. Verf.*] abzulösen. Es ist mir recht lieb so. Nur nicht erst wieder halb auspacken.

Ich war gerade am Geburtstage des Hauptmanns [*7. Januar, Anm.Verf.*] angekommen und hatte ihm außerdem seine sehnsüchtig erwartete Weihnachtsfestkiste mitgebracht. Der Inhalt dieser hat uns zweien sowie dem Oberarzt Freyer einen sehr fidelen und in jeder Beziehung genußreichen Abend verschafft. Auch das Westfalenlied - der Hauptmann ist alter Mindener Pionier - wurde mehrfach angestimmt.

Der nächste Tag war mit dem Einkleiden der neuen Besatzung von Dume-Mündung, Schießen, und anderem reichlich ausgefüllt. Kurz vor dem Abmarsch stellte es sich heraus, daß mir von dem törichten Pferdejungen statt eines vom Hauptmann bestimmten starken, jungen Pferdes ein bereits ergrauter Herr gesattelt worden war. Es war jedoch bereits alles zur Abreise bereit, so blieb es dabei, (nur der Pferdejunge kam mit einigen Ohrfeigen davon). Ich würde hierbei nicht so lange verweilen, wenn die Sache nicht eine traurige Folge gehabt hätte; nicht etwa für den Pferdejungen, oder mich, sondern für das Pferd selbst. Dieses war anscheinend einem längeren Marsche nicht mehr gewachsen, hat vielleicht auch irgend etwas Unrechtes

---

[94] Peter Scheunemann, 1870-1937, ab 1900 als Leutnant in Kamerun, 1904 Hauptmann, ab 1901 Stationschef in Jaunde, 1904 Leiter des Gebiets Sanga-Ngoko. Trug 1901-1906 maßgeblich zur Pazifizierung des Lomië-Gebiets bei.
Ab 1907 Führer der 9.Kompanie und Leiter des Bezirks Dume. Mit seinen Berichten und Sammlungen, die nach Deutschland in Naturkunde-Museen und Geologische Institute gelangten, trug er auch erheblich bei zur wissenschaftlichen Erforschung des Gebiets. Quelle F. Hoffmann

[95] Günther v. Michaelis, *1879, ab 1906 als Leutnant nach Kamerun, 1910 Oberleutnant, 1914 Hauptmann, 1907 Südexpedition, 1912 Postenführer in Bana (Bez. Dschang) Quelle F. Hoffmann u. »Nachfahren der von Michaelis«, Augsburger Allgemeine Ztg., Leserpost v. 20.10.2017

gefressen, kurzum es ist heute Abend an Kolik eingegangen, was mir natürlich sehr peinlich ist. Die Kompagnie hat ein Pferd weniger, ich werde voraussichtlich nach Dume-Mündung zu Fuß wandern.

Mit meinem heutigen Eintreffen in Ngonga habe ich einen vollständigen Wechsel in der Landschaft durchgemacht. Der Urwald ist durch die Parklandschaft ersetzt worden. Der erstere ist zu wechselnd, um in kurzen Worten ein auch nur annähernd treffendes Bild davon zu geben. Am Flußdelta und am Uferstrand der Ströme sind die Mangroven-Bestände mit ihren 4 durcheinander gehenden Wurzeln beinahe undurchdringlich für Sonne und Menschen. Dann gibt es in der Nähe der Küste eine Art Stangenholz mit nur vereinzelt stehenden größeren Bäumen, Unterholz ist fast nicht vorhanden, sodaß man ziemlich weit in den Wald hineinsehen kann. Endlich der dichte Urwald mit seinen Baumriesen und dem fast undurchdringlichen Lianen und Unterholzgewirr.

Ein anderes Bild in diesem dichten Urwald bilden wieder die Sümpfe, die fast durchgängig mit Palmen bestanden sind. Im Gegensatz hierzu nun die Parklandschaft. Vereinzelt hohe Bäume oder mehrere zu Gruppen vereint, dazwischen niedrige Busch- und Grasstrecken.

Auch zugleich mit dem Landschaftsbild des nördlichen Kamerun erscheinen statt der bisherigen viereckigen niedrigen Hütten nun runde mit hohen Fenzen (= Zäunen) umgeben. Es sind etwa 8 m hohe, aus Palmrippen gefertigte und mit Rohr gedeckte Hütten. Diese sind durchweg mit Schilfmatten belegt! Auch die Tracht der Neger ist verändert. Man sieht schon teilweise die Kopfbedeckungen der Mohammedaner[96], lange Haussa[97]-Hemden, viele Amulette an den Armen.

Wenn die Regenzeit etwa 1 Monat vorüber ist, werden die von der Sonne gelbgebrannten Grasflächen abgebrannt, um dem hier zahlreich vertretenen Wildbestand: Büffel, Antilopen, frische Äsung zu geben. Es soll auf diese Weise heran gezogen werden, um die Jagd bei dem jetzt sehr übersichtlichen Gelände zu erleichtern. Ich traf gerade diesen Zeitpunkt an. Einige Flächen

---

[96] Der Islam erreichte Kamerun erstmals 1715 durch Migration aus dem benachbarten Tschad und ist daher eher im Norden vertreten. Etwa 20% der Einwohner sind Moslems. Quelle Zenit.org

[97] Die Haussa oder Hausa sind eine weitverbreitete Volksgruppe in Nord- und Westafrika, v.a. Nigeria (1991 18 Mio.) und Niger (1998 5 Mio.), in Kamerun 23.000 (2009) mit langer Geschichte. Seit dem 11. Jhdt. islamische Sunniten. Quelle wikipedia

waren soeben erst niedergebrannt und boten ein ziemlich trostloses Bild, bei anderen war dies vor ungefähr einer Woche geschehen. Hier war bereits das junge Gras üppig emporgeschossen und man hatte den Eindruck, durch ein grünes Kornfeld zu wandern.

Antilopen habe ich zweimal in näherer Entfernung gesehen, bin jedoch nicht zu Schuß gekommen.

Was einem in Berlin nicht gar zu oft passiert, kann einem im Inneren von Afrika recht gut zustoßen. Das merkte ich vorgestern und gestern einmal mehr. Vorgestern besuchte ich einen hier ansässigen Kaufmann Wehlmann, der, wie sich im Laufe der Unterhaltung herausstellte, ein alter Ko-Pennäler vom Luisen-Gymnasium ist, Justus sehr gut kannte und Gottfried. Da wurde natürlich in alten Schulerinnerungen geschwärmt und die Professoren kamen nicht gerade sehr gut dabei weg. Gestern treffe ich nun einen Vice-Feldwebel d. R. vom Regiment 54[98], Hokenberg, mit dem ich manchmal im Kasino den Humpen geschwungen habe, was wir natürlich gestern fortsetzten. Auch hierbei kamen Vorgesetzte nicht alle glimpflich davon, aber es war doch eine reine Freude, mal wieder mit einem Regimentskameraden die schönen Tage in Kolberg aufleben zu lassen.

Ich marschiere von Dume-Station, das auf der Moiselschen[99] Karte von Süd-Kamerun bei dem Namen Essum am Dume-Fluß gelegen ist, den Dume abwärts bis zu seiner Mündung in den Kadai, wo der Posten errichtet ist. Ich befinde mich jetzt bereits in meinem künftigen Machtbereich, habe also gehörig die Augen aufzumachen, damit mir nichts entgeht.

Meine Hauptaufgabe nach Übernahme des Postens wird es sein, den Dume-Fluß, der in seiner Breite und Tiefe nach ausgezeichnet zur Schiffahrt geeignet ist, wirklich schiffbar zu machen. Augenblicklich wird dies noch durch die zahlreichen, im Fluß halb versunkenen Baumstämme verhindert. Da ich natürlich mit meinen Soldaten allein dieses nicht bewerkstelligen kann, so muß ich die Häuptlinge der am Fluß liegenden Ortschaften mehr

---

[98] Infanterie-Regiment von der Goltz (7. Pommersches) Nr. 54 in Kolberg, Cöslin war das »Heimat-Regiment« von Franz Reuter, in dem er am 27.01.1902 zum Leutnant ernannt worden war.

[99] Max Moisel, 1869-1920, deutscher Kartograph, der auf Weisung des Reichskolonialmats den Aufbau und später die Leitung des Kolonial-kartographischen Instituts verantwortete. Quelle Wikipedia

oder minder kräftig auf den Fuß treten, die Fahrrinne zu säubern. Ohne eine scharfe Ermahnung tun sie es eben nicht. Diese lebhafte Tätigkeit übe ich jetzt beim Durchmarsche in ausgiebigem Maße aus. Hoffentlich mit Erfolg.

Gestern, 13.01.1908, hatte ich auch noch die Freude, daß mein vom Hauptmann mir zuerst zugedachtes Rößlein, das er auf meine Bitte mir sofort nach Empfang des Briefes nachgeschickt, mich erreichte. So konnte ich heute meine 6 Marschstunden mal wieder zu Pferd absolvieren.

Der eigene Posten: Dume-Mündung

Ankunft

Am letzten Marschtage kam mir Leutnant v. Michaelis, von 6 Soldaten gefolgt, zur Begrüßung entgegen. Wir trafen uns im letzten Dorf vor der Station. Jetzt, nach näherem Kennenlernen, kann ich es sagen: er ist ein ganz vortrefflicher Kamerad und ebenso ein tüchtiger Offizier, der sich in Kamerun bereits mit Ehren das schwarz-weiße Band geholt hat.

Etwa 1 km von der Station entfernt, tritt man aus dem Busch heraus und sieht hoch über dem Fluß gelegen den Posten jenseits des Dume (südlich) herüberwinken. Es ist ein landschaftlich wirklich schönes Bild. Noch vielseitiger gestaltet sich der Ausblick von dem auf der Höhe gelegenen Offiziershause aus.

Das Gebäude fällt ziemlich steil zum Flusse hin ab, der in einer Entfernung von ca. 100 m vorbeiströmt, um sich 800 m weiter rechts in den Kadei zu ergießen. Dessen starke Strömung ist bereits von hier aus deutlich zu erkennen. Nach links und rechts vom Posten sind je 200 m ganz freigeschlagen. Links vorn im Grunde befindet sich Schaf-, Ziegen-, Pferde- und Hühnerstall, alles gut besetzt. Rechts dehnen sich Reis- und Kassade-Farmen aus. Geradeaus, gegenüber dem Posten ist aus dem das Ufer begleitenden Galeriewald ein etwa 400 m breites Stück herausgehauen und auf diese Weise gibt einen prachtvollen Blick auf den Stationsberg, sowie man aus dem Busch heraustritt. Andererseits ist auf diese Weise auch der weite Ausblick vom Hause aus hergestellt.

Hinter dem Galeriewald dehnt sich bis zum Busche die Grassteppe aus. Es ist wirklich hochanerkennenswert, was mein Vorgänger bereits für ein Terrain dem Urwald abgerungen hat. Leicht und schnell geht das nicht, den dicht mit Stämmen bewachsenen Boden in eine Farm zu verwandeln.

Da ich einmal wieder an der geliebten Wasserkante sitze, habe ich auch eine stattliche Flotille, nämlich 13 starke Kanus, zu meiner Verfügung. Sie werden mir bei der demnächst stromaufwärts gehenden Reise zur Besichtigung des Dume sicher gute Dienste leisten. Vorläufig habe ich nur kleinere Streifzüge zu Pferd und per Kanu unternommen. Der Posten ist noch ziemlich neu eingerichtet, hat keinerlei Werkzeug, Schreibmaterial und auch vorläufig nur einen Etat von monatlich 130 M. Das ist nicht sehr viel, es läßt sich jedoch damit schon etwas anfangen.

Dies schrieb ich ab dem 25.01.1908

Stationsleben und erster Patrouillenmarsch

15.02.1908

Seit 2 Tagen befinde ich mich jetzt mit 21 Mann auf Patrouille. Zum einen möchte ich die Dume-Reinigung persönlich in die Hand nehmen, zum anderen ist es nötig die französische Grenze betreffend Waffenschmuggel zu kontrollieren. Und schließlich sind mehrere Häuptlinge, die nicht ganz so sind, wie sie sein sollen, etwas in Façon zu bringen.

Die Zeit bis zu meinem Abmarsche habe ich dazu benutzt, mir meine Leute, die zu 9/10 eben ausgebildete Rekruten sind, etwas in die Hand zu spielen. So habe ich eifrig Gefechts-, Patrouillen- und Wachdienst geübt und viel geschossen.

Mitte März wird wohl Regenzeit einsetzen und damit hat auch die Bestellung der Äcker und Farmen zu beginnen. Daher müssen wir bis zu diesem Termin sämtliche zu bestellende Farmen freigeschlagen bzw. von Unkraut reinigen. Ein Teil dieser Arbeit ist in meiner Anwesenheit noch erledigt, der Rest wird vom Wachkommando und den zurückgebliebenen Strafgefangenen jetzt ausgeführt.

Ferner soll, während ich auf Patrouille bin, mein Haus umgebaut werden. Ich habe hierfür genaue Anweisungen hinterlassen und hoffe, bei meiner Rückkehr ein nettes Haus á la Lietzensee[100] vorzufinden. Michaelis sagte mir gleich bei der Übergabe, er hätte sich auf Umbauen nicht mehr einlassen wollen, um seinem Nachfolger hierin vollkommen freie Hand zu lassen. Vor dem Abmarsch gab es noch eingehende Instruktionen für den Wachhabenden bezüglich Häuserbau, das Bearbeiten der Farmen und Verhalten im

---

[100] Dies ist vermutlich scherzhaft gemeint. Franz Reuter hat einen Teil seiner Kindheit in Berlin verbracht, als sein Vater als Major im Generalstab diente. Damals wohnte die Familie in einer großen Wohnung in Berlin-Charlottenburg am Lietzensee.

Falle eines Angriffs. Es ist vorgekommen, daß Fakturisten in Abwesenheit des Postenführers dem Wachhabenden gegenüber als Vorgesetzte aufgetreten sind und Prügelstrafen haben vollziehen lassen, daher gab es auch Instruktionen über Verhalten Europäern gegenüber.

Schließlich zog ich mit meiner sehr kriegerisch gestimmten Manipel[101] ab, nicht ohne eine Trägerlast Ketten für eventuelle Gefangene mitzunehmen.

Während meine Kerls draußen bei Mondschein ihr play machen, fällt mir ein, daß Kaisers Geburtstag auf Posten Dume-Mündung hier noch keine Stätte gefunden hat, das will ich schnell nachholen. Am Abend vor Kaisers Geburtstag: große Illumination: ein mindestens 3 m hoher Scheiterhaufen wurde inmitten des Kasernenhofes abgebrannt. Dazu Riesenplay. Am 27.01. Paradeaufstellung: der Postenführer hoch zu Roß und die Achselschnur statt Ordensschnalle angelegt. Es folgte eine Kaiserrunde unter präsentiertem Gewehr. 3 Hurras und 3 Salven. So war der offizielle Teil erledigt. Dann folgte ein Preisschießen der Soldaten. Am Nachmittag hatte ich ein Wettschwimmen über den Dume-Fluß hinüber angesetzt bei freier Beteiligung. Hier gewann leicht mit 2 Längen mein Koch, dem ich dann ein Stück Zeug als Siegerpreis in die Hand drückte. Das war halt doch mal etwas anderes als der Mannschaftsball bis morgens 7h und dazu die schöne Musik.

Mit den Häuptlingen unmittelbar an der Grenze ist es ein eigen Ding. Sie sollen die deutsche Herrschaft anerkennen, andererseits darf man sie nicht zu scharf anfassen, sonst gehen sie auf die andere Seite des Kadei und spielen Franzosen.

Besonders schwierig wurden die Verhältnisse im vorigen Jahr, als für Kamerun der Handel mit Waffen und Munition verboten, Französisch-Kongo hingegen hiervon nicht betroffen war. So musste sich naturgemäß ein Schmuggel mit den so begehrten Artikeln entwickeln. Versuche, dies zu verhindern, hatten zur Folge, daß eine ganze Reihe von Dörfern den Kadei überschritten und damit für Kamerun verloren waren.

---

[101] Bezeichnung eines Truppenkörpers, von lat. manipulus, manus = Handvoll, Schar, in der taktischen Zusammensetzung einer römischen Legion. Quelle wikipedia

So war der erste Teil meiner Aufgabe bei diesem Marsch, jene teils verlassenen, teils treu verbliebenen Dörfer zu besichtigen. Ein Dorf hoffe ich noch wieder herüberzuziehen.

In diesem Frühjahr soll eine internationale Konferenz betr. des Waffenhandels an der Westküste von Afrika abgehalten werden. Hoffentlich einigt man sich auf dem Standpunkt, den der Gouverneur von Kamerun hierbei einnimmt. Damit wäre jeder Grund, die Grenze ängstlich zu bewachen, hinweggeräumt.

Es gibt nichts Schöneres, als in aller Morgenfrühe sich auf sein Roß zu schwingen und im flotten Tempo durch den taufrischen Wald zu marschieren. Gewöhnlich ist es ist um 6 Uhr so kalt, daß die klammen Finger nur widerwillig die Zügel halten.

An Lasten habe ich natürlich auch nur das Notwendigste bei mir, so gibt es nichts, was den Marsch aufhalten oder verzögern könnte. Ich marschiere jetzt den Kadei aufwärts bis zur Höhe von Baturi[102], um dann über Beri nach Bimba am Dume Fluß abzuschwenken. Hiermit habe ich gleichzeitig die Ost- und Nordgrenze meines Bezirks bereist. Im Westen geht die Grenze bis Ndongo, 25 km Luftlinie westlich von Bimba. Südlich des Dume die ganze Landschaft Mensime bis Ndelele am Kadei, ein ganz nettes Stückchen Land! Meine Beobachtungen während der bislang dreistündigen Kanufahrt über-

---

[102] Baturi ist ein Ort auf der östlichen Seite des Kadéï, etwa 5km vom Fluss entfernt. Das Koloniallexikon gibt 1920 die Information, dass zu dieser Zeit der dortige Kautschukbestand bereits erschöpft gewesen sei. Heute hat Batouri etwa 30.000 Einwohner. Der Flusslauf des Kadéï wurde 1907/1908 ohne einen klaren Grenzvertrag als Grenze zu Französisch-Äquatorialafrika angesehen. Franz Reuter hatte wenig Informationen über die Grenze des deutschen Gebiets und konnte sich nur an teils mündliche Anweisungen halten, da es kaum Kartenmaterial gab und auch keine schriftlichen Beschreibungen bezüglich der Grenze. Nachdem im Dezember 1884 in einem ersten Übereinkommen Absprachen zwischen Frankreich und Deutschland zur Grenze Kameruns unterzeichnet worden waren, wurde danach rasch klar, dass weitere Einzelheiten festgelegt werden mussten, um Deutschland im Osten den Zugang zum schiffbaren Fluss Ssanga zu gewähren. Dies geschah im März 1894. (s. Neueste Mitteilungen der Deutschen Amtspresse v. 16.03.1894). Aber auch in diesem Artikel wird dargestellt, wie unzureichend noch immer die Kenntnisse über die Örtlichkeiten und damit dem Grenzverlauf, sind. Das spiegelt sich in den Aufzeichnungen von Franz Reuter wider. Am 18.04.1908 wurde in Berlin eine Vereinbarung zwischen Frankreich und Deutschland unterzeichnet, die etwas mehr Klarheit bringen sollte.

zeugten mich: die Häuptlinge sind jetzt eifrig dabei, die Baumstämme aus der Fahrrinne des Dume zu entfernen. So denke ich denn, eine fröhliche Fahrt den ganzen Dume abwärts bis zu meinem Posten vollführen zu können.

Der Kadei ist etwas breiter als der Dume, hat jedoch verschiedene Stromschnellen, eine habe ich heute erst wieder besichtigt und eingezeichnet. Diese erschweren ein Passieren, besonders jetzt bei der Trockenzeit.

Meine Haftketten haben früher als ich dachte Abnehmer gefunden. In Hogila, einem Dorf dicht am Kadei gelegen, fragte ich beim Einmarsch den Häuptling, ob Buschgewehre sich in der Stadt befänden. Dies verneinte er, wie ich voraussah. Darauf schickte ich mehrere Soldaten auf Jagd, d.h. sie erhielten den Auftrag, die Häuser und Farmen auf Gewehre hin zu untersuchen. Ich selbst nahm mir den Häuptling vor und fragte ihn nach einem Kanu. Er wollte jedoch partous keins im Besitz haben. So nahm ich ihn mir denn mit und machte einen kleinen Patrouillengang längs des Kadei, wobei mir 2 gute Kanus in die Hände fielen. Dann kehrte ich zur town zurück, wo mir meine Kerls als Jagdbeute zahlreiche Gewehre und mehrere Kilo Pulver vorzeigten.

Ganz friedlich war es auch nicht bei der Entwaffnung zugegangen. So mußte ich ein Exempel statuieren und ließ den Häuptling und 9 Mann in Ketten legen, damit sie auf der Station mal etwas über ihre Sünden nachdenken können. Auch in den nächsten Dörfern beschlagnahmte ich Pulver und Gewehre, im Ganzen bis jetzt etwa 50. Außerdem mußte ich diesem ganz als Großsultane auftretenden Kings erstmal zeigen, daß sie bei der Ankunft des Governeurs die Wege und die Stadt zu reinigen haben.

Ich habe jetzt ständig Patrouillen unterwegs, welche den Wege- und Brückenbau beaufsichtigen und zur Arbeit die gesamte Bevölkerung der Dörfer heranholen. Das ist sehr nötig, denn damit, daß man dem Häuptling sagt, du baust jetzt diese Brücke oder diesen Weg, ist nichts getan. Er verspricht alles, fängt auch an, hört aber sofort wieder auf, wenn die Kolonne fort ist und man die nächste Stadt erreicht hat.

Vorgestern machte ich mal wieder eine mehrstündige Kanu-Patrouille auf dem Kadei, der sich ausgezeichnet zur Schiffahrt eignet. Ich hatte das Glück und schoß eine große Ente, die mir die diesmal ausgebliebene Martinsgans ersetzte.

Durch allerlei List habe ich versucht, einen Frenchman beim Waffenschmuggel zu fassen, jedoch vergebens. Eher gehen meine Untertanen hinüber, um Gewehre zu kaufen, als daß ein Mann von drüben einen Fuß ins Kanu setzt.

Heute, 19.02.1908, traf ich mit Leutnant v. Rheinbaben [*s. Anm. 40, Verf.*] zusammen, mit dem ich nach DSWA gefahren bin und der jetzt auch zur 9. Kompagnie versetzt ist. Er will jetzt den Dume-Bezirk etwas kennen lernen, wird aber wohl auf der Dume-Station verbleiben. Ich bin froh, daß ich meine Selbstständigkeit habe. Wir plauderten eine halbe Stunde und marschierten dann jeder in die entgegengesetzte Richtung weiter.

Jetzt sitze ich in Beri, dessen kukuma (king) mir stolz zu Pferde mit noch 2 Berikanern, 3 Paukenschlägern und zahlreichem Gefolge entgegenkam. Nachdem ich 25 Gewehre beschlagnahmt und mich auch über den Zustand der Wege mißbilligend geäußert habe, ist er wesentlich kleiner geworden; und morgen werden seine sämtlichen Untertanen unter Aufsicht meiner Soldaten die Wege in Ordnung bringen und Brücken bauen.

23.02.1908

Einige interessante Tage liegen hinter mir. Einem weißen Faktoristen in Beri war durch die Unvorsichtigkeit der Einwohner beim Gasbrennen ein Haus in Flammen aufgegangen. Zappa, Kukuma von Beri, wurde deswegen zur Rede gestellt und erklärte, was seine Leute täten, ginge ihn gar nichts an. Dieses erzählte mir der betroffene Europäer.

Beim Abschied hielt ich also Zappa noch eine ermahnende Rede und fragte ihn zum Schluß, wie das mit dem abgebrannten Haus gekommen sein. Jetzt zum Schluß schon wieder übermütig, gab der freche Kerl zur Antwort: »Massa, that factoryman talk ly!« Na! Das war mir doch etwas reichlich und im Nu hatte ich ihm eine Ohrfeige verabreicht, daß ihm sein Turban in seine Königsburg hineinrollte. Ferner hatte er als Sühne 30 Träger für diese Firma zu stellen.

Wider Erwarten verlief die Nacht ganz ruhig. Ich hatte 10 Soldaten bei mir, die anderen auf Patrouille. Am nächsten Morgen marschierte ich etwa 2 Stunden nordwärts nach Amuba (Moisel-Naumla) und ging von dort aus eine längere Patrouille zum Kadei und Kadei aufwärts. Hier ist bereits der Grenzverkehr so rege, daß eine jenseitige town sogar eine Farm auf unser Gebiet ausgeweitet hat. Alle Kanus waren im Busch versteckt. Ich bedrohte einige auf dem jenseitigen Ufer auftauchende Buschleute mit Erschießen, wenn sie sich noch einmal auf deutschem Gebiet sehen ließen, und marschierte ab.

Mittlerweile hatte ein Soldat einen Büffel geschossen; so war die Stimmung am Abend eine sehr gehobene. Ein Beafsteak à la Nelson hatte ich auch lange nicht mehr gegessen.

Am folgenden Tag wollte ich auch einmal das Jagdglück versuchen und nahm mir einen eingeborenen Jäger mit: Aufbruch bei Mondschein. Leider hatte ich dem Kerl bei der immerhin recht gefährlichen Pirsch auf Büffel ein Gewehr in die Hand gedrückt. Frische Fährten hatten wir bald gefunden. Nun ging das Kriechen durch das 2 - 3 m hohe Gras los. Es war kurz vorher gebrannt und die starken Stengel waren übrig. Das genügt aber, um die Passage fast unmöglich zu machen. Die verkohlten Gräser bemalten dabei Gesicht und Kakianzug. Ich konnte dem Kerl unmöglich folgen. Endlich fallen 2 Schüsse. Ich wie wild drauf los, dann noch ein Schuß neben mir. Die Situation war nicht gerade berückend, wo man kaum 2 Schritt weit sehen konnte. Ich rufe nach dem Kerl, nur zu dem Zweck, endlich selbst zum Schießen zu kommen; niemand erscheint. Endlich taucht er auf, erzählt mir freudestrahlend, er hätte einen Büffel erlegt und einen krank geschossen. Na, jetzt ging die Jagd hinter dem kranken Wilde her. Der Kerl wollte mich immer zurückhalten und sagte: »Massa, bushow no good«, und schließlich fanden wir frischen Schweiß[103]. Ganz vorsichtig kroch ich vor, um schließlich den Büffel mit einem guten Blattschuß bereits verendet vorzufinden. Am liebsten hätte ich meinem Jagdleiter eine Ohrfeige gegeben, denn mein eigentliches Ziel war nicht gerade erreicht. Der Kerl hatte jedoch solchen Schneid bewiesen und so gut geschossen, daß man ihm kein böses Wort sagen konnte.

Ich hatte eigentlich die Absicht, von Amba zurückkehrend über Beri hinaus zu marschieren. Jetzt machte ich dort wieder Station und erfreute die beiden dort tätigen Europäer mit einem ordentlichen Humpen frischen Fleisches.

---

[103] waidmännische Bezeichnung für Blut des Wildes. Quelle Wikipedia

Heute verließ ich Beri und erreichte nach zwei Stunden Jama, dessen Häuptling keine guten Konduite[104] hat. Ich fragte nach Buschgewehren, bedauerndes Achselzucken. Dann trassierte ich einen neuen Weg, gab 3 Soldaten den Auftrag, die Arbeit zu überwachen und machte mich zum Weitermarsch fertig. Nun hörte ich aber durch schwarze Händler, es befänden sich über 100 Gewehre in der Stadt. Das war mir denn etwas reichlich. So nahm ich denn das Stadtoberhaupt an die Kette und versprach, ihn gegen ein Lösegeld von 50 Gewehren freizulassen.

Nach 2 Stunden kam ich im Nachtquartier, Dorf Kaki am Tuki an. Alle Bewohner geflohen. Ursache war vermutlich ein schlechtes Gewissen betr. Buschgewehre; Konduite auch sehr schlecht. Am Nachmittag ging ich Patrouille zum Tuki. Da trat mir plötzlich ein mit Speeren bewaffneter Krieger entgegen. Ich hatte keine Waffe bei mir. Der mir folgende Soldat jedoch erledigte das Palaver mit seinem 71er prompt. Es war nebenbei der Häuptling einer ebenfalls unbotmäßigen town. Die wird jetzt wohl Frieden geben.

Ich sitze jetzt im Alarmquartier. Über 50 Buschgewehre geben ein ganz gutes Wachtfeuer. So sind die Dinger wenigstens unschädlich gemacht. Ich mache jetzt fleißig Routenaufnahmen, da die Karten für diese Gegend absolut nicht stimmen.

26.02.1908

Sitze jetzt glücklich in Bimba und bin mit der Dume-Revision beschäftigt. Heute hat es zum ersten Male seit 2 Monaten etwas geregnet. Da muß ich demnächst zur Station zurückkehren, um die Farmbestellung zu beaufsichtigen.

06.03.1908

Von Bimba an begann meine Aufgabe, den Dume zu reinigen, etwas schwieriger zu werden. Die betreffenden Häuptlinge hatten sich wohl vor mir ziemlich sicher gefühlt und so gut wie nichts getan. So müssen sie dies jetzt in meiner Gegenwart nachholen. Nach Nango, der am nächsten am Dume gelegenen town habe ich einen neuen, wesentlich verkürzenden Weg

---

[104] veralteter Ausdruck für Betragen

durchgeschlagen sowie mehrere Brücken gebaut. Im Ganzen habe ich mich dort 5 Tage aufgehalten.

Auch jagdlich betrachtet war es ziemlich arbeitsreich. Ich erlegte 2 Büffel und 2 Antilopen, denen sich vorgestern beim Marsch Dume-aufwärts 2 Flußpferde anschlossen. Besonders die letzte Jagd war sehr interessant. Ich selbst war mit 2 Soldaten stromauf gegangen, um einen geeigneten Lagerplatz im Busch in der Nähe des Flusses auszusuchen. Hierbei beschäftigt hörte ich andauerndes Schießen. Es kam offenbar von den 6 Kanus herüber, die Dume aufwärts fuhren.

Endlich komme ich heran und finde meine Flotille am Ufer festgemacht, die Soldaten ausgeschwärmt am Uferrande. Der Führer erzählt mir, vor Erregung ganz außer sich, die Kanus könnten hier nicht passieren, da mindestens 10 Flußpferde den Fluß versperrten. Kaum steckte eines der Tiere die Nase aus dem Wasser, um Luft zu holen, erkrachte eine Salve, die gänzlich ihren Zweck verfehlte, wie sich nachher herausstellte. Ich ließ sofort stoppen um mich im Kanu hinüber zum jenseitigen steilen Uferrand zu bringen, in dessen unmittelbarer Nähe die Tiere stets auftauchten. Von hier aus gelang es mir, auch die beiden vorhandenen Tiere, 1 Alte und 1 junges Tier zur Strecke zu bringen. Das geschah allerdings erst nach einigen Zwischenfällen: der Soldat, der mich übergesetzt hatte, sollte noch weitere Soldaten herüberholen und stieß soeben vom Ufer ab, als ein gewaltiger Krach ertönte. Eines der erzürnten Tiere hatte das Kanu hochgeschleudert, zerbrochen und der Soldat war im hohen Bogen ins Wasser geflogen. Gottlob hatte es ihm außer einer Schramme am Bein nichts getan und es war einer von meinen 5 Soldaten, die des Schwimmens kundig sind. So kam er wohlbehalten mit dem Schrecken und mit umgehängen Gewehr am anderen Ufer an, wofür ich ihn ordentlich belobte. Dem alten Tier wurde gerade bei meinem Eintreffen der Aufenthalt im Wasser zu heiß und es kletterte mit lautem Schnaufen ans Ufer. Dies scheuchte umgehend Soldatenboys und Gattinnen auf die Bäume. Wirklich verwundbare Stellen sind eigentlich nur Ohr und die Stelle hinter dem Ohr. Ich wollte mir neben den Schädeln das Fell des kleineren mitnehmen. Während ich jedoch auf Flußerkundung unterwegs war, verdarb es leider, so habe ich mich mit 2 Nilpferdpeitschen begnügt.

Die Bewohner des nächsten Dorfes, Nyassi, arbeiteten unter meiner Anweisung 3 Tage recht wacker, sodaß die Fahrrinne jetzt bis hierher als einwandfrei bezeichnet werden kann.

Eine gute Landungsstelle habe ich nach längeren Patrouillen im Urwald auch herausgefunden, ausgeschlagen und ein Trägerrasthaus am Ufer errichtet. So einfach ist es nämlich nicht, einen Landungsplatz zu bestimmen, da sich der Wasserstand in Regen- und Trockenzeit bis zu 3 - 4m verschiebt. So muß, wenn irgend möglich, eine steil ansteigende Uferstelle gewählt werden. Wenn diese, wie bei Nyassi, nicht vorhanden ist, muß die schmalste Sumpfstrecke erkundet und breit ausgeschlagen werden, um die Einfahrt des Kanus zu ermöglichen. Dies gilt für die Regenzeit. Für die Trockenzeit hingegen muß in diesem Fall noch eine Laufbrücke bis zum Fluß gebaut werden.

Ich war noch nicht ganz fertig mit dieser Aufgabe, da rief mich eine Meldung in den nördlichen Teil meines Bezirks. Die an der Schiffbarmachung des Dume interessierten Firmen habe ich im Einverständnis mit dem Chef der Verwaltung zu einem Beitrage in Geld herangezogen, das ich dann zum Teil den verantwortlichen, am Dume wohnenden Häuptlingen schenken werde. Es werden z. B. von der Gesellschaft Süd-Kamerun 200 M geliefert.

Aufruhr am Kadei

08.04.1908

Nach genau einem Monat komme ich dazu, ausführlich zu schreiben. Das hat folgenden Grund. Während ich bei Nyassi im Busch mein Lager bezog, benutzten die aus Jama mitgebrachten 15 Gefangenen die Stille des Urwalds dazu, um zu verduften. Die Wache meldete mir kurz darauf den Vorfall, ich schickte mehrere Soldaten ab, mit der Weisung, die einzig vorhandene Brücke über den Dume bei Ndongo zu besetzen, keinesfalls aber über den Dume hinauszugehen. 2 Gefangene wurden wieder eingebracht, ein Soldat anscheinend auf ihrer Fährte, blieb aus. Dies war am Nachmittag des 06. März.

Zwei Tage später bekam ich mittags um 12 Uhr einen Brief aus Bimba, in dem mir mitgeteilt wurde, ein Soldat sein in Jama getötet worden und die

Firmen fürchteten nun für ihre dortigen Faktoreien. Da ich den engen Zusammenhang der drei großen Dörfer Jama, Beri, Mbua wohl kannte, war ein Übergreifen des Aufruhrs auf die beiden anderen sehr wahrscheinlich.

Zeichnung S. 75 [*der handschriftlichen Aufzeichnungen, die leider fehlen, somit auch die Zeichnung, Anm. Verf.*]

Das sind im Ganzen mit den umliegenden kleinen Dörfern über 1000 zum größten Teil mit Vorderladern bewaffnete Krieger. So faßte ich folgenden Entschluß: ich selbst marschiere in Eilmärschen Ndongo-Bimba, Ngola, Liakam, Mbua, um ein Ausweichen über den Kadei zu verhindern und vielleicht Mbua und Beri treu zu erhalten. Ein Eilbote ging sofort zur Dume-Station, um eine Verstärkungsabteilung möglichst mit Maschinengewehr zu erbitten, die über Ndongo-Ngilalo auf Jama bzw. Beri vorgehen sollte.

Jetzt ging's an die Ausführung: mir wurden die Kanus einer Firma zur Benutzung überlassen, alles Gepäck, was irgend entbehrlich, auch die Flußpferdschädel, pp. übergab ich der Faktorei. Um 1 Uhr befand ich mich bereits im Marsch, übernachtete in Ndongo.

Am nächsten Tage in Bimba bekomme ich Meldung, ein Soldat sowie mehrere Händler in sind in Jama getötet und gefressen worden, alle Faktoreien wurden geplündert. Beri, Mbua, Jama machen gemeinschaftliche Sache. Am Abend um 9 Uhr erreiche ich Ngola, am nächsten Morgen bei strömenden Regen auf Buschwegen Liakum, das treu geblieben ist. Beri soll angeblich ebenfalls treu geblieben sein. Mboa und Arimba jedoch hätten sich den Jama-Leuten angeschlossen, welche die Absicht haben, über den Kadei zu gehen. So wie ich es richtig vorausgesagt hatte.

Jetzt ging's mit 18 Mann auf Mboa los. Sie müssen wohl von meinem Anmarsch Witterung bekommen haben, denn die Stadt war geräumt in aller Eile. Die Feuer brannten zum Teil noch. Vorhandene Spuren führten zum Kadei. Durch Patrouillen habe ich alles abgesucht und außer einem kranken Kerl nichts gefunden. Ich beschloß, hier zu übernachten. Einerseits, um meinen gänzlich erschöpften Leuten etwas Ruhe zu gönnen, andererseits aber auch, um die hier durchgehende große Straße nach Baturi (französisch) zu sperren.

Am nächsten Morgen dichtgeschlossen, die Weiber und Boys in der Mitte, gings auf Beri los. Mein Pferd hatte ich bereits in Ngola zurückgelassen, da es mir im Busch nur hinderlich gewesen wäre. Ein Stein fällt mir vom Herzen, als ich die außerhalb der Stadt gelegene Faktorei der Ges. Süd-Kamerun unberührt vorfinde. Die aufsteigenden Rauchsäulen zeigen mir, daß die Stadt nicht verlassen ist. Ein gutes Zeichen, ich erblicke beim Durchmarsch die Weiber in den Häusern. Diese werden nämlich zuerst aus der Stadt entfernt, wenn der Neger etwas Feindliches im Schilde führt. Häuptling Zappa kommt mir aus seiner Königsburg zur Begrüßung entgegen. Da ich nicht genau weiß, woran ich bei ihm bin und ich ihn auch nicht durch Fesselung vor den Kopf stoßen will, so sage ich ihm, er möchte mir zu dem auf der anderen Seite der Stadt wohnenden Faktoristen, Herrn Stranz, folgen. Von dem, so hoffe ich, Genaueres über die letzten Vorgänge zu erfahren. Ehe Herr Zappa es sich versah, befand er sich zwischen meinen Soldaten auf dem Wege dorthin.

Gottlob auch diese Faktorei stand noch. Herr Stranz, auf dessen Leben ich nicht gerade sehr viel gewettet hätte, kam mir wohl und munter entgegen. Jetzt erfuhr ich folgendes: Jama, Mboa, Aumba, Ngombo-Leute befinden sich jenseits des Kadei auf französischem Gebiet. Das war mein großer Schmerz, denn ich hätte den Kerls wahrhaftig eine gute Lektion gewünscht. So war ich machtlos ihnen gegenüber. Zappa, ein außerordentlich schlauer Kerl mit großem Einfluß, hatte sich sehr richtig gesagt, es wäre bei dem Handel doch nichts zu holen. Er hatte dann sogar, um seine gute Gesinnung deutlich zu zeigen, die Waren zweier Faktoreien vor Plünderung bewahrt und vor Mboa bzw. Aumba nach Beri bringen lassen. Jetzt erfuhr ich auch, daß der schwerkrank aus Beri abreisende Faktorist der Ges. Süd-Kamerun in Jama beinahe das Schicksal des Soldaten geteilt hätte. Die Träger warfen ihn mit seiner Hängematte hin, die Jama-Leute umringten ihn schreiend und zeigten ihm den geschlachteten Soldaten und die Händler. Auf sein inständiges Bitten, er sei aufgrund seiner Krankheit auch wohl nicht appetitreizend aus, ließen sie ihn nach Bimba ziehen. Dafür raubten sie sein Zelt und 2 Eisenkoffer, schlachteten und fraßen die Träger.

Ich beschloß jetzt, Beri als meine Operationsbasis, gleichzeitig eine Bedeckung des Europäers dort bildend, zu benutzen und schickte sofort Meldung an den abmarschierenden Rheinbaben über die veränderte Kriegslage. Zahlreiche Patrouillen brachten auch mehrere Gefangene ein, andere wurden auf der Flucht erschossen.

Am 19. trafen von Rheinbaben, Oberst Freyer, Feldwebel Failez mit 40 Mann und dem Maschinengewehr in Beri ein. Sie konnten sich so persönlich überzeugen, daß diesseits des Kadei bereits aufgeräumt und jenseits nichts zu machen sei.

Ich selbst, in Beri jetzt entbehrlich, marschierte am selben Tage mit 25 Soldaten nach Ngombo, nördlich von Liakum am Kadei, um das Heraufbringen einiger Kanus vom diesseitigen Ufer des Flusses aus zu sichern. Am Tage vorher hatten die auf das ander Ufer geflüchteten Jama-pp. Leute auf meine Kanus plötzlich das Feuer eröffnet und einen Soldatenboy und 2 Hilfskrieger getötet. Als ich an der Bootsstelle ankam, teilte mir der Patrouillenführer des Kanus mit, daß das jenseitige Ufer stark besetzt sei und er deshalb die Kanus nicht stromauf schaffen könnte. Ich ließ meine Leute ausschwärmen und den Uferrand besetzen und dann die Kanus stromauf fahren. Sofort wurde von drüben geschossen, daß die Eisenstücke, mit denen die Luftgewehre vollgestopft waren, einem nur so um den Kopf flogen. Um unnötige Verluste meinerseits zu vermeiden, ließ ich zunächst durch ein lebhaftes Feuer den feindlichen Ufersaum säubern und unter dem Schutze meiner Gewehre die Kanus aufs Land ziehen.

Wie ich nachher durch Eingeborene hörte, sind hierbei auf feindlicher Seite 8 getötet worden, obwohl in dem dichten Uferbusch fast nichts zu erkennen war. Ich ließ ein Kanu über Land nach Mboa tragen und kehrte selbst nachts um ½12 nach Beri zurück.

Faktorist Stranz hatte dort nach leiser Anregung von meiner Seite die Absicht geäußert, dem französischen Faktoristen in Baturi einen Besuch abzustatten, um dabei zu versuchen, den deutsch-freundlichen Häuptling Baturi zur Auslieferung der geraubten Koffer, Waren usw. zu bewegen. Hierzu mußte er aber in Mboa, dem Übergangspunkte über den Kadei, ein Kanu besitzen. Dieses brachten meine Leute auch glücklich in der Nacht dorthin. Der Zweck wurde jedoch nicht erreicht, da Stranz bei seinem Erscheinen am Ufer sofort mit Feuer empfangen wurde und so seine Absicht aufgeben mußte. Hiermit war alles Menschenmögliche versucht und ich dankte Rheinbaben auch für die weitere Unterstützung. Dieser marschierte mit seiner stattlichen Kolonne am 22.03. über Bertua nach Dume-Station ab.

Während ich selbst über Bingobo und Ngola meiner so lange vereinsamten Station Dume-Mündung zueilte, trafen mich in letzterem Orte beunruhigende Nachrichten aus dem Süden des Bezirks, wo die Franzosen von Delele[105] aus einen Raubzug auf deutsches Gebiet unternommen haben sollten.

Am 28., 3 Uhr nachmittags traf ich in Eilmärschen auf dem Posten ein. Gottlob waren die Farmen alle in recht gutem Zustande, die Regenzeit zum Anbau von Mais und Kassade ordentlich ausgenutzt. Nur das Wohnhaus, das längst hätte fertig sein sollen, war nichts weniger wie fertig. Es regnete durch, die Wände waren nicht gerade, kurzum ein wenig gemütlicher Aufenthalt. Die Ziegen hatten auch unter der Nässe gelitten, waren schlecht gefüttert und viele verendet.

Während ich noch Anordnungen gebe über den zu bestellenden Kartoffelacker und einige bauliche Veränderungen, trafen kurz hintereinander 2 Briefe aus Messo[106] von deutschen Faktoristen ein. Diese baten dringend um Schutz für ihre Händler gegen französische Soldaten, die dort rauben und plündern sollen. Jetzt hieß es fix machen. Meine Kanus waren noch zum Teil in Njassi. Einige Faktoreien-Kanus werden statt dessen requiriert.

Schleunigst suchte ich das vorhandene Aktenmaterial bezüglich der Grenze zusammen und verfasste einen Eilbrief, einliegend die beiden Briefe aus Delele, nach Dume-Station geschickt hatte, mit der Bitte, das Gouvernement telegrafisch von dem Vorgehen der französischen Soldaten in Kenntnis zu setzen und gleichzeitig meinen Abmarsch nach Delele zu melden.

Am nächsten Morgen saß ich bereits um 6 Uhr im Kanu, 3 Mann als Wache zurücklassend, 20 Mann z. T. auf Patrouille aus Dume-Station folgten in 5 anderen Kanus. Die Fahrt Kadei-abwärts ging glatt vonstatten, gegen Mittag erreichte ich Messo, wo mich 2 Europäer bereits erwarteten.

---

[105] Delele liegt wenige Kilometer südlich des Kadéi, nahe des damals unklaren Grenzgebiets um den Fluß herum. Heute heißt der Ort Ndelele, gehört zu Kamerun und hat etwa 5000 Einwohner. Quelle wikipedia

[106] Messo, teilweise auch Wesso, kleiner Ort in der Nähe von des Kadéi, stromabwärts. auf heutigen Karten kaum mehr identifizierbar, evt. Ouesso oder Messé, ca. 25 km südöstlich von Ndélélé. Ich denke, nicht zu verwechseln mit Ouesso im Kongo, das wäre zu weit entfernt. Später erwähnt Franz Reuter, das der Ort 5h nördlich von Delele wäre. Dort findet man heute den Ort Mbébesso, der ca. 24km nordöstlich von Dume-Mündung liegt, und ca. 31km nordöstlich von Ndélélé, so ist evt. auch dieser Ort gemeint. Quelle openstreetmap + googlemaps

Hier ist es wohl zunächst notwendig, die Grenzverhältnisse etwas zu erläutern. Nach dem alten Grenzabkommen vom Jahre 1894 liegt Delele auf deutschem Gebiet. Nun hat Hauptmann v. Stein[107] im Jahre 1905 mit Französisch Kongo ein StatusQuo-Abkommen abgeschlossen. Hiernach sollten die von Kaufleuten bereits besetzten Dörfer, falls von französischen besetzt, die französische, umgekehrt die deutsche Grenze bilden. Eine Klarlegung der Verhältnisse in und bei Delele war jedoch nicht erfolgt. So hatten die Franzosen im Februar 1907 eine Faktorei in Delele errichtet, ein Protest deutscherseits blieb unberücksichtigt. Hauptmann Scheunemann [*Anm. 94*], damaliger Chef der Verwaltung des Bertua-Bezirks, gab den deutschen Kaufleuten die Erlaubnis in Banga[108], ½ Stunde nördlich von Delele und in Messo, 5 Stunden nördlich von Delele, gleichfalls Faktoreien zu errrichten. Um jedoch Räubereien zu vermeiden, verbot er ein Betreten Deleles.

Jetzt waren jedoch, unter Verletzung dieser von Hauptmann Scheunemann aus Entgegenkommen festgelegten Grenze, französische, bewaffnete Soldaten in Messo und in Banga erschienen. Sie hatten dabei gestohlen, mehrere Leute getötet und die Häuptlinge bedroht, falls sie ihnen nicht nach Delele folgen würden. Ganz Banga war infolgedessen in den Busch geflüchtet, hierbei waren auch einige Faktoreien ausgeplündert worden. Messo war durch die Drohungen der Franzosen eingeschüchtert und schien geneigt zu sein, der Aufforderung, nach Delele überzusiedeln, nachzukommen.

Mit dem Erscheinen meiner Soldaten änderte sich die Sachlage. Die Faktoristen waren angenehm überrascht, mich so schnell hier zu sehen, während sie mich in Beri vermuteten. Messo versprach ruhig, in seinem Dorfe zu bleiben, nachdem ich ihm vollen Schutz für alle seine Leute versprochen hatte. Flüchtlinge aus französischem Gebiet trafen zahlreich ein, als sie hörten, ich sei mit vielen Soldaten hierher gekommen, um die Franzosen zu verjagen.

Am nächsten Morgen fuhr ich per Kanu zur Landungsstelle Banga. Herr Meyer, der in diesem Dorfe sehr stark engagiert ist, hatte sich mir ange-

---

[107] Ludwig Frhr. v. Stein, 1868-1934, ab 1905 als Kompmanieoffizier in Kamerun, ab 1899 im Dienst des Auswärtigen Amtes als Chef der Verwaltung des Sanga-Ngoko-Bezirks. Im Rahmen zahlreicher Expeditionen trug er mit kartographischen Aufnahmen wesentlich zur Geo- und Ethnografie des Südosten Kameruns bei, die im Kartenmaterial von Max Moisel Verwendung fanden. Quelle F. Hoffmann

[108] Banga, kleiner Ort ca. 3km westlich vom Kadéï entfernt Quelle: openstreetmap

schlossen. Gegen Mittag kam ich im Dorfe Banga, 1 Std. vom Kadei entfernt, an. Alles war verlassen. Von der einen Seite des Dorfes aus konnte man die französische Faktorei liegen sehen. Hier ließ ich sofort einen großen Mast errichten und die eigens dazu mitgebrachte große Stationsflagge hissen.

Um 3½ ging mein schriftlicher Protest betreffs der Soldaten pp. ab, gerichtet an Herrn Dupont, den französischen Chef der Verwaltung, der sich in Delele aufhalten sollte. Der Bote kam zurück ohne Antwort. Dann kam um 4½ ein Schreiben Duponts, natürlich Französisch, in dem er sagte, er verstände kein Deutsch. Er wäre aber, falls ein dringender Fall vorläge, heute oder morgen auf der Mitte des Weges Delele-Banga zu einer Unterredung bereit. Ich sollte bestimmen.

Während ich noch mit vielerlei Kunst und Mühe ein Antwortschreiben in Französisch aufsetzte, meldete mir mein Gefreiter, 3 Europäer seien von Delele im Anmarsch. Richtig, das konnte nur Dupont sein, dem es wohl unbehaglich in Delele geworden war und der daher meine Antwort gar nicht abgewartet hatte. Ich überlege mir gerade noch, ob ich dem französischen Verwaltungschef (Capitän) militärische Ehren erweisen sollte, da erkenne ich durch meinen Trieder [*Fernglas, Anm.Verf.*], daß die drei Herren im Schlafanzug - im Inneren auf Märschen vielfach üblich! - heranrücken. Da setzte ich mich dann ruhig hin und trank meine Tasse Kaffee aus.

Den Inhalt des Gesprächs wiederzugeben, würde zu weit führen. Ich ließ Herrn Meyer dolmetschen, obwohl ich Dupont ganz gut verstand, so hatte ich reichlich Zeit, meine Antwort zu formulieren. Unter Hinweis auf die deutsche Flagge sprach ich ausdrücklich meinen Protest gegen ein Erscheinen französischer Soldaten in Messo und Banga aus, obwohl mir Dupont versicherte, Delele und die dazugehörigen Dörfer Messo, Banga infolgedessen auch, seien französisch. Er protestierte seinerseits gegen mein Erscheinen in Banga, da dieses französisch sei. Zum Schluß erklärte er, er werde mir morgen früh seinen schriftlichen Protest übersenden, was ich ihm gleichfalls versprach. Dann trennten wir uns. Die beiden anderen Herren waren französische Faktoristen.

Eine nette Episode aus der Unterhaltung möchte ich noch erwähnen: ich sagte zu Herrn Meyer gewendet: »sagen Sie doch dem Monsieur Dupont ...«, da unterbrach mich Dupont und begehrte auf: »pas Monsieur Dupont, mais chef de l'administration de la Haute-Sangha, Monsieur Dupont.« Ich sagte zu ihm darauf ganz ruhig auf Negerenglisch: »I no look your cloth.« Da sah er doch an sich herunter und entschuldigte sich damit, daß er bereits 7 Monate im Busch sei. Ich versicherte ihm, bei mir sei das auch der Fall.

Die Protestschreiben wurden am nächsten Tage gewechselt. Das von Dupont ging unter »Eilt sehr« zur Dume-Station. Kurze Zeit darauf traf der neue Verwaltungschef Oberleutnant Schipper[109] ein, der meine Maßnahmen durchaus billigte. Es wurden dann die nötigen Protokolle aufgenommen. Auf Grund der von ihm mitgeführten genauen Akten verfaßte Schipper dann noch ein zweites Protestschreiben, das auf jeden einzelnen Punkt des Dupont'schen Schreibens einging.

Jetzt ist Schipper bereits wieder auf dem Marsch zur Dume-Station. Der von ihm mitgebrachte Feldwebel Failer überwacht mit 10 Mann die Grenze bei Banga.

Und ich kann mich nun endlich mal wieder um meinen Posten kümmern und etwas verschnaufen. Zwei Monate war ich fort. Eine Menge schriftlicher Arbeiten, wie der fällige Jahresbericht, gerichtliche Vernehmungen pp. sind zu erledigen. In der einen Hälfte des Hauses wird gebaut. Pferde-, Schaf- und Ziegenstall müssen, da sie zu nah am Wasser gelegen sind, neu gebaut werden. Demnächst muß ich mich wieder aufs Roß schwingen, um die noch nicht bereisten Gebiete meines Bezirks kennen zu lernen.

Stationsleben

20.04.1908
Stationsleben. Genau wie in Europa habe ich auch mitten in Afrika einen ausgezeichneten Schlummer. Gewöhnlich werde ich erst wach durch das Wecken, ausgeführt vom braven Jaunde-Soldaten Manga.

---

[109] Adolf Schipper, 1873-1915, ab 1902 als Leutnant in Kamerun, 1905 Oberleutnant, Stationsleiter in Dume, trieb dort die Verwaltung und Erschließung wesentlich voran. Wichtiges Anliegen war ihm dort der Schutz der indigenen Bevölkerung vor der Ausbeutung durch Faktoreien und Handel. Andererseits gibt es Berichte, die seine übertriebener Härte im Vorgehen beschreiben. Quelle F. Hoffmann

Einen Hornisten hatte ich nicht mitbekommen zum Posten, jedoch hatte ich hier ein Infanterie-Signalhorn[110] vorgefunden. So fragte ich morgens beim Exerzieren, wer Bläser sein wollte. Hierauf meldeten sich drei, diese ließ ich Probeblasen. Manga, der am wenigsten schrecklich blies, gab ich dann das Instrument. Nun begann der Unterricht. So kann ich mich jetzt in die gräßliche Lage meines alten, aufgeregten Gesangslehrers Schmerberg vom Berliner Luisengymnasium hineinversetzen, der sich bei jedem falschen Ton, der absichtlich oder unabsichtlich unseren rauhen Kehlen entfuhr, die Ohren zuhielt. »Musik wird selten schön empfunden, da meist sie mit Geräusch verbunden«, sagt der selige Busch so nett. Wenn die Soldaten Arbeitsdienst taten, setzte ich mich also auf meinen Tisch, Manga vor mir, und begann zu singen und zu pfeifen. »Hast Du noch nicht lang genug geschla - a - fen?«, und Manga blies und blies daneben. Jetzt ist seine Lernzeit jedoch vorüber. Um 5:30 h und um 8 h (morgens bzw. abends) erklingen die heimischen Signale in voller Reinheit.

Um 6 Uhr früh beginnt bereits der Dienst, bis dahin bin ich mit Baden, Anziehen und Frühstück fertig. Ich exerziere gewöhnlich eine Stunde oder schieße mit sämtlichen anwesenden Mannschaften eine Übung durch.

Um 6 h haben bereits die Gefangenen, zu 2, 3 oder 5 aneinandergekettet, unter Aufsicht eines Mannes der Wache ihre Arbeit in den Farmen oder im Busch begonnen. Es klingt für den Uneingeweihten gewiß barbarisch, das Aneinanderketten: man sieht die Leute förmlich vor Augen, unter der Last der schweren Ketten fast zusammenbrechend, das kantige Eisen hat die Haut zerschnitten. Dem ist jedoch nicht so. Es sind Halsringe, mit Leder umkleidet, die mit einem besonderen Schlüssel zusammengeschlossen werden. Leichte Ketten gehen von einem Ring zum anderen. Notwendig ist es aber deshalb, weil die Leute im Felde arbeiten und nicht zu viel Aufsichtsperso-

---

[110] Hornsignale wurden für das Militär schon in der Römischen Legion verwendet als Signale zur individuellen Truppenbewegung oder als Weckruf. Jedes Land hat eigene Signale. Allein eine französische website für Militär-Musik weist mehr als 22 Signale auf. Ab 1899 war die Taschenform des Infanterie-Signalhorns für das Deutsche Reich vorgeschrieben. Diese Form fand Franz Reuter wohl auch vor auf seinem Posten. Das beschriebene Lied ist wohl die Grundlage für den »Weckruf«. Es gibt aber auch den »Zapfenstreich« für den Abend und den Ruf »Zur Fahne«. Bis in das 20 Jhdt. wurden Signale beim Militär und bei der Post häufig verwendet. Auch heute gibt es in der Bundeswehr für einzelne Anlässe diese Signale und auch bei der Jagd werden sie noch vielfach angewendet. Quelle Wikipedia

nal beanspruchen sollen. Einen wirklichen Gefallen würde man dem Neger tun, wenn man ihm zur Verbüßung der Strafe in eine Zelle sperren würde, denn dann brauchte er nicht, was er so ungern tut, arbeiten, sondern könnte permanent schlafen.

Nach »Tretet weg«, dem Abschluß-Kommando der morgendlichen Übung, stürmen die Soldaten, ihr Kriegsgeschrei ausstoßend, ihren Behausungen zu, um zu frühstücken und sich zum Arbeitsdienst fertig zu machen.

Meine Boys haben mittlerweile unter Leitung meines Küchenchefs meinen Gemüse- und Blumengärten ihre volle Aufmerksamkeit durch Begießen und Unkraut-Jäten zugewandt.

Für mich beginnt jetzt die Zeit, Rapport über etwaige Kranke zu empfangen. Ich habe mir einen älteren Soldaten zum Verbinden kleinerer Schnittwunden pp. angelernt; dann erscheint der »Pferdesoldat«, meldet, daß meine beiden Rosse wohlauf sind. Dem folgt der »Ziegensoldat«, eine sehr wichtige und angesehene Persönlichkeit, da er die Schlachttiere auszuwählen und mir vorzuführen hat. Dieser hat sich nun in einem längeren Vortrage über jedwede Vermehrung der Schaf- oder Ziegenherde, Krankheitssymptome, Anzahl der Glucken zu verbreiten. Daß ich nebenbei selbst kontrolliere und nachzähle ist selbstverständlich. Sonst wäre auch bei 150 Hühnern, ca. 80 Ziegen und Schafen die Versuchung für den Neger zu groß. Ebenfalls werden mir jeden Morgen um 9h die Pferde vorgeführt. Hufbeschneiden etc., alles wird selbst erledigt.

Zum Arbeitsdienst 7:30h erscheinen die Soldaten im Fantasiekostüm, wie hellgrünen oder knallroten Pluderhosen, Haussa-Hemden, auch schwarze Netzsocken sind sehr beliebt. Beim Arbeiten mit Lehm, zum Hausbau oder am Wasser vereinfacht sich die Kleidung natürlich entsprechend. Aber arbeiten, und zwar ganz gehörig, muß der Soldat. Mancher alte Kameruner Schutztruppler sagt: »ein guter Soldat muß vor allem verstehen, mit dem Cutlass[111] (Buschhauer - gewöhnlich das einzig vorhandene Werkzeug) umzugehen, schießen kann er so schon.«

Nach dem Dienst mache ich zunächst einen Gang durch den Garten. Genau wie in Bielefeld raufe ich Unkraut aus und besichtige meine Bohnen,

---

[111] Cutlass ist die englische Bezeichnung für Entermesser, ein kurzer Säbel oder langes Messer mit breiter Klinge, aus der Marine stammend, dort das Universalwaffe im Nahkampf zur See. Daraus entstand später die Machete. Quelle Wikipedia

Erbsen, Gurken, Melonen, Kürbisse, Rettiche, Artischocken, Radieschen, Tomaten, Petersilie. Die anderen von mir mitgebrachten Samen sind nicht aufgegangen. Außer großen Reis, Kassava [s. *Anm. 67*], (eine die Kartoffel ersetzende Knollenpflanze) sowie Mais- und Planten-Farmen habe ich Erdnüsse, Süß- und Europäische Kartoffeln und Tabak in großen Schlägen angepflanzt. Ferner in kleinerem Maßstabe Ananas, Bananen, Papaya, Zitronen und einen stattliche Gummibaumplantage von mehreren hundert Pflänzchen Kixia[112]. Von dem Blumensamen ist leider nur die Sonnenblume gekommen.

Das Stationshaus liegt, wie ich schon sagte, beherrschend auf einer Höhe ziemlich nahe dem Dume. Das hat den Vorteil, daß ich von dort aus, meine schriftlichen Sachen erledigend, fast das ganze Stationsgelände übersehen und die Arbeit kontrollieren kann. Ferner ist auch bei der Mittagshitze stets etwas Luftzug und es gibt daher fast keine Moskitos im Haus. Anders ist es bei einem Tornado. Da fegt Wind und Regen derart um mein Gebäude, daß ich jetzt das Dach habe verstärken lassen müssen. Einen trockenen Aufenthalt gibt es nur in meinen Zimmern. Prachtvoll aber ist es, von dort aus den fortwährend zuckenden, grellen Blitzen zuzuschauen, welche die in Nacht getauchte Umgebung taghell erleuchten.

Die Dume-Reinigung ist jetzt ziemlich weit fortgeschritten, es fehlen nur die Dampfer und die zahlreichen Handelskanus, die auf ihm verkehren sollen. Daran sind aber die niedrigen Kautschuk-Preise schuld, denn die Eingeborenen wollen für die momentan geringe Bezahlung keinen Gummi mehr schneiden. Viele Faktoristen sind deshalb schon von ihren Farmen abberufen worden. Hoffentlich dauert dieser Zustand nicht zu lange, denn auf der Gummiausfuhr beruht im Wesentlichen die Rentabilität von Kamerun.

Ich habe augenblicklich 11 Europäer in meinem Bezirk, mehrere wohnen außerhalb, handeln aber hauptsächlich hier. Ich komme mit ihnen ganz gut aus. Man muß sie sich allerdings nur ein wenig vom Leibe halten. Sie glauben sonst zu leicht, der außerdienstliche Verkehr ließe sich auch auf die

---

[112] Kixia ist ein Kurzbegriff, für verschiedene Milchsaft-Gewächse zur Gummi- oder Klebstoff-Gewinnung, der sowohl für Funtumia africana als auch für Funtumia elastica verwendet wird. Blätter und Rinde können medizinisch genutzt werden. Auch das weiche, nicht beständige, helle Holz wird teilweise verwendet. Auf dem Posten und in der Region wurde vermutlich jedoch eher Funtumia elastica angebaut. Quelle: wikipedia

Behandlung dienstlicher Angelegenheiten wie Trägermißhandlung pp. übertragen.

Man findet unter diesen Herren so ziemlich jeden Stand: verkrachte Referendare, Schlossergesellen, Leutnants a.D., Fähnrich a. D., oder auch Kellner. Die wenigsten sind Kaufleute von Hause aus. Es kommt ja auch im Busch mehr auf ein praktisches Auge und energisches Zufassen als gute Handschrift an. Mancher Faktorist liefert 20 - 25 To. Gummi in einem Jahre, andere ¼ davon. Die meisten arbeiten natürlich auf Kommission. Der Durchschnittsgewinn pro Jahr für den Busch-Faktoristen dürfte mit 4 - 5000 M incl. Gehalt anzuschlagen sein. Ganz anders werden schon die Depotverwalter an den Hauptverkehrsplätzen und vor allem die Haupt-Agenten bezahlt. Da kam es doch in guten Jahren vor, daß ein Herr nach 3 Jahren mit einer ¼ Million Reinverdienst nach Hause zog und sich im Uhlenhorst eine Villa kaufte nebst der obligaten Segelyacht.

Ende des Abenteuers

Wieder auf Patrouille

1. Juni 1908

Ich nähere mich immer mehr den heimischen Breiten. Den 5. Grad habe ich bereits erklettert, die Grenze zu Französisch-Kongo emporsteigend bis zum 6. will ich noch.

Ich befinde mich in einem von Europäern kaum berührten Gebiet, nur die Grenzvermessungskommission hat vor Jahren hier gearbeitet. Die Bevölkerung macht einen durchaus regierungsfreundlichen Eindruck. Ich hatte vor meinem Anmarsch von Beri[113] aus meine Marschroute genau angegeben und Befehl gesandt, den Weg auszuschlagen und Brücken zu bauen. Dieser Befehl war bisher durchweg gut ausgeführt. Die von mir gewählte Tour überschreitet nur wenige Flußläufe, erfordert also nicht zu viele Brücken.

Ich bin jetzt in Hebe[114] angelangt, einer großen Stadt von etwa 1000 Einwohnern. Der Häuptling kam mir 1 Stunde weit entgegen, hoch zu Roß in prächtigem, gesticken, blausamtenen Gewande, nebst zwei Berittenen, Paukenschlägern und zahlreichem Gefolge. Sein Bezirk reicht bis halbwegs

---

[113] Beri ist ein Ort, der heute als solcher nicht mehr zu finden ist. Auf alten Karten aus der Kolonialzeit ist er eingezeichnet und befindet sich in der Nähe von Batouri auf der anderen = östlichen Seite des Kadéï. Auf googlemaps findet man dort Badongwé, etwa 18km westlich von Batouri.

[114] Hebe oder evt. auch Gebe, beides nicht zu finden, auch nicht auf historischen Karten und auch nicht mit anderen Schreibweisen. Evt. handelt es sich um einen Übertragungsfehler und es ist Gasa gemeint, der auch weiter unten erwähnt wird. Dies ist auf historischen Karten zu finden und demnach ein größerer Ort wie beschrieben. Allerdings liegt dieser wesentlich östlich des Kadéï. Daher vermute ich, dass Franz Reuter evt. vor Ort die Flüsse verwechselte und den weiter östlich fließenden Boumbé für den Kadéï und damit für die Grenze hielt. Allerdings liegt auch Gasa dann jenseits dieser Grenze.

Beri. Ein großes, ihm gehöriges Dorf Sanda[115] liegt jenseits des Kadei, den ich leider meinen Instruktionen zufolge nicht überschreiten darf. Genauso wie der französische Verwaltungschef Dupont im Süden meines Bezirks bei Delele [*s. Anm. 105*] versuchte, mit Gewalt deutsche Untertanen durch seine Soldaten auf französisches Gebiet zu bringen, hat er kürzlich Häuptling Batari, mit Krieg gedroht, falls er sein Dorf nicht auf unzweifelhaft französisches Gebiet nach Gasa[116] verlege. Batari wohnt zwar jenseits des Kadei, ist jedoch seit Jahren unter deutschen Schutz gestellt. Im ersteren Fall bin ich sofort per Kanu mit 20 Mann nach Delele gefahren, habe unweit davon die deutsche Flagge gehißt und sofort ein Protestschreiben an Dupont abgeschickt, worauf dieser persönlich erschien, in einer 1½ stündigen Unterredung versuchte, mich zu überzeugen, daß ich auf französischem Boden sei; nach 2 Tagen jedoch ließ er die französische Faktorei in Delele räumen und verfügte sich jenseits des Kadei. Im zweiten Falle hat sich der Häuptling Batari, dem ich über den Kadei hinüber nicht zu Hilfe kommen konnte, famos benommen. Er sagte zu Dupont, er könne nur einem Herrn gehorchen, er sei deutsch und wolle deutsch bleiben. Seine Stadt verlege er nicht, wenn ihn die Soldaten nicht von dort vertrieben. Ich schickte einen meiner Boys, einen Baturi-Mann, zu ihm und ließ ihm meine Anerkennung für seine Treue aussprechen. Es ist nämlich nicht unwichtig, ob Baturi deutsch oder französisch wird. Das Dorf Baturi zählt allein wohl 2000 Seelen, sein Einfluß reicht bis Sanda, unweit Gebe.

Aus Binge (5°)[117] ist ein französischer Faktorist vor 3 Tagen mit seinen sämtlichen Waren abmarschiert, er hatte bezüglich der Grenze kein reines

---

[115] auch Sanda ist nicht zu finden. Es gibt unweit nördlich von Batouri einen Ort, der Sambo heißt. Die Parallele zu »Häuptling Batari« und seinem Dorf »Sanda« ist auffällig, zumal beide jenseits des Kadéi liegen. Allerdings wird auch auf historischen Karten dort nur Baturi eingezeichnet, doch benannte man damals die Orte auch nach dem Häuptling.

[116] Gasa ist ein Ort, der auf historischen Karten etwa 100 km östlich von Batouri liegt, auf dem heutigen Gebiet der Zentralafrikanischen Republik und damit auch damals in jedem Fall französisches Gebiet. Heute ist dort das Dorf Amada-Gaza zu finden. Ein anderes Gaza liegt heute noch weiter östlich, südlich von Carnot, wäre aber auch noch weitere ca. 70km entfernt und damit ist es unwahrscheinlich, dass dieser Ort gemeint ist.

[117] Binge ist auf historischen Karten tatsächlich etwa am 5. Breitengrad zu finden. Heute ist in dem Bereich der Ort Bengué Tiko östlich des Kadéi zu finden, ca. 100km nördlich von Batouri.

Gewissen.

Gebe ist ein hochgelegenes, sehr weitläufig gebautes Dorf, das fast nach alles Seiten eine prachtvolle Fernsicht gestattet. Die Bergzüge erinnern mich lebhaft an das Riesengebirge. Das jenseits des Kadei gelegene Dorf Sanda ist, obwohl weit entfernt, ganz deutlich zu sehen. Der Weg bis zum Kadei ist etwa 20 min. Das Flußbett ist sehr felsig im Gegensatz zum Dume.

Ich wohne in einem von einer 3 m hohen Grasfenz umgebenen Hofe, ca. 50 m im Quadrat messend, in dem sich 6 Häuser befinden nebst Pferdestall. Gleich nach meinem Einmarsch ließ ich mitten auf dem freien Platze zwischen meinem Quartier und der Häuptlingswohnung einen großen Flaggenmast errichten, an dem jetzt weithin sichtbar die Stationsflagge weht. In feierlicher Versammlung gab ich dem Häuptling nach den üblichen Ermahnungen einen Schutzbrief. Vorher hatte ich meine 20 Kerls, um sie in Façon zu erhalten, etwas exerziert, was sichtlichen Eindruck auf die Bevölkerung machte. Sie haben kaum je einen Soldaten gesehen in ihrem Leben.

Ärger an der Grenze

15. Juni 1908

Ich habe den Sanaga (Lom)[118] erreicht, befinde mich auf dem Marsch nach Ngaundere[119]. Auf dem Tisch steht ein Strauß europäischer Blumen und seit langer Zeit habe ich mich wieder einmal an Gurkensalat delektiert[120]. Und das kam so: dicht hinter Gebe [Hebe?] erreichte mich ein Eilbrief: »nach anliegendem Brief des französischen Kaufmanns Quinton soll dieser mit seiner Frau in Betare von den Eingeborenen bedroht sein. Ich ersuche Sie, so

---

[118] Der Sanaga ist der längste Fluß Kameruns, fließt in westlicher Richtung und mündet 50km südlich von Douala in den Golf von Guinea. Er wird gespeist durch die beiden Quellflüsse Djerem und Lom. Diese fließen am südlichen Rand des Mbam-Djerem-Nationalparks zusammen, ca. 90km nördlich von Bertoua. Der Lom entspringt nordöstlich, ca. 200 km vom Mündungspunkt entfernt.

[119] Ngaundere, heute Ngaoundéré ist eine Stadt im Norden Kameruns, Hauptstadt der Region Adamaua mit 230.000 Einwohnern. Vom Lom noch ca. 350km weit entfernt in nördlicher Richtung. Quelle wikipedia + openstreetmaps

[120] von lat. delectare - sich erfreuen, sich ergötzen

schnell als möglich persönlich dorthin zu marschieren, den Tatbestand festzustellen und Träger und Soldaten für den Marsch nach Ngaundere zur Verfügung zu stellen.« Na, denn man tau! Romantisch genug klang das.

Am 08.06. erreichte ich in Eilmärschen Betari am Lom[121], begann dort sofort mit Verhören bei den dortigen Händlern pp. und stellte fest, daß von der angeblichen Bedrohung nicht die Rede sei. Mittlerweile hatte ich mit Quentin die Karten ausgetauscht[122] und ihn um 3h nachmittags zu mir beschieden. Jetzt ergab sich auf einmal folgende Situation: besagter Quentin kaufte bereits seit 4 Monaten in Betari ohne Erlaubnis des Gouvernements Gummi ein, als ihm ein ferneres Verbleiben von meinem Chef der Verwaltung, Oberleutnant Schipper [s. Anm. 107], untersagt wurde. Daraufhin stellte Quentin die Forderung, das Gouvernement müßte ihm einen Träger stellen, da er selbst in Betari keine bekäme. Bei der Festsetzung der Trägertaxe meinerseits, stellte sich nun heraus, daß er nur einen lächerlich niedrigen Satz, der ihm leider allerdings für seinen Hermarsch Ngaundere - Betari seinerzeit bewilligt war, zahlen wolle. Nur zu diesem Satze nähme er die Träger an, für die Folgen eines längeren Aufenthalts in Betari mache er mich verantwortlich. Da er an Schipper geschrieben hatte, er lebe nur von Kassade und Wasser, schickte ich ihm sofort mehrere Hühner, worauf ich oben erwähnten Blumenstrauß, Gurken, Radieschen und europäische Kartoffeln in Mengen als Gegengeschenk erhielt. So ganz schlecht schienen sie doch nicht zu leben. Einen Besuch bei Madame versagte ich mir aus besonderen Gründen.

Man stelle sich nun bitte folgenden Fall vor:

Ein deutscher Kaufmann, der nicht ein Wort der Sprache der Kolonie versteht, in der er arbeiten will, läßt sich durch das Gouvernement Träger besorgen, erkundigt sich nicht über die herrschenden Bestimmungen seines künftigen Arbeitsplatzes, verlangt dann mit mehreren 100kg Gummi sozusagen freie Rückbeförderung an seinen Herkunftsort, nachdem er »zu seinem Schutze« eine militärische Expedition veranlaßt hat. - So ist es richtig!

---

[121] Betari ist ein Ort wenige Kilometer südlich des Lom gelegen. Heute Bétaré Oya Ville mit ca. 8600 Einwohnern.

[122] Um einander bekannt zu machen, einen Besuch zu vereinbaren oder eine Einladung auszusprechen, sandte man sich Visitenkarten.

Ich erlaubte mir, den eskortierenden Soldaten ein kleines Billet an das Gouvernement in Nganadere mitzugeben, das eine Charakteristik dieses Monsieur mit den nötigen Protokollen enthält.

18.07.1908

Immer noch in Betari! (bei Kunde)[123]. Die Angelegenheit Quinton hat mich viel kostbare Zeit gekostet, weil Ärger verursacht worden ist und sie ist noch nicht erledigt. Während meine in Betari aufgenommenen Protokolle einigermaßen harmlos für Herrn Quinton ausfielen, änderte sich die Sachlage mit meinem Marsche nach Kongoro[124].

Hier ist ein deutscher Kaufmann seit 2 Jahren ansässig. Dieser sollte Herrn Quinton in Betari aufgesucht haben. So mußte er mir also genau über dessen Verhältnis zu den Eingeborenen berichten können. Nun also kurz die Tatsachen, die jetzt ans Licht kamen: Quentin hat mit seiner Frau Häuptlinge geringer Ursachen wegen verprügelt. Die Frau hat in Betari wiederholt Eingeborene geschlagen, ist in die Hütten der Leute gegangen, hat ihnen die Töpfe zerschlagen und hat verboten, daß Kinder in der Nähe der Faktorei spielten. Quentin wiederum hat den Betari-Leuten verboten, am Abend ihr gewohntes Trommelspiel abzuhalten, da ihn dies störe. Die Folge war, daß die Häuptlinge zu dem Kaufmann nach Kongoro kamen und ihm vorhielten: »entweder schaffst du uns den Weißen hinaus aus Betari oder wir verlassen die Stadt. Wir können nicht für das Leben dieses Weißen garantieren.« Diese Bitte eines Negers an einen Weißen ist doch wohl bezeichnend.

Dieser Kaufmann [*nicht lesbar*] aus Kongoro begab sich damals unverzüglich nach Betari und fand alle Angaben der Eingeborenen bestätigt. Ferner meldete er mir, Quentin habe Zoll unterschlagen, indem er 9 Kühe heimlich nach Kunde habe schaffen lassen und dazu gar ein ganzes Dorf, dicht an der Grenze gelegen, indem er dem Häuptling versicherte, er solle nach Kunde übersiedeln. So wurde der Häuptling von Kunde den Franzosen in die Hände gespielt.

---

[123] Kunde, heute Koundé in der Zentralafrikanischen Republik, damals ein Militärposten, ca. 130km nordöstlich von Bétaré

[124] es gibt einen Ort Kongolo, ca. 30km südlich von Bétaré, aber es ist zweifelhaft, ob dies der Ort ist, den Franz Reuter meinte

Sobald ich Quentin die Träger in die Hand gedrückt hatte, eilte ich selbst ihm voraus auf dem Wege nach Ngaundere von Kongolo aus. Hier ließ ich seine Karawane an mir vorbeipassieren, schärfte den 4 eskortierenden Soldaten Gehorsam gegen Quinton bezüglich Marscheinteilung pp. ein, gab jedoch gleichzeitig Befehl, ein Ausbiegen auf französisches Gebiet zu verhindern. Voraussichtliche Marschdauer - sehr reichlich bemessen - 15 Tage bis Ngaundere!

Jetzt bekomme ich einen 22 Seiten langen Brief von Quentin aus Ngaundere, indem er angibt, die Soldaten hätten ihn bedroht und zum Weitermarsch genötigt. Er würde die Presse von den Ausschreitungen der Soldaten in Kenntnis setzen. Meine 4 Soldaten waren noch nicht zurückgekehrt, so habe ich ihm zunächst mein Bedauern über die Aufführung der Soldaten ausgesprochen.

Die eben aus Ngaundere zurückkehrenden 4 Soldaten berichten mir jetzt genau das Gegenteil: Quentin habe absolut nicht weitermarschieren wollen - ich kann mir ja den Grund denken - und habe Träger blutig geschlagen pp. Während ich glaubte, Quentin los zu sein und nach Betari zurückkehrte, erreichte mich eine Alarmnachricht. Der Postenführer in Kunde (weißer, französischer Uffz.) hat Eingeborene mit Hinterladern bewaffnet und beauftragt, alle Einwohner in der Nähe des Kadei, auch besonders die auf der deutschen Seite, mit Gewalt auf französisches Gebiet zu bringen.

Leider fehlten mir über die Grenzen jede Akten, trotzdem ich wiederholt darum gebeten hatte bei der Kompagnie. So schickte ich zunächst eine Patrouille in die Nähe des Flusses, folgte sodann mit dem Rest der Soldaten am 05.07. Am 06.07. bekam ich dann folgende Meldung meiner vorgeschickten Patrouille: die Babua-Leute[125] - die vorerwähnten bewaffneten Einwohner - haben den Kadei überschritten[126], Dorf Muri beschossen, ausgeplündert, die Farmen verwüstet pp. sind jetzt wieder jenseits des Kadei. Kurz darauf ein anderes Dorf bei Aladji[127] ebenfalls überfallen und die Weiber fortge-

---

[125] Babua ist ein Ort, der heute in der Zentralafrikanischen Republik liegt, ca. 90km Luftlinie nordöstlich von Bétaré

[126] Der Kadéï entspringt in Garoua-Boulai, direkt an der Grenze zur Zentralafrikanischen Republik, ca. 100km nordöstlich von Bétaré. In dieser Region liegt er dicht am Lom, der nur wenige Kilometer westlich davon in nord-südlicher Richtung fließt.

[127] Aladji ist ein kleiner Ort, ebenfalls in der Zentralafr. R., ca. 75km Luftlinie östlich von Bétaré, südlich von Babua

schleppt.

Gleichzeitig hiermit erreichte mich ein höfliches Schreiben aus Kunde. Er [*vermutlich französischer Postenführer in Kunde, Anm. Verf.*] hätte gehört, ich befände mich in der Nähe von Kunde, er sende mir seine Grüße, habe mit Leutnant Lessel [*siehe Anm. 43*] in Ngaundere in stets sehr guten Beziehungen gestanden. Augenblicklich herrsche etwas Unruhe an der Grenze durch die Muri-Leute, ich möchte doch Häuptling Muri bestrafen. Ein bißchen frech, nicht wahr?

Na, ich setzte mich sofort hin, schrieb sehr höflich, erwiderte den Gruß und forderte sofortiges Eingreifen, Entschuldigung pp. Hierbei durfte ich mit keinem Wort verraten, daß mir über die eigentliche Grenze nichts bekannt war. Meine Patrouille verstärkte ich und schob sie bis zum Kadei vor, da der Franzose mir - zu meiner großen Erleichterung (!) von dem Kadei als der Grenze (!) gesprochen hatte. Meine Patrouille in Muri schickte noch in der Nacht einen Boten: Babua droht mit Angriff, ob er schießen solle. Ich jagte den Boten sofort zurück: ich hätte meiner Patrouille bereits den strengen Befehl gegeben, auszuhalten bis ich käme, keinesfalls jedoch den Kadei zu überschreiten. Dies war in der Nacht.

In aller Frühe marschierte ich gefechtsbereit zum Kadei. Hier hatte jedoch meine Patrouille zusammen mit den Muri-Leuten die Arbeit - leider zu eifrig - bereits erledigt. Die Babua-Leute hatten wiederholt auf die Führer (Batari-Leute) meiner Soldaten geschossen. So hatten diese geglaubt, die Frechheit bestrafen zu müssen. Der Bote, den ich in der Nacht zurückgeschickt, hatte mich fragen sollen, ob ich ein Überschreiten des Kadei gestatte. Dieser hatte dann angeblich die von mir die bejahende Antwort zurückgebracht und so hatten Soldaten und Muri-Leute den Kadei überschritten, die Babua-Leute in die Flucht geschlagen und einen Teil der Leute wieder zurück geholt. Das war ein Donnerschlag für mich! So hatte diese törichte Patrouille mir alle Trümpfe aus der Hand geschlagen.

Doch es kam noch besser. Ich marschierte jetzt, da die Babua-Leute eine gehörige Lektion erhalten hatten, nach Betari zurück - immerhin 3 Tage, um abzuwarten, ob Kunde Protest erheben werde. Und tatsächlich: in Betari ereilte mich bereits das Schicksal. Postenführer Kunde teilte mir zunächst mit, die Grenze sei nicht der Kadei, sondern die Grenze liege lt. Artikel I des Vertrages von 1894 weit westlich des Kadei. Ob die Babua-Leute diese Grenze überschritten hätten, werde er unverzüglich feststellen. Gleichzeitig protestierte er feierlich gegen meine evidente Grenzverletzung durch 3 Soldaten!

Geschlafen habe ich in den nächsten Tagen nicht sehr viel. Die Beschwerde Quentins über meine Soldaten traf auch gerade ein. Ich schrieb sofort nach Kunde und erlaubte mir, ihn zu einer Konferenz bezüglich der anscheinend ungeklärten Grenzfrage nach Muri einzuladen. Da endlich erhalte ich Post aus Dume-Station: der Grenzvertrag sei abgeschlossen: der Kadei die Grenze; der Gouverneur hat auf meinen Bericht hin bezüglich der unleidlichen Zustände bei Delele strengen Befehl gegeben, den Kadei in seinem ganzen Laufe mit sämtlichen verfügbaren Truppen zu besetzen, nötigenfalls von der Waffe Gebrauch zu machen! Na, habe ich aber ‚a Freud‘ gehabt! Gottlob hatte ich mir bezüglich der Grenze kein Wort zuviel entschlüpfen lassen. Die kleine Grenzüberschreitung der 3 Soldaten wird sich wohl durch die Gemeingefährlichkeit der bewaffneten Babua-Räuber und dadurch entschuldigen lassen, daß diese Leute direkten Befehl vom französischen Postenführer erhalten haben, deutsche Untertanen zu berauben und auf französisches Gebiet zu bringen.

Das »humane Verwaltungssystem« der Franzosen besteht also nicht nur in Delele, wo der französische Verwaltungschef Dupont Dörfer niederbrennen, Eingeborene niederschießen, Häuptlinge gefangen nehmen und Soldaten-Patrouillen die Grenze hat überschreiten lassen, um deutsche Häuptlinge einzufangen. Und auch nicht nur in Baturi, wo derselbe Herr einen deutschen Häuptling, der sich weigerte, auf unzweifelhaft französisches Gebiet überzusiedeln, persönlich bedroht und seine Sachen im Werte von über 1000 M genommen hat. Sondern offensichtlich auch in Kunde, wo seit

längerer Zeit Eingeborene - den Kongoakten[128] zuwider - mit Soldatenge-
wehren bewaffnet werden, um Weiber für die Soldaten zu fangen oder - die
Grenzbevölkerung zu regulieren. In Kunde ist es verschiedentlich
vorgekommen, daß sowohl Soldaten wie Eingeborene - sage und schreibe
mit 125 Hieben bestraft worden sind. Die Soldaten (Senegalesen)[129] besitzen
eiserne Hacken, mit denen sie widerwilligen Eingeborenen die Zunge her-
ausreißen oder in den Arm eingehackt, Gefangene damit fortzerren. Ein
derartiges Mordinstrument liegt derzeit vor mir auf dem Tisch. Dieser Herr
Quinton hat sich über etwas rauhe Manieren der Schutztruppensoldaten aufgehalten. Ich möchte meinerseits den Siegern von Casablanca[130] diese kleine
Nota entgegenhalten.

---

[128] Schlußdokument v. 26.02.1885 der Kongokonferenz, die ab dem 15.11.1884 in Berlin
stattgefunden hatte. Es kamen dort auf Einladung Otto v. Bismarcks Vertreter
Deutschlands, Vertreter der USA, des Osmanischen Reichs, Österreich-Ungarn, Belgien, Dänemark, Frankreich, Großbritannien, Italien, Niederlande Portugal,
Rußland, Spanien und Schweden-Norwegen zusammen. Ziel war u.a. die
Handelsfreiheit der Signatarstaaten in den aufgeführten Gebieten Afrikas festzuschreiben. Ein weiterer der insgesamt 38 Punkte war das Verbot des Sklavenhandels
und die Verpflichtung, einen etwaigen Krieg in Europa nicht auf die
Kolonialgebiete auszudehnen, was dann real 1914-1918 nicht erreicht werden konnte. Die Ratifizierung durch Kaiser Wilhelm erfolgte am 08. April 1885, daher wird
meist dieses Datum im Zusammenhang mit der Konferenz angegeben. Quelle
wikipedia

[129] Tirailleurs sénéglais, Senegalschützen, waren Einheiten des französischen Heeres
aus dem Senegal und anderen Gebieten Französisch-Westafrikas, zwischen 1857 bis
1964. Diese kämpften nicht nur vor Ort sondern wurden auch in Europa z.B. im
Deutsch-Französischen Krieg 1870/71 eingesetzt. Auch andere Staaten rekrutierten
Einheiten aus ihren Kolonien im Dienste ihres Militärs. Ein anderes Beispiel dafür
ist die legendäre Indien-Armee Großbritanniens. Quelle wikipedia
Der TV-Kanal Phoenix zeigte 2019 eine von Al Jazeera produzierte Dokumentation
über die arabischstämmigen Kämpfer im 1.Weltkrieg. Danach wurden ca. 250.000
Soldaten aus Algerien, Marokko und Tunesien, die von Frankreich und Großbritan-
nien rekrutiert worden waren, eingesetzt, teilweise auch für den Kampf um das
Osmanische Reich gegen ihre muslimischen Brüder z.B. in der legendären Schlacht
um Gallipoli in der Türkei. Quelle »Der erste Weltkrieg im Orient« ARD/Phoenix

[130] Im Juli 1907 nutzte Frankreich einen Aufstand der Shawia um französischen Truppen nach Casablanca zu entsenden und in der Folge ein französisches Protektorat
zu errichten. Gab es zuvor ein mehr oder weniger harmonisches Miteinander der
europäischen Nationalitäten, Deutsche, Briten, Franzosen, in Casablanca wuchs in
der Folge der französische Einfluss immens, ebenso die Spannungen zwischen
Deutschen und Franzosen.
Quelle wikipedia und Gunther Mai: »Die Marokko-Deutschen 1873-1919«

Für die Richtigkeit verbürge ich mich unbedingt, da ich selbst in Delele die Grenzverhandlungen mit Dupont geführt, Baturi-Leute über die Vorgänge in Baturi befragt habe und alle Protokolle in der Umgegend von Kunde selbst aufgenommen habe.

Expedition in unbekannte Gebiete - Ruhe vor dem Sturm

Unterdessen mache ich fleißig Routineaufnahmen und jeden Weg, den ich noch nicht vorher passiert habe, zu kartographieren. Die Jagdpassion muß leider gänzlich unterbleiben.

Es gehört manchmal starke Überwindung dazu, bei miserablen Wegen oder schlechtem Wetter und unruhigem Pferde, ständig den Kompaß in der Hand zu halten und Eintragungen in das Routenbuch zu machen. Ist man dann ziemlich müde am Rastplatz angekommen, wird sofort die Tagesstrecke ausgezeichnet, um eventuelle Verbesserungen und Verkürzungen des Weges, befehlen zu können.

Pferde habe ich jetzt nur 4 zur Verfügung, dazu mein eigenes auf der Station. Prachtvolle Fettbuckelrinder stolzieren umher. Sie sind von mir an der Grenze beschlagnahmt worden, während ihre Besitzer schleunigst das Weite gesucht haben. So herrscht an frischem Fleische kein Mangel.

Als ich von der Station aufbrach, hatte ich für einen Marsch nach Binge (ca. 14 Tage) eingerichtet. Dann kamen die Befehle bezüglich Quinton und der Grenze, so bin ich jetzt schon 2 Monate fort.

Meine nach und nach in Dume-Station eintreffenden Proviant-Lasten haben erst am 14. d. Monats ihren Weg zu mir gefunden. Gottlob konnte ich mir in Kongoro etwas Proviant erwerben. Mit dem Rauchen war es noch übler. Tabak, Zigaretten, Zigarren waren bis auf einen kleinen Rest Pastorentabak zusammengeschrumpft, als ich von Dume-Mündung abmarschierte. Ich wartete sehnsüchtig auf meine Zigarrensendungen von Otto Boenicke[131].

---

[131] Otto Boenicke, geb. 1848, war ein sehr erfolgreicher Tabak- und Zigarren-Händler in Berlin, später kaiserlicher Hoflieferant.

Diese trafen jedoch auch erst am 12. d. M. ein. So habe ich denn über einen Monat den entsetzlichen Eingeborenen-Tabak in meiner Pfeife verpafft. Überhaupt genießbar wird dieses Kraut erst, wenn er zwei Tage im Wasser gelegen hat. Mit welcher Wonne ich jetzt meine Aclarador[132] rauche, könnt ihr Euch wohl denken.

Durch die endlosen Schreibereien mit Quinton, der Residentur in Bornu[133], die Protokolle, ist mein Papiervorrat gleichfalls erschöpft. Die Innenseite aufgeschnittener Couverts bildeten mein Privatbriefpapier.

Etwa 24. d. M. wird Seine Exzellenz der Gouverneur in Dume-Station eintreffen, sämtliche Häuptlinge des Dume-Bezirks eilen zur Station, ihn zu begrüßen. Ich hingegen stehe in finsterer Mitternacht so einsam auf der stillen Wacht. Auf mein Drängen wird ein ständiger Unteroffiziersposten in Betari errichtet werden. Ich habe demnächst ein Standquartier in Binge bei Habe [*nicht lesbar, evt. Gabe, Hebe o.ä., Verf.*], nachdem die Grenzangelegenheit, sowie die Protokolle über den verursachten Schaden an Farmen und Dörfern, festgestellt sind.

Es wird in der nächsten Zeit viel zu tun sein, um die neu erworbenen Landstrecken bis zum Bumba 2[134] zu erschließen und unter deutsche Herrschaft zu stellen. Aber gerade das Kartographieren in kaum bekannten Gegenden, das vollständig selbstständige Disponieren während der Expedition, was ich ja nun schon seit Anfang Februar betreibe, ist das Schönste, was es für einen Kolonial-Offfizier geben kann. Es ist dem Stationsleben,

---

[132] berühmte Zigarillos von Boenicke

[133] Bornu war ein Reich auf dem heutigen Gebiet von Niger, Nigeria und Tschad. Nach der Schlacht bei Kousseri im April 1900 und dem folgendem Abkommen mit der Aufteilung u.a. zwischen Frankreich und Deutschland entstand Deutsch-Bornu. In Kousseri wurde 1903 eine Residentur errichtet. Diese sollte das Gebiet »Deutsche Tschadseeländer« als nördlicher Teil der deutschen Kolonie Kamerun zusammen mit dem Gebiet Adamaua mit Ngandere verwalten. I.G. dazu war der südliche Teil der Kolonie bereits in Bezirksämter aufgeteilt. So meint Franz Reuter eigentlich die Residentur Kousseri.

[134] Fluss, der ca. 10km östlich des Kadéi entspringt, heute Boumbé II, in südlicher Richtung fließend, mündet nach 150km in den Kadéi. Franz Reuter hatte evt. spezielle Kartographie-Aufgaben zu erledigen, nach dem Abkommen vom April 1908, in Vorbereitung auf den Marokko-Kongo-Vertrag von 1911, bei dem Deutschland mit Neukamerun ein größeres Gebiet Französisch-Äquatorialafrikas zugesprochen wurde und im Gegenzug den Anspruch Frankreichs auf Marokko anerkannte.

vor allem, wenn man nicht der Oberste ist, bei Weitem vorzuziehen. Kleine Entbehrungen nimmt man dabei gern in den Kauf.

Nebenbei ist dieses Stück Kamerun landschaftlich sehr schön. Mit Beri hört der geschlossene Urwald auf, hügeliges Grasland beginnt mit tief eingeschnittenen Bächen, welche von schmalem Galeriewald eingefaßt sind. Von der Lage hat man vielfach eine kilometerweite prachtvolle Aussicht. Die klaren Waldbäche erinnern mich lebhaft an den Harz. Besonders abwechslungsreich war der Marsch von Betari nach Kongoro auf der großen Ngaundere-Karawanenstraße. Der Weg führte bis in die Höhe von Kunde am Lom entlang - auf den meisten Karten noch falsch eingezeichnet! Ich habe jetzt diese Straße, die mehrere Sümpfe kreuzte, verlegt und neu ausgebaut. Sie überschreitet dann den Lom, um in das Hochland von Adamaua einzutreten. Gerade diese Übergangsstelle, von hohen Bergen rings eingeschlossen, ist von besonderer Schönheit.

Auf dem Weitermarsch nach Kongoro führt der Weg bergauf, bergab an grotesken Granitfelsbildungen entlang. Die Bewohner haben ihren Wohnsitz noch vielfach in fast unzugänglichen Bergnestern.

22.07.1908

Auch heute war wieder ein Freudentag! Mein Gefreiter, welcher mein Protestschreiben zur Grenze bringen und dann durch 2 Postboten dem Postenführer auf Kunde übermitteln sollte, ist heute Mittag zurückgekehrt. Er brachte die Empfangsbestätigungen und sehr gute Nachrichten mit.

Am Kadei angelangt, schickte er den Postboten hinüber (diese sind mit alten Waffenröcken, aber natürlich nicht mit Waffen versehen!). Zwei dort stationierte, französische Soldaten ergreifen sofort die Flucht, dasselbe Schauspiel wiederholt sich an 2 anderen Übergangspunkten am Kadei. Die ganze Besatzung Kunde einschließlich Unteroffizier und weißem Kaufmann sollen nach Babua geflüchtet sein. So gehen die Postboten dorthin. Erst nach langen Verhandlungen läßt sich der Postenführer überzeugen, daß sie keine Soldaten seien. Allerdings bedroht er in Gegenwart meiner Postboten Häuptling Babua mit dem Tode, falls er noch einmal dem Kadei nahe käme. Gleichzeitig erfahren die Postboten von den französischen Soldaten, der Postenführer Kunde sei der Ansicht, nur Postboten hätten die Babua-Leute in die Flucht geschlagen. Dieses bestätigten sie natürlich eifrig den Soldaten.

Ich habe keinen von meinen Soldaten auf dem linken Kadei-Ufer gesehen! Habe auch kein Interesse daran, eine Untersuchung anzustellen, ob das Gerücht wahr sei, daß deutsche Soldaten den Kadei überschritten hätten.

Heute ist der von mir angeforderte Unteroffizier eingetroffen. Er wird bis auf weiteres in Betari verbleiben. Übermorgen marschiere ich mit ihm an die Stätten der Verwüstung, um den Schaden festzustellen.

Am 27.07. werde ich dem Franzosen in Muri eine Audienz bewilligen und ihm neue Grenzen mitteilen. Dann werde ich mich allmählich Kadei-abwärts nach meinem neuen Standquartier Binge bei Gebe hinschlängeln. Von dort aus denke ich auf einen Sprung meine so lange verwaiste Station zu besuchen, um die laufenden Sachen zu erledigen und mich mit Papier etc. zu versehen. Ich schlafe jetzt bedeutend besser.

Der Überfall und das bittere Ende

Dies ist der Nachtrag zu den Tagebuchblättern des Leutnant Reuter, zusammengestellt aus seinen eigenen, sowie Briefen des Oberarzt Freyer, des Compagnieführers Oberleutnant Schipper und des Hauptmann Dominik[135], auch mündliche Erzählungen des Sanitätsunteroffiziers, der ihn verbunden, gepflegt und die Strafexpedition mitgemacht hat.

Nach einem längeren Streifzuge im August war Leutnant Reuter Ende des Monats nach seiner Station Dume-Mündung zurückgekehrt.

Schon Anfang September erhielt er dann den Auftrag, im Gebiet der Baturi, an der deutsch-französischen Grenze die deutsche Flagge zu hissen. Mit 17 schwarzen Soldaten vollführte er seinen Auftrag, bemerkte aber, daß die sonst freundschaftlich gesinnten Baturi-Leute eine drohende Haltung einnahmen. Sie hatten, wie sich nachher herausstellte, geglaubt, es handele sich um eine Strafexpedition, weil sie vor kurzem zwei deutsche, schwarze Deserteure erschlagen hatten.

Beim Rückmarsch wurde Leutnant Reuter am 6. September von zwei bis dreihundert mit Vorderladern bewaffneten Schwarzen bei Belisole[136] umzingelt. Bei den ersten Schüssen schon wurde er, als er vom Pferde gestiegen war, getroffen. Außerdem blieben 3 Mann sofort tot, 3 Mann wurden schwer und 7 leicht verwundet. Leutnant Reuter erhob sich wieder auf die Knie und streckte mit jedem Schuß seiner schweren Büchse einen Angreifer nieder. Der schon gefangene Gefreite riß sich los und feuerte mit den übrigen noch kampffähigen Soldaten so lange auf den Feind, bis dieser mit Zurücklassung von ca. 60 Toten die Flucht ergriff.

---

[135] Hans Dominik, 1870-1910, ab 1894 als Adjutant Curt Morgens (kurzzeitig erster Kommandeur der deutschen Schutztruppen) in Kamerun. Er veröffentlichte zahlreiche Berichte seiner Erfahrungen und Erlebnisse und war einerseits sehr geachtet u.a. von Gouverneur J. v. Puttkamer, andererseits aber auch umstritten wegen seiner begünstigenden Haltung den Kaufleuten gegenüber und seinem rigorosem Vorgehen gegen nicht kooperationswillige Afrikaner. Quelle F. Hoffmann

[136] kleines Dorf 13km südlich von Batouri, heute Belisola, Bindisola oder Mbéndissola

Die Träger hatten sämtliches Gepäck fortgeworfen, die ganze Ausrüstung war verloren, die 3 Toten wurden später von den Wilden gefressen.

Der Schuß des Leutnant Reuter war in die Gegend der Herzgrube eingedrungen, hatte die 9. Rippe zweimal zerschmettert und ging mit gerader Öffnung aus dem Rücken heraus. Er selbst wusch und verband die Wunden und konnte mit Hilfe seiner Leute, die auch die anderen Verwundeten zurückbrachten, bis über den Kadei zurückgelangen, wo er Posten aufstellte und in einer befreundeten Faktorei die erste Pflege fand. Durch Tag und Nacht laufende Boten ließ er den Posten Dume-Mündung und den dort befindlichen Oberarzt Freyer benachrichtigen, die sich schon innerhalb 1½ Stunden auf den Marsch machten. Gegen den 12. September kamen sie an, Baturi wurde am 15. Jan. [*das ist sehr fraglich, vielleicht ist Sept. gemeint, da Reuter bereits im Nov. verstarb, ansonsten hätte er es nicht »bedauern« können, Anm. Verfasser*] erstürmt und ein strenges Strafgericht abgehalten, von dem Leutnant Reuter nur bedauerte, nicht dabeigewesen zu sein. Er hatte inzwischen schon sein Testament gemacht, es aber bei der fortschreitenden Heilung wieder zerrissen.

Seine Leute sind über ihn, sowie er über sie, des Lobes voll; sein Boy erschauerte später jedesmal bei der Erzählung des tobenden Gefechts und erwähnte seines Herrn heldenhaftes Benehmen.

Die Heilung der Wunde ging äußerlich gut vonstatten, nach 14 Tagen konnte Leutnant Reuter wieder aufstehen und umhergehen, aber der ärztliche Befund am 12. Oktober lautete, daß er auf Monate nicht dienstfähig sei. Es wäre eine Blutansammlung im linken Brustfellraum vorhanden, das Allgemeinbefinden und der Kräftezustand waren nicht befriedigend; da Komplikationen nicht ausgeschlossen wären, erfolge die Überweisung zur Küste. Dort sollte eine Operation, wie ihm auch mitgeteilt wurde, vorgenommen werden. Diese könne nur im Lazarett stattfinden.

Ende Oktober erfolgte der Abmarsch von Dume-Mündung unter Führung des obengenannten Sanitätsunteroffiziers. Da dieser aber selbst unterwegs schwer an Malaria erkrankte, mußte Leutnant Reuter selbst den Transport übernehmen, bis er am 7. November nach Dume-Station gelangte. Der weitere Rückmarsch konnte wegen des noch kranken Unteroffiziers erst am 20. Nov. angetreten werden, nachdem Leutnant Reuter am 19. noch im

Kreise von Kameraden seinen Geburtstag gefeiert und vorher am 17. noch einen fröhlichen Brief an seine Eltern geschrieben hatte, die ihm seinen Kabinenkoffer und Anzüge für die Rückreise nach Deutschland senden sollten.

Seinen Abmarsch aus Dume-Station unter Begleitung von Oberarzt Freyer hat Oberleutnant Schipper fotografiert. s. Anlage. [*leider sind diese Fotografien nicht vorhanden, Anm. Verf.*]

Am 22. November kam die Kolonne in Abong-Mbang [*s. Anm. 91*] am Njong an. Hier erkrankte Leutnant Reuter ganz plötzlich und trotz anfänglicher Besserung, die dann eine Fortsetzung der Reise auf dem Njong im Boot ermöglichte, konnte der Arzt trotz aller angewandten Mittel und aller Mühe die entstehende Herzschwäche nicht aufhalten; am 25. vormittags während der Fahrt fragte Oberarzt Freyer: »wie steht's mit dem Befinden?« Franz Reuter antwortete: »es geht mir gut, nur habe ich Schmerzen in der Herzgegend, können wir nicht landen?« Während der Arzt sich zu diesem Zweck an die Ruderer wandte und sich nach einer halben Stunde umsah, war Leutnant Reuter lautlos verschieden und alle stundenlang fortgesetzten Wiederbelebungsversuche waren erfolglos. Es ist nur anzunehmen, daß die Blutansammlung im Innern aufgebrochen und dadurch sein Tod herbeigeführt ist.

Er wurde noch an demselben Abend unter militärischen Ehren begraben, die deutsche Flagge bedeckte ihn.

Die Fotografie des Grabes, welche später im Beisein des Hautpmann Dominik aufgenommen wurde, zeigt an dem Kreuz den von dem Unteroffizier eingeschnitzten Namen. Er ruht vorläufig bei Mdabum-Bekobo-Wuna am oberen Njong, bis er im Februar d. J. auf dem Soldatenfriedhof in Jaunde überführt werden wird, wo ihm auch ein Denkstein errichtet werden soll. So schreibt es Hauptmann Dominik.

Diese Exhumierung und der Transport der Überreste nach Jaunde konnte erst 1910 durch Major Dominik bewerkstelligt werden; am 10.10.1910 wurden sie dort in dessen Beisein auf dem Soldatenfriedhof feierlich bestattet.

Wie die Briefe seiner Kameraden versichern, hat er sich, außer in der ersten Zeit nach seiner Verwundung, wohl kaum schwarze Gedanken gemacht, seine Briefe am 17. September, also 11 Tage nach der Verwundung, besonders ein 8 Seiten langer vom 16. Oktober sprechen nur von leichter Verwundung, der letzte vom 17. November von völliger Heilung, aber wohl nur, um seinen Eltern die Sorge zu nehmen. [*leider sind auch diese Briefe nicht erhalten, Anm.Verf.*]

Alle diese Briefe kamen erst lange nach seinem Tode, am Weihnachtsabend, am Neujahrstage und Ende Januar in die Hände seiner Eltern und Geschwister. Seit der ersten Nachricht von der Verwundung durch ein Telegramm der Schutztruppe am 17. September und ein kurzes Telegramm von ihm selbst am 22. September hatten sie sehnsüchtig durch 9 lange Wochen weiteren Nachrichten entgegengesehen - bis am 30. November, dem Tage, an dem sie die ersten brieflichen Nachrichten von ihrem Sohne erwarteten, die furchtbare Trauerkunde ankam.

Sein Brief vom 17. September war unterwegs liegen geblieben und erreichte seine Eltern erst am Neujahrstage.

Was Leutnant Reuter während seines Aufenthalts in Kamerun, beim Marsch durch 40 lange Tage von Kribi bis Lomie, in Lomie selbst und während des Marsches von Lomie über Dume-Station nach Dume-Mündung, ganz allein unter Schwarzen, geleistet hat, geht anschaulich aus seinen Tagebuchblättern und Briefen hervor. Er schildert darin, wie er seine Soldaten angelernt, Wege und Brücken gebaut, Flüsse schiffbar gemacht und unter höchst schwierigen Verhältnissen an der deutsch-französischen Grenze gewirkt hat. Sein Compagnieführer hatte ihn zum Schwertorden vorgeschlagen. Aus der Erzählung des Hauptmann Dominik geht hervor, welche Verbindung er zu seinen Leuten gehabt hatte. Als Dominik danach früh morgens an das frische Grab kam, traf er dort dessen früheren Boy, auf den Knien betend, an.

Die Sammlungen Franz Reuters sind in ihren wissenschaftlich wertvollen Teilen dem Königlich-Zoologischen Museum, dem Museum für Völkerkunde, ein lebender Adler dem Zoologischen Garten, sein Routenbuch dem Bearbeiter der Kolonialkarten übergeben. Über seine

Schmetterlingssammlung, die im Zoologischem Museum aufgespannt und geordnet wurde, ist ein späterer gedruckter Bericht erschienen.[137]

---

[137] Wiener Entomologische Zeitung Nr. 29 v. 1910, siehe Seite 126 - 127 in diesem Buch

Wie es weiterging

In der Familie

In den Aufzeichnungen Franz Reuters wird am Ende von der Exhumierung und der Beisetzung 1910 auf dem Soldatenfriedhof in Yaoundé erzählt. Bei meiner Recherche fand ich auf der Seite denkmalprojekt.org einen Hinweis auf sein Grab dort[138].

Der Friedhof soll sich im Bezirk Mvolyé befinden, im alten Zentrum der Stadt. Dort ließ Hans Dominik [*siehe Anm. 135, S. 116*] 1901 bis 1907 ein Palais errichten, in dem später sein treuer Weggefährte und Dolmetscher Charles Atangana residierte. Hans Dominik hatte den Sohn eines Ewondo Headman in der Pallotiner Mission erziehen und ausbilden lassen. Atangana war ab 1913 als Oberhäuptling der Ewondo und Bane kooperationswilliger Mittelsmann für die Verwaltung.

Bis auf das eine Photo aus dem denkmalprojekt gibt es keine weiteren Informationen und Photos über den Friedhof, der nicht identisch ist mit dem nahegelegenen, größeren Mvolyé-Friedhof an der großen Kathedrale.

Für die Familie war es natürlich ein überraschender und harter Schicksalsschlag. Leider nur der erste von weiteren, die noch folgten. Doch zunächst führte gerade dieses traurige Ereignis auch dazu, dass sein Bruder Wilhelm die Frau wiedertraf, die er wenig später heiraten sollte.

Wilhelm, als Leutnant in einer Kriegsschule im Badischen stationiert, reiste bei der Nachricht vom Tode seines jüngeren Bruders sofort nach Berlin zu seinen Eltern. Er machte unterwegs Station bei seiner Cousine in Höxter, wo er übernachten wollte. Just an diesem Nachmittag hatte Lydia beschlossen, ihrer Freundin einen Besuch abzustatten, als Wilhelm dort mit der traurigen Nachricht eintraf. Beide kannten sich, mochten sich, hatten vor Jahren den Hochzeitstag jener Freundin/Cousine als Brautführerpaar gemeinsam verbracht, ohne dass sich beide danach zu einer engeren Verbindung

---

138 www.denkmalprojekt.org/2012/yaounde_region-centre_republik_kamerun.html

entschließen konnten. Obwohl sich Lydia an diesem neuerlichen Aufeinandertreffen wegen des Trauerfalls schicklich bald verabschieden wollte, ergriff nun aber Wilhelm die Gelegenheit und begleitete sie heim. Es muss eine seltsame Stimmung zwischen beiden gewesen sein, zwischen Trauer über den Tod und Glücksgefühlen über die Begegnung. Sie führte dazu, dass sich Wilhelm entschloss, Lydia seine Gefühle zu offenbaren, zunächst nur als Kuss zum Abschied, am folgenden Tag dann auch formell in einem Brief als Heiratsantrag.

Jene Begegnung der beiden, resultierend aus der Trauernachricht vom Tode des Bruders, führte dann im August des folgenden Jahres zur Hochzeit von Wilhelm und Lydia und nach weiteren 10 Monaten zur Geburt eines Sohnes mit den Namen Hans Franz Carl Ernst, mein Schwiegervater. Sollte der Rufname zunächst Hans sein, wurde kurze Zeit später, wohl zu Ehren des verstorbenen Onkels, der Rufname in Franz abgeändert.

Für Vater Franz und seine Frau Sophie blieb es leider nicht bei diesem einen Todesfall. Nur kurze Zeit nach Beginn des Ersten Weltkriegs fiel der älteste Sohn Wilhelm in Frankreich und nur acht Monate später, im Mai 1915, starb leider auch der letzte ihrer Söhne, Herbert, ebenfalls in Frankreich.

Das Leben ging weiter, selbst als es mit Kriegsende, harten wirtschaftlichen Folgen und Währungsreform nicht leicht wurde. Vater Franz starb nach einem immerhin langen Leben 1923 im Alter von 81 Jahren. Seine Frau Sophie lebte allein weiter in dem großen Haus in Detmold, wohin beide noch im Frühjahr 1916 umgezogen waren. Von ihren Kindern lebte keines mehr, von ihrem ältesten Sohn Wilhelm waren Sophie wenigstens zwei Enkelkinder verblieben. Doch mußte Sophie auch noch den 2. Weltkrieg erleben, zwei Jahre nach Kriegsende verstarb auch sie 1947 im Alter von 90 Jahren.

Enkel Franz nannte seinen 1948 geborenen Sohn nach seinem Vater Wilhelm, den er so früh verloren hatte. Dies nun ist der Großneffe jenes Kamerun-Abenteuers Franz Reuter.

Abb. 11

Wilhelm Reuter, mit seinem Sohn Franz,
Neffe von Franz Reuter u. Schwiegervater der Autorin
1914

Abb. 12
Franz Reuter sen. ca. 1920

Abb. 13
Sophie Reuter, ca. 1935

Abb. 14
Das Vorderladergewehr und
zwei afrikanische Speere aus Franz Reuters Besitz.

Das abgebildete Vorderlader-Gewehr, ein Steinschloss-Gewehr[139], war sicherlich nicht die Waffe, die Franz Reuter benutzte. Vermutlich hatte er es als altmodisches Relikt vergangener Zeiten erworben. Das gilt ebenso für die beiden Speere.

Das zur damaligen Zeit vermutlich noch immer gebräuchliche Gewehr der Preußischen Armee war das Gewehr 88. Das von Franz Reuter erwähnte Seitengewehr 71, eigentlich zum Modell M71 gehörig, konnte auch für das Gewehr 88 verwendet werden[140]

---

[139] Vorderladergewehr, bei dem mit einem Feuerstein gezündet wird. Dieser wird in den auslösenden Hahn eingespannt. Das Steinschloßgewehr bildete die Weiterentwicklung des Vorderladers mit (wetterabhängiger) Luntenzündung, das vom 15. bis 17. Jhdt. benutzt wurde. Das Steinschloßgewehr wurde ab 1704 in allen Armeen verwendet. Ab 1849 setzte die Preußische Armee dann Hinterladergewehre ein. Diese waren einfacher nachzuladen sind und besitzen eine höhere Feuerrate.
Quelle wikipedia

[140] Quelle wikipedia + altearmee.de/seitenwaffen

Und noch etwas ist bis heute noch übrig geblieben; zunächst, so glaubte ich, gab es nur dieses digitale Dokument auf den folgenden Seiten:

Zufällig fand ich das Verzeichnis der Schmetterlinge, die Franz Reuter im Dschungel Kameruns gefangen hatte und die, wie berichtet, an das Zoologische Museum in Berlin geliefert wurden. Der Norweger Embrik Strand, (1876-1947), damals noch fleißiger Hilfsarbeiter am Museum für Naturkunde der Berliner Humboldt-Universität, veröffentlichte 1910 in einem Aufsatz seine Erkenntnisse über die Schmetterlinge Franz Reuters in der Wiener Entomologischen Zeitung. Strand galt später als einer der produktivsten Entomologen seiner Zeit, allerdings in seiner Genauigkeit nicht unumstritten.

Nach meiner Nachfrage beim Museum für Naturkunde in Berlin, dem Nachfolger jenes Königlich Zoologischen Museums erhielt ich die Antwort, dass dort noch Präparate aus Franz Reuters Sammlung existieren.

Unter anderem hatte Schmetterling - Nr.11 aus der Liste - die lange Zeit sowie zwei Weltkriege überstanden! Die entomologische Abteilung sandte mir dazu das Foto von Seite 128.

Eine Mitteilung des historischen Bereichs des Museums nannte mir Hinweise auf die von Franz Reuter erlegten Schimpansen. Professort Matschie hatte beide Exemplare in den Sitzungsberichten der »Naturforschenden Freunde zu Berlin« des Jahres 1914 ausführlich beschrieben und klassifiziert, einer davon erhielt den Namen *Anthropopithecus reuteri*.[141] Meine Nachforschungen ergaben allerdings, dass dies nur ein Synonym für den bereits 1775 beschriebenen Pan troglodytes troglodytes ist.[142]

Und auch beim Ethnologischen Museum in Berlin hatte ich Glück und fand im Archiv noch Fotos von vier Gegenständen, die Franz Reuter in Kameru, wie auch immer, gesammelt hatte und die seinem nach dem Tod an das damalige Völkerkunde Museum gesandt worden sind.

---

[141] https://www.zobodat.at/pdf/Sitzber-Ges-Naturforsch-Freunde-Berlin_1914_0323-0342.pdf

[142] Das Naturalis Biodiversity Center veröffentlicht jährlich einen Catalogue of Life, in dem alle Arten mit vorhandenen Synonymen beschrieben werden. Siehe Quellen

Verzeichnis

der von Herrn Oberleutnant F. Reuter an der
Dume-Mündung in Kamerun gesammelten und dem
Kgl. zoologischen Museum in Berlin geschenkten
Lepidopteren.

Von Embrik Strand, Berlin, Zool. Museum.

Fam. Danaididae.

1. *Danaida chrysippus* L. var. *alcippus* Cram.
2. — *limniace* Cram. v. *petiverana* Doubl.
3. *Amauris niavius* L.
4. — *psyttalea* Plötz.
5. — *tartarea* Mab.
6. — *hecate* Butl. ab. Reuteri Strand n. ab. (♂) — Beschreibung unten!

Fam. Nymphalididae.

7. *Acraea perenna* Doubl. Hew.
8. — *pharsalus* Ward.
9. *Atella columbina* Cram.
10. *Precis clelia* Cram.
11. *Precis milonia* Feld. var. *sinuata* Plötz, ab. parvipunctis Strand n. ab. — Beschreibung unten!
12. *Salamis temora* Feld.
13. — *parhassus* Drury f. *parhassus* Drury.
14. *Hypolimnas misippus* L.
15. — *salmacis* Drury.
16. — *Monteironis* Druce.
17. — *dubius* Pal.
18. — *anthedon* Doubl.
19. *Kallima rumia* Doubl. Westw.
20. *Eurytela hiarbas* Drury.
21. — *dryope* Cram.
22. *Ergolis enotrea* Cram.
23. *Asterope [Crenis] occidentalium* Mab.
24. — *amulia* Cram.
25. — *Pechueli* Dew. (*rosa* Auriv. p. p. nec *rosa* Hew.)
26. *Leucosticha [Hamanumida] daedalus* F. f. *meleagris* Cram.
27. *Euphaedra eleus* Drury, aberr. (♂). Die Hinterflügel unten mit hellem Diskalfleck.

Wiener Entomologische Zeitung, XXIX. Jahrg., Heft I (15. Jänner 1910).

28. *Euphaedra medon* L.
29. *Euryphene oxione* Hew.
30. *Cymothoë oemilius* Doum.
31. — *caenis* Drury, cum ab. dumensis Strand n. ab. (♀).
32. — *anitorgis* Hew. ab. misa Strand n. ab. (♀).
33. — *sangaris* God. ab. Reuteri Strand n. ab. (♂). Beschr. unten!
34. *Euxanthe trajanus* Ward.
35. *Charaxes protoclea* Feisth. ab. *maculata* Bart.

Fam. Lycaenidae.

36. *Larinopoda emilia* Suff.

Fam. Pierididae.

37. *Mylothris chloris* F.
38. — *asphodelus* Butl.
39. *Appias rhodope* F.
40. — *sabina* Feld.
41. *Pieris solilucis* Butl.
42. *Terias brenda* Doubl. Hew.

Fam. Papilionidae.

43. *Papilio dardanus* Brown (*hippocoon* F.)
44. — *hesperus* Westw.
45. — *phorcas* Cram.
46. — *nireus* L.
47. — *demodocus* Esp.
48. — *menestheus* Dr. var. *Lormieri* Dist.
49. — *tynderaeus* F.
50. — *odin* Strand n. sp. — Beschr. unten!
51. — *leonidas* F.
52. — *policenes* Cram.

Fam. Eupterotidae (Janidae).

53. *Acrojana sanguineipes* Strand n. sp. — Beschr. unten!

Fam. Hypsidae (Aganaididae).

54. *Phaegorista helcitoides* Dew. (*similis* Wlk.?)

Fam. Agaristidae.

55. *Xanthospilopteryx Poggei* Dew.

Fam. Noctuidae.

56. *Nyctipao macrops* L.

Abb. 15 Schmetterling aus der Sammlung Franz Reuters
Museum für Naturkunde Berlin

Das blaue Etikett weist auf Afrika als Urspungs-Kontinent, nennt Kamerun, den Fundort Dume-Mündung sowie Reuter S. G. als Sammler und Geber.

In der Politik

Der Tod Franz Reuters schlug auch in der Politik Wellen. Ich war erstaunt seinen Namen in den Reden der Politiker wiederzufinden. Der gewaltsame Tod eines Angehörigen der Schutztruppe war offensichtlich etwas außergewöhnliches. Diese Haltung erscheint uns heute seltsam, vielleicht auch deswegen, weil für uns mittlerweile der Tod von Soldaten im Einsatz ein leider vertrautes Opfer darstellt.

Der Reichstagsabgeordnete Ernst Bassermann, Vorsitzender der Nationalliberalen Partei erwähnt Franz Reuter in seiner Rede vom 05.12.1908. Thema war an diesem Tag der Reichshaushaltsetat und damit verbunden das Gesetz über den Etat für die Schutzgebiete.

»Meine Herren, in den letzten Tagen ist gemeldet worden, der Tod des Leutnant Reuter von der Kameruner Schutztruppe. Es wird wohl nötig sein, auch hier Aufklärung zu geben, was diese Unruhen bedeuten, die zu nicht geringen Verlusten geführt haben. Es sind von 17 Soldaten 3 tot, 3 schwer und 7 leicht verletzt und der tapfere Leutnant Reuter ist auf dem Transport nach der Küste bekanntlich gestorben.«[143] Im Anschluss verlangt Bassermann zwar noch eine Verstärkung des sanitären Dienstes, aber dies erscheint nur Aufhänger gewesen zu sein, um den Tod eines Soldaten an einer Stelle seiner langen Rede zu würdigen.

Wie heute wurde der Tod von Menschen, je nach Herkunft, völlig unterschiedlich bewertet. In einer weiteren Rede von 1911, die ebenfalls auf den Tod Franz Reuters Bezug nimmt, wird dies erschreckend deutlich. Sie gibt ein beschämendes Zeugnis über die Selbstgerechtigkeit und Überheblichkeit in der Gesellschaft, mit der man den Tod eines Weißen gegenüber denen der schwarzen Bevölkerung begegnete.

»Kürzlich hat die Verwaltung sich genötigt gesehen, auf scharfe Angriffe, die in der »Täglichen Rundschau« über die Wirtschaft in Kamerun erhoben worden sind, eine Richtigstellung zu veröffentlichen. Es war unter anderem der Vorwurf erhoben

---

[143] Quelle: https://www.reichstagsprotokolle.de/Blatt_k12_bsb00002843_00791.html

worden, daß der Tod des Leutnants Reuter, der vor ungefähr anderthalb Jahren bei Belissola gefallen war, auf Grund des wenig energischen Leiters der Dume-Station nicht gesühnt worden ist. Dazu sagt die Verwaltung: er ist doch gesühnt. Es ist bemerkenswert, wie nun diese Sühne erfolgte. Man ist sofort mit einer größeren Anzahl Soldaten aufgebrochen, hat den Aufstand niedergeworfen und die Ruhe wiederhergestellt. Dann wird mitgeteilt, daß die Hauptträdelsführer, nämlich die Häuptlinge Belissola, Kumbu und Joppo hingerichtet wurden. Der Gegner hatte 200 Tote und zahlte 3000 Mark Kriegsentschädigung. Darüber soll kein Zweifel bestehen, daß man auch dort Mörder nicht laufen lassen darf. Aber wir erfahren,daß außer den Hinrichtungen noch 200 Mann zusammengeschossen worden sind. eine nette Art der Sühnepolitik, die da getrieben worden ist.«[144]

Dies aus einer Rede des Reichstagsabgeordneten Gustav Noske von der SPD . Das Thema an diesem 23.03.1911 war eigentlich die Beratung über den Etat für das Reichskolonialamt. Noske entwirft darin ein kritisches Bild über Kosten und Gewinn der Schutzgebiete. Im Grunde sind viele seiner Aussagen mit einem Blick aus der heutigen Zeit nicht nur kritisch sondern schockierend und es lohnt sich, diese Rede näher zu betrachten.

Im Etatentwurf für 1912 waren für die Kolonialpolitik 18 Millionen Mark angesetzt, wobei Südwestafrika allein 14 Millionen erhalten sollte. Vor allem wegen der zunehmend hohen Pensionszahlungen, viele Soldaten erhielten nach ihrem Kolonialeinsatz wegen »Gesundheitsschäden« eine Pension, und aufgrund der »schlechten Finanzlage Deutschlands« forderte Noske eine Verringerung der Aufwendungen.

Noske entlarvte die von den Regierungsparteien vorgegebenen positiven Wirtschaftszahlen: Zwar hätte es eine Zunahme des Gesamthandels mit den Schutzgebieten gegeben von 138 Mio auf 177 Mio 1909, die aber auch aufgewogen würden durch hohe Aufwendungen. Der Gewinn durch höhere Ausfuhren wären durch den Steuerzuschuss in der Bilanz ausgeglichen. Bei der Gesamtausfuhrbilanz von 16 Mrd. Mark nähme der Anteil der Schutzgebiete nur den geringsten Teil ein. Und Noske stellt dar, dass Deutschland auch nicht von deutschen Importen in die Schutzgebiete profitieren würde, da vor allem Waren aus anderen Ländern eingeführt würden. Somit würde die heimische Industrie keinen Gewinn daraus erzielen. Den größten Anteil

---

[144] Quelle: https://www.reichstagsprotokolle.de/Blatt_k12_bsb00003331_00567

des Handels in den deutschen Schutzgebieten würden britische Firmen auf Grund ihrer größeren Erfahrung besitzen und er stellt damit klar, dass der »Besitz« einer Kolonie noch lange nicht einen volkswirtschaftlichen Vorteil bedeuten würde.

Es entwickelt sich aus Noskes Worten der Eindruck, als ob nur einige wenige Firmen von den Kolonien profitieren würden, wobei die finanzielle Last der Bürger trägt. Das ist auch heute nicht anders, wenn wir uns klarmachen, dass vom viel gepriesenen wirtschaftlichen Wachstum volkswirtschaftlich nur 1% der Bevölkerung profitiert[145]. Da dies damals und auch heute vielen Menschen nicht bewusst ist, konnten schon damals wie auch heute kluge Geschäftsleute mit wunderbaren Prospekten in leuchtenden Farben ausmalen, welche Gewinne sich erzielen lassen bei einer Investition. Dies greift Noske in einem weiteren Abschnitt seiner Rede auf:

»...daß eine ganze Menge von leichtgläubigen Menschen in Deutschland ihr Geld verliert, weil sie auf faule Kolonialgründungen hineinfallen. Gegen solche faule Gründungen ein paar Worte zu sagen, erscheint mir durchaus angebracht, weil es bisher nicht geschehen ist. ... einer der bürgerlichen Herren [hier] hat gesagt, das Reich habe nicht die Aufgabe, eine Art von Schutzpolizei für dumme Leute zu sein, die ihr Geld riskierten. Es muß bei der außerordentlichen Reklame, die für die Kolonialfragen gemacht wird, auf das Gefährliche der faulen Kolonialgründungen hingewiesen werden, und ich wäre begierig von der Kolonialverwaltung zu hören, welche Maßregeln sie zu ergreifen gedenkt, um mehr als bisher das Publikum vor dem Hineinfallen auf ungesunde Gründungen zu bewahren.

Herr v. Liebert hat sich mit besonderem Nachdruck für die Fortführung der Bahnbauten ins Zeug gelegt. Ich bin der Überzeugung daß die Finanzlage des Reiches und ebenso die der Schutzgebiete nicht gestattet, daß größere Aufwendungen für Eisenbahnbauten über den jetzigen Rahmen hinaus gemacht werden können. Die Kolonien sind nicht in der Lage, höhere Aufwendungen für die Eisenbahnen zu tragen. Ich verweise darauf, daß die Erwartungen, die man auf die Rentabilität der Eisenbahn gesetzt hat, von Anfang an sehr niedrig gesteckt waren. Der jetzige Zustand ist der, daß gerade die Betriebskosten gedeckt werden, während Verzinsung und Amortisation des Anlagekapitals vom Schutzgebiet aufgebracht werden. So deckt z. B. die Zentralbahn Ostafrika lediglich die Betriebskosten. Ob das bei der

---

[145] Quelle: https://www.diw.de/documents/publikationen/73/diw_01.c.575222.de/18-3.pdf

Manengubabahn in Kamerun der Fall sein wird, weiß man noch nicht. Die Usambarabahn hat 1% Verzinsung, die Togobahn 1,8%. Die Regierung sagt übrigens in ihrem Bericht selbst, daß in Kamerun die Bahnbauten die ganze finanzielle Kraft des Schutzgebiets in Anspruch nehmen. Angesichts dieser Feststellungen verstehe ich es einfach nicht, wie ein Abgeordneter nach dem anderen auf die Tribüne steigen und sich ins Zeug legen kann, daß Millionen und Abermillionen für weitere Bahnbauten ausgegeben werden, was unmittelbar zur Folge haben würde, daß erneut die Steuerzahler im Reich belastet werden müßten. ...

Es bleibt dabei, daß der Kreis der Personen, die an der Kolonialpolitik ein Interesse haben, ein beschränkter ist: Händler, Kaufleute und diejenigen Leute, die hohe Gehälter und Pensionen in den Kolonien erwerben wollen.«

Der von Noske erwähnte Abgeordnete Eduard von Liebert war Offizier der Preußischen Armee, in seinen letzten Berufsjahren in Deutsch-Ostafrika eingesetzt, auch zeitweise als Gouverneur. Schon dort fiel er unangenehm auf, da er hohe Steuerlasten ansetzte. Mit nur 53 Jahren wurde ihm als General der Infanterie eine Pension gewährt, in der Folge war er Reichstagsabgeordneter der Reichs- und Freikonservativen Partei. Auch in der Politik setzte er sich für eine höhere Besteuerung der Einwohner in den Schutzgebieten ein, um die Aufwendungen zu decken und Projekte wie den Eisenbahnbau zu finanzieren. In den folgenden Jahren war immer wieder der Ärger über die Steuerzahlungen die Ursache für Unruhen in allen Kolonialgebieten.

Noske erwähnt weiter den Wunsch der Bevölkerung, beispielsweise der in der deutschen Kolonie Togo, nach rechtlicher Gleichstellung gegenüber den europäischen Einwohnern. Dies wurde gemäß Regierungsbericht von der Verwaltung abschlägig beurteilt mit der Betonung des Rassenunterschieds! Der Unmut über die Entscheidung sei aber auf die führenden Kreise der Bevölkerung beschränkt geblieben, die später »*selbst die Unerfüllbarkeit ihres Wunsches einsahen*«, zitiert Noske den Bericht und fügt hinzu, welch törichte Annahme dies sei, denn die vorgegebene Akzeptanz verschleiere den Blick für die tatsächlich vorherrschende Unzufriedenheit:

»Also die Leute haben jetzt schon das Gefühl, unterdrückt zu sein und lehnen sich dagegen auf....

...aber die vorhandene Unzufriedenheit bei den führenden Kreisen der Eingeborenen wird sich auf die Dauer nicht auf diese Kreise beschränken, sondern wird sich weiter ausdehnen und es wird gar nichts weiter übrigbleiben, als mit der Zeit den Eingeborenen zunächst vielleicht ein beschränktes Recht, später aber ein vollständig gleichberechtigtes Bestimmungsrecht zuzugestehen. Die Regierung sagt selber in ihrem Bericht von 1909, daß diese Rechtlosigkeit der Eingeborenen, der Umstand, daß sie den Christen nicht gleichgestellt werden, wesentlich dazu beitrüge, daß der Islam so außerordentlich rasch an Verbreitung gewinnt. ... In allen englischen Kolonien gibt man den Schwarzen ein gewisses Mitbestimmungsrecht. In unseren deutschen Kolonien wird nach den Unterdrückungsgrundsätzen, die auch bei uns im Lande gegenüber Ärmeren geübt werden, ein Zustand absoluter Rechtlosigkeit der Schwarzen festgehalten.

Und Noske fügt als Beispiele England und die USA an, wo Schwarze miteinbezogen würden und als Rechtsanwälte, Beamte und Ärzte arbeiten dürften und warnte vor dem Unmut jener, die Kenntnis davon erhielten, dass Schwarze in anderen Gebieten mehr Rechte erhielten. Auch wenn Noske in seiner Rede die besseren Möglichkeiten der Schwarzen in England und den USA zur damaligen Zeit, und das gilt leider bis heute, sicherlich zu positiv darstellt, muss man dennoch seiner Warnung zustimmen.

Die Folgen seien an den wiederholten Unruhen zu sehen, über die jedoch in den Regierungsberichten nur mit dürftigen Worten hinweggegangen werde:

»Nun die Verwaltung hat ja in der Regel auch allen Anlaß, den Mantel christlicher Nächstenliebe über die manchmal grausigen Sachen zu decken. ...

... daß die wiederholten Aufstände in Kamerun in der Hauptsache der niederträchtigen Art zu verdanken sind, mit der man hauptsächlich im Süden mit den Eingeborenen umgesprungen ist. Es ist festgestellt worden, daß die Händler sich dadurch Träger zu verschaffen suchten, daß sie die Weiber der Eingeborenen gefangen genommen haben, um auf diese Weise die Männer zu Arbeit willfähriger zu machen. ...die Eingeborenen werden von der Regierung gedrängt, Steuern zu zahlen, sie werden zu unentgeltlichen Wegebau herangezogen; das ist eine wenig kluge Härte. Dann wird gesagt, die Eingeborenen sind noch nicht so weit, um zu verstehen, wofür sie Geld bei der Steuerzahlung hinzugeben haben. Sie sollen Wege in das Gehölz schlagen, Brücken anlegen und dann sollen sie dazu außerdem bar

Geld zahlen. Das sei eine Maßregel, die ihnen nicht in den Kopf reingehe, was auch durchaus verständlich ist.«

Noske mahnt weiter, dass höhere Ausgaben für die Bildung nötig wären, weil ein »*reges Streben der eingeborenen Bevölkerung nach Erlangung von Bildung bemerkbar*« wäre und in Kamerun 1/3 der Anmeldungen für die Schulen nicht berücksichtigt werden konnte. Auch würde oft Zwang zu Kinderarbeit auf den Plantagen wegen des Egoismus der Aktiengesellschaften den Schulbesuch verhindern. Dadurch käme es zunehmend zu Konflikten zwischen Pflanzern und den Missionen, die die Schulen betreiben.

»Aber bei all den Aufwendungen, die die Verwaltung in den Kolonien macht, wird man ein bitteres Gefühl nicht los, wie sie immer wieder sich nicht einmal die Mühe gibt, den Anschein zu erwecken, als wenn sie das aus Menschenfreundlichkeit täte und um der Kulturentwicklung zu dienen. Immer wieder gelangt zum Ausdruck, daß die Aufwendungen gemacht werden, weil man lediglich ein Interesse daran hat, die Eingeborenen als Ausbeutungsobjekte für die weißen Ansiedler, Farmer, Händler usw. zu erhalten.«

Noske widmet sich dann dem Drängen der Plantagenbesitzer und Ansiedler nach Zwangsmaßnahmen, um die Bevölkerung zur Arbeit zu bringen. Die humanen Reden der Gouverneure und die amtlichen Berichte stünden im Widerspruch mit der praktischen Politik.

»Wir halten es für unsere selbstverständliche Pflicht, gegen die Versklavung der Schwarzen anzukämpfen...

Das heißt, weil die Neger nicht arbeiten wollten, hat das Gouvernement eine Kompanie Soldaten hingeschickt, die Soldaten haben dann die Neger gezwungen unentgeltlich Wegebau auszuführen und dadurch bei ihnen die Neigung geweckt, bei geringem Lohne auf den Plantagen zu arbeiten, wo sie wenigstens etwas bekamen, nicht ganz umsonst ihre Arbeitskraft zu Verfügung stellen mußten.

Ich sagte, daß in allen Kolonien Zwangsmittel angewendet werden, um die Neger zur Arbeit zu zwingen, oder aber um sie zu veranlassen, zu niedrigeren Löhnen zu arbeiten. Ich habe in der Kommission darauf hingewiesen, daß man in Togo Auswanderergebühren zahlen läßt dann, wenn die Eingeborenen auf englisches Gebiet gehen, um arbeiten zu wollen. Es handelt sich gar nicht um eine Auswanderungsgebühr im wahren Sinne des Wortes sondern ... die Gebühr muß be-

zahlt werden, wenn die Leute auf 3 Monate außer Landes gehen. Das ist eine Maßregel, die das Abwandern von Arbeitskräften erschweren soll. Die Leute werden mit einer Extrasteuer belegt und einer der Kollegen hat auch ganz ungeniert gesagt, es sei ganz natürlich, wir hätten ein Interesse daran, daß diese billigen Arbeitskräfte im Lande bleiben.«

Und Noske fügt unter Hinweis auf den Regierungsbericht von SWA über die Entwicklung der Schutzgebiete von 1909 hinzu:

«...daß sie [die Regierung] die Pflicht darin erblicke, unter allen Umständen Arbeitskräfte für die Pflanzer heranzuschaffen. Weil Arbeitermangel herrscht, wurde auf noch im Felde lebende Eingeborene regelrecht Jagd gemacht, um sie zur Arbeit zu zwingen. Man hat die Buschleute eingefangen. Dann wird allerdings gesagt, daß diese Maßregel keinen rechten Erfolg gehabt habe. ›Soweit sie auf Farmen verteilt und keinem Polizeizwang mehr unterworfen sind, werden sie nach kurzer Zeit wieder flüchtig.‹, heißt es amtlich. Also erst eine Art Menschenjagd und Polizeizwang, um den Farmern die Leute wie Stücke Vieh zuzuweisen - allerdings nicht mit dem gewünschten Erfolg, weil die Leute wieder davonlaufen.«

Die Zwangsmaßnahmen würden aber auch dazu führen, dass die Eingeborenen keine Zeit mehr hätten, ihr eigenes Land zu bewirtschaften, um davon leben zu können.

»denn wenn sie ihre Schamba nicht bebauen, würden sie und ihre Familie den Gefahren des Hungers preisgegeben sein. Die Regierung und die Pflanzer können sie vor dieser Hungersgefahr nicht bewahren. Trotz allem geht die Regierung dazu über, Zwangsmaßnahmen in den verschiedensten Kolonien anzuwenden, damit Arbeitskräfte auf den Plantagen vorhanden sind.«

Noske erwähnt dann die umstrittene Eingeborenenverordnung, die der Gouverneur von Südwestafrika Lindequist 1908 erlassen hatte. Darin wurde den Herero der eigene Land- und Viehbesitz untersagt, ihnen das Tragen von Messingplaketten zur Identifizierung auferlegt sowie das Siedeln regional beschränkt. Ziel war auch die effektive Zerschlagung von Stammesstrukturen, damit *»der Farbige unter keinen Umständen in die Schichten der Grundbesitzer der Kaufleute und Handwerker eindringe«*, zitiert Noske einen Zeitungsartikel und fügt hinzu:

»Man ist also vollständig darüber im Klaren, daß die Eingeborenenverordnung ... nichts weiter bezweckt als eine Art Versklavung, wenn auch in modernisierter

Form, eine Versklavung der Eingeborenen, die sie zwingt, unter allen Umständen bei irgendeinem Weißen Arbeit zu suchen. ... zu dieser Versklavungspolitik, die getrieben wird, gehört es durchaus, daß in allen Kolonien, ... förmlich nach Noten geprügelt wird.«

Noske erwähnt dann den seltenen Fall einer Verurteilung eines Weißen wegen Prügelns, der zudem seinen schwarzen Arbeitern monatelang keinen Lohn gezahlt hätte. Der Oberrichter in Kamerun hätte in seinem Urteil festgestellt, dass Prügeln überhaupt verboten sei. Auch dieses Urteil stehe jedoch in krassem Widerspruch zur üblichen Praxis, so Noske.

»Dazu wird nun mitgeteilt: die oberste Kolonialbehörde teilt diese Auffassung [Prügelverbot] nicht.

...unter der Voraussetzung, daß die Ausübung der Züchtigung sich in angemessenen Grenzen hält und nicht gesundheitsschädigend wirkt, steht ihrer Meinung nach der Anwendung des Züchtigungsrechts weder in rechtlicher Beziehung noch aus sonstigen Gründen etwas im Wege.« ...

»Ich glaube mit dem hohen Hause einig zu sein, wenn ich ... erkläre, daß ich tief durchdrungen davon bin, daß wir die Eingeborenen menschlich und gerecht behandeln müssen, nicht nur weil wir dieses unschätzbaren Menschenmaterials zur Nutzbarmachung unserer Kolonien, für unseren Handel unsere Industrie und unsere Landwirtschaft bedürfen, sondern auch von dem höheren und idealeren ethischen Gesichtspunkt aus, daß dies die Würde einer kulturell so hochstehenden Nation wie der deutschen unbedingt verlangt.«

Schließlich wiederholt Noske seinen Apell an die Parlamentarier anhand eines anderen erschreckenden Beispiels: kurz vor Weihnachten 2008 sei es zu einem Todesurteil gegenüber einem Schwarzen und dessen Vollstreckung gekommen wegen Diebstahls.

»Die Eigentumsbegriffe der Neger sind andere als unsere. Wenn die deutsche Verwaltung dazu übergeht, Neger wegen Diebstahls zu hängen, dann bedeutet das einen Rückfall in die Barbarei vergangener Jahrhunderte. Selbst wenn bei Negern Todesstrafe bei Diebstahl gesetzt wäre, bestände die Pflicht der deutschen Verwaltung darin, sie mildere Strafen zu lehren, anstatt Strafen zu verhängen, die dem Rechtsempfinden, das bei uns im Lande gilt, in flagrantester Weise ins Gesicht zu schlagen.«

Auf uns heute wirkt diese ausführliche Darstellung der Situation in den Kolonialgebieten in ihren Einzelheiten erschreckend. Ich habe nur diesen einen Parlamentstag studiert, die Reden der übrigen Abgeordneten waren lange nicht so lehrreich, sondern ebenso dünn, beweihräuchernd und phrasenreich, wie auch heute die meisten Reden im Parlament sind.

Vielleicht hat es damals mehr solcher substanzhaltigen Reden im deutschen Reichstag gegeben, die sich kritisch mit der Kolonialpolitik auseinandersetzten. Die deutsche Geschichtsschreibung erwähnt diese Reden nicht. Dort ergeht man sich fast ausschließlich in der Beschreibung der erschreckenden und herausragenden Ereignisse. Und von der Politik der anderen Kolonialmächte erfährt man erst recht kaum etwas. Wie hatte das alles eigentlich begonnen? Und war das Deutsche Reich tatsächlich raffgieriger als alle anderen?

Kolonialpolitik

Unter der Überschrift Kolonialpolitik werden in Deutschland oft nur die herausragenden Ereignisse hervorgeholt. So hat fast jeder von uns schon von der grausamen Niederschlagung des Aufstands der Herero in Deutsch-Südwestafrika gehört. Die Deutschen machen alles gründlich, auch dieser zutiefst beschämende Eindruck wirkt mit. Aber als wäre damit alles über das Thema gesagt, versiegt jede weitere, nähere Berichterstattung über das Leben in den Kolonien.

Als würden wir nicht wirklich dazu gehören, können so die Ausführenden zu blutrünstigen, barbarischen Tätern abgestempelt werden. Was für grausame Menschen damals! Das Böse gehörte einer anderen Zeit an. Aber natürlich, ja, wir sollten uns unserer Schuld bewusst sein, denn wir sind ja die Nachfahren jener grausamen Menschen. Doch das Thema wird dadurch unbequem und man wendet sich nach der Schuldminute rasch wieder dem Tagesgeschehen zu und wischt das ungute Gefühl damit hinfort.

Erlebnisberichte aus der Kolonialzeit in Form von Büchern gibt es zuhauf. Einer der bekanntesten unter den Autoren ist wohl jener Hans Dominik, der auch in Franz Reuters Aufzeichnungen erwähnt wird. Und wie Hans Dominik waren die meisten Autoren Angehörige der Schutztruppen, die naturgemäß wenig reflektierend und kritisch darüber berichteten. Eine kritische Haltung gegenüber der Kolonialpolitik war auch nicht gerade zeitgemäß in den ersten Jahrzehnten des 20. Jahrhunderts, kam aber durchaus vor, wie die Rede Gustav Noskes zeigt.

Im Gegensatz dazu beleuchten heute Bücher und Artikel in Deutschland die Kolonialpolitik fast beflissen schuldbewusst und eben beschränkt auf wenige herausragende Themen wie den Aufstand der Herero, das ist zumindest mein Eindruck. In einem Forum für Geschichtslehrer[146] fand ich eine genaue und ausführliche Liste mit Empfehlungen, wie über diesen Teil der

---

[146] https://www.geschichtslehrerforum.de/html/kolonialismus.html

Geschichte zu lehren wäre. Eine Vielzahl von Quellen wird genannt, aber sie erschöpfen sich im Großteil eben auf die Niederschlagung des Herero-Aufstands. Man gewinnt den Eindruck, als hätte es deutsche Kolonialgeschichte nur von 1904 bis 1906 gegeben. Die Rolle der Wirtschaft im gesamten Geschehen, eine wesentliche Triebfeder, wird nicht beleuchtet. Ist das einem mangelndem Verständnis für ökonomische Zusammenhänge geschuldet oder gar gewollt? Vielleicht weil man damit eventuell der dargestellten, rein imperialistischen Motivation, die man mühelos auf finstere Machtpolitiker beschränken kann, die Schlagkraft nehmen würde?

Das weitere Schicksal der ehemals deutschen Kolonialgebiete nach Ende des 1. Weltkriegs zum Beispiel unter britischer Verwaltung, später im Britischen Commonwealth mit der Apartheitspolitik der weißen Minderheit über die schwarze Mehrheit wird ebenso wenig behandelt.

Zurück zur deutschen Kolonialpolitik: die Erben derjenigen, die Gewinn aus der Zeit gezogen haben, bleiben gleichfalls bis heute schweigsam. Konzentriert auf Geschäfte und den Stolz auf ihre Vergangenheit wird jegliche Auseinandersetzung mit den dunklen Seiten ausgeblendet.

Es brauchte nun jüngst den Auftrag der Politik, um eine gründliche und öffentlichkeitswirksame Auseinandersetzung zu initiieren. Der Hamburger Senat beauftragte 2014, also fast hundert Jahre nach Ende der deutschen Kolonialpolitik, einen Historiker mit einer Untersuchung. Nach dessen Meinung wäre Hamburg die erste Stadt, die es wage »*an der Geschichte des deutschen Kolonialismus und auch seiner Verbrechen zu rühren.*« Das schreibt der SPIEGEL in seinem Artikel über das Thema.[147] Ob diese Untersuchung ein vollständiges Bild ergeben wird? Es erscheint mir tatsächlich wünschenswert, die Rolle der Kaufleute und Handelsorganisationen eingehender zu untersuchen. Doch gleichzeitig fürchte ich, dass es bei einer gewissen Einseitigkeit bleibt: der Fokus ist gerichtet auf die Verbrechen.

Tatsächlich war bei der Recherche mein Eindruck, dass oftmals Protagonisten der Wirtschaft die treibende Kraft hinter der Kolonialpolitik waren. Sie profitierten von den Schutzverträgen, die ihre Unternehmungen vor Übergriffen schützen sollten. Ursprünglich und formal versprachen diese

---

[147] SPIEGEL GESCHICHTE 12/2016: »Ganz feine Kaufleute«,
    https://www.spiegel.de/spiegel/print/d-143711895.html

Verträge den Einheimischen Stämmen Schutz. Und doch war es von Anfang an eine mehr oder weniger bewusste Illusion und Täuschung.

Handelsgesellschaften oder Handelsunternehmen hatten schon seit den 60erJahren des 19. Jahrhunderts die preußische Politik gedrängt, Schutzabkommen abzuschließen, um ihren Handel mit Afrika zu unterstützen. Bis 1884 war Bismarcks Haltung dem gegenüber eher kritisch und ablehnend, weil er schon weise vorausschauend den volkswirtschaftlichen Nutzen anzweifelte. Und auch Abstimmungen im Reichstag zeugen von Ablehnung.

Erst erneute Bitten des Hamburger Unternehmers Woermann fanden schließlich Gehör, da dieser zunehmend die Konkurrenz durch französische und britische Faktoreien und Handelsgesellschaften befürchtete. Im Grunde war es tatsächlich ein Wettrennen, welche Nation schneller Verträge abschloss und Flaggen hisste. Dies wird auch aus den Aufzeichnungen Franz Reuters deutlich, als er die Konflikte mit den französischen Faktoreien und Verwaltungschefs im ungeklärten Grenzbereich beschrieb. Die Inbesitznahme einer fremden Nation hätte nicht das Aus für die Faktorei bedeutet, dadurch wären aber höhere Kosten durch Zölle entstanden. 1884 wurde also der deutsche Generalkonsul in Tunis, Gustav Nachtigal, von Bismarck beauftragt, Verhandlungen in Kamerun zu führen und ein Protektorat zu errichten. Das Wettrennen gewann Nachtigal vor dem britischen Unterhändler Hewett, der mit dem gleichen Anliegen fünf Tage zu spät eintraf und so England diesmal das Nachsehen hatte.

In den Schutzbriefen wurden privaten Organisationen Handel und Verwaltung der Gebiete übertragen. Im Gegenzug erhielten die indigenen Herrscher ein vages Schutzversprechen sowie eine lächerlich geringe Kaufsumme. Den Häuptlingen war die Tragweite vermutlich nicht bewusst, für sie waren oft allein die Verhandlungen mit den imposanten Weißen ein Prestigegewinn gegenüber ihren Stammesanhängern oder Rivalen. Die Unkenntnis europäischer Rechtsvorstellungen war in den folgenden Jahren auch immer wieder Ursache für Konflikte, wenn die Stämme die Verträge »brachen«, die Vereinbarungen ignorierten.

Doch das Geschilderte ist lediglich der Beginn der deutschen Kolonialpolitik. Diese unterschied sich wenig von der der anderen europäischen Nationen. Spanien, Portugal, England, Frankreich, die Niederlande und auch Belgien waren allerdings schon Jahrzehnte vor Deutschland in Afrika aktiv und hatten sich ihre Einflussgebiete gesichert. England strebte gar mit der »Achse Kairo-Kapstadt« eine lückenlose Nord-Süd-Landbrücke an. Frankreichs Traum verlief von West nach Ost in Form einer Kette von Einflussgebieten vom Niger zum Nil. Schon 1806 hatten die Engländer das Kapland erobert, zwei Jahre später wurde Sierra Leone britische Kolonie. Für Frankreich begann 1830 in Algerien die Kolonisation Afrikas. Die erste europäische Niederlassung, holländisch-ostindisch, befand sich seit 1652 in Südafrika. Um 1880 setzte dann ein wahrer Run auf die Gebiete Afrikas ein.

War Afrika lange Jahre als »Exportquelle für Sklaven« attraktiv gewesen, hatte der Kontinent nach dem Verbot des Sklavenhandels zunächst an Bedeutung verloren. Die zunehmende Industrialisierung ließ dann aber die Nachfrage nach Palmöl, Erdnusskernen und bald vor allem Kautschuk stark ansteigen. Deutsche Kaufleute und Fabrikanten, aber auch Wissenschaftler vermissten durch Bismarcks ablehnende Haltung national gebündelte oder politische Unterstützung für ihre Ziele. Ab 1873 bildeten sich zu diesem Zweck Vereinigungen, um verbesserte Bedingungen zu erreichen. Im »*Centralverein für Handelsgeographie und Förderung deutscher Interessen im Auslande*«, 1878 in Berlin gegründet, waren neben Kaufleuten noch Geographen, Statistiker und Redakteure, wenn auch in der Minderheit, vertreten. Die Dominanz hatten jedoch eindeutig Geschäftsleute, als die Vertreter von Exportinteressen. Ziel war es, deutsch-parlamentarische Körperschaften und Regierungen zu gewinnen, um die Zahl der deutschen Kolonien zu vergrößern. Der »*Westdeutsche Verein für Colonisation und Export*«, 1881 in Düsseldorf gegründet, vereinigte dann Vertreter der Schwer-, Textil und Konsumgüterproduktion sowie der Fertigwarenproduktion und des Bankwesens von Rheinland und Westfalen. Schließlich bündelte der »*Deutsche Kolonialverein*«, 1882 in Frankfurt a. M. gegründet, dann schon Vertreter ganzer Industrieverbände.

Der zunehmende Druck zeigte 1884 Wirkung: Bismarck lud aufgrund des wachsenden Konfliktpotentials der Kolonialmächte untereinander Vertreter von Österreich-Ungarn, Belgien, Dänemark, Frankreich, Großbritannien, Italien, Niederlande, Portugal, Russland, Spanien, Schweden-Norwegen, der USA und des Osmanischen Reichs zur Konferenz nach Berlin. Auf friedlichem Wege sollten allen Teilnehmern »passende Tortenstücke« zugeteilt werden. Vertreter der betroffenen Afrikanischen Staaten waren nicht zugegen, wobei es solche im eigentlichen Sinne nicht gab, sondern eher Siedlungsgebiete einer Vielzahl von unterschiedlichen Stämmen. Aber auch King Bell oder King Akwa, Häuptlinge der Duala, die noch ein Jahr zuvor als Vertragspartner die Schutzverträge für Kamerun unterzeichnet hatten, wurden nicht eingeladen. In der abschließenden »Kongoakte« wurden dann im Februar 1885 in 38 Artikeln die jeweiligen Einflussgebiete, festgeschrieben und vieles mehr geregelt, ohne Blick auf die jeweils dort vorhandenen kulturellen und ethnischen Gegebenheiten. Das Verbot des Sklavenhandels erscheint darin nur wie ein humanitärer Anstrich. Im Wesentlichen ergibt die damalige Aufteilung, ungeachtet der Stammes- und Völkergebiete, auch die noch heute gültigen Staatsgrenzen der Afrikanischen Länder, ein Umstand der, unter anderen, Ursache der heutigen Konflikte ist.

Allerdings hatten damals die einheimischen Bevölkerungsgruppen durchaus auch Interesse und Nutzen am Kontakt und den sich entwickelnden Handelsbeziehungen. Sie stellten ihre Arbeitskraft zur Verfügung, verkauften Lebensmittel an die Expeditionen und erhielten dafür im Gegenzug den begehrten Branntwein, europäische Konsumgüter und vor allem europäische Waffen, die sehr beliebt waren. Schon vor Beginn der deutschen Kolonialisierung gehörten Gewehre und Munition zu den Haupthandelsobjekten. Dank des folgenden massenweisen Imports durch europäische Händler verfügte wenig später bereits nahezu jeder erwachsene Mann in einem Stamm über ein Steinschlossgewehr [*siehe Anm. 139*]. Zynisch erscheint dabei auch der Umstand, dass eben diese Waffen bei Anzeichen von Unruhen und Rebellion durch die jeweiligen Kolonialtruppen umgehend eingezogen wurden. Strafgefangene wurden dann im Anschluss zu Arbeiten herangezogen und sogar Entschädigungszahlungen festgesetzt.

Über lange Jahre gab es aber auch nicht wenige Beispiele harmonischer Zusammenarbeit, so erscheint es zumindest und so beschreibt es auch Franz Reuter, ungeachtet der Tatsache dass die Bilanz des »Austauschs« nicht unbedingt als fair anzusehen ist. Doch auch heute ist es so: wenn Einigkeit da ist, wird der Handel besiegelt, egal ob einer der Teilnehmer am Ende übervorteilt wird.

Es prallten unterschiedliche Vorstellungen aufeinander: hier die europäischen Mächte mit ihren Rechtsvorstellungen, die heute oft genug auch gebogen erscheinen, weil sie trotz der Verträge die einheimische Bevölkerung zu dominieren versuchten und jede kleinste Zuwiderhandlung hart bestraften. Auf der anderen Seite die Stammesverbände, zunächst offen und bereit für Handel mit den Europäern, ohne allerdings Vorstellungen von der Tragweite der unterzeichneten Verträge zu besitzen.

Wenn also eine Faktorei einen direkten Handelsverkehr mit einer lokalen Gemeinschaft aufnahm unter Umgehung der mittlerweile etablierten Handelsketten, regte sich Unmut der davon beeinträchtigten Stämme. Diese errichteten Handelssperren, zudem kam es zu Vertreibungen und Zerstörungen der Faktoreien. Strafmaßnahmen in Form von Vertreibungen und Zerstörungen ganzer Dörfer durch die Schutztruppen waren die Folge. Die Besatzungsmacht fühlte sich dabei vollkommen im Recht und betrachtete die Aktion als Disziplinarmaßnahme, ein Exempel zur Unterwerfung. Das gewünschte Ergebnis: eine Erklärung der bedingungslosen Unterwerfung durch die übrigen Headleute. Diesen wurden zudem Sühneleistungen auferlegt: sie mussten Strafarbeiter stellen und Entschädigung in Form von Elfenbein und Kautschuk zahlen. Profiteure der Aktionen waren die Stämme, die die besseren Handelsbeziehungen aufgebaut hatten, aber auch jene, die angestellt worden waren, die Strafexpeditionen mit zahlreichen Kräften zu unterstützen. Allerdings waren auch sie nur so lange im Vorteil, bis sie selbst wieder durch andere Stämmen vom Handel ausgeschlossen wurden.

Zu Beginn der deutschen Kolonialisierung Kameruns gab es in einzelnen Fällen sehr brutale Maßnahmen zur Unterwerfung bis hin zu Exekutionen oder Dominierung in Form von sexuellem Missbrauch. Bekannt wurde dies dann aufgrund des nachfolgenden Aufstands, dessen Unterwerfung in der Folge die deutsche Öffentlichkeit erreichte. Schon in diesen Jahren entstand in der Folge in der deutschen Heimat eine breite Kritik am Kolonialismus, sodass im Reichstag die strafrechtliche Verfolgung von Missbrauch der Amtsgewalt gefordert wurde und neue Rechtsgrundlagen dafür 1895 geschaffen wurden. Der Gouverneur musste seinen Hut nehmen.

Teilweise wurden die Aufstände auch genutzt, um Land zu enteignen, das dann zu Regierungsland erklärt wurde. Die betroffenen Stämme wurden danach in »herrenloses« Gebiet vertrieben. Ziel war die Erschließung von Land für Pflanzungsaktivitäten und Plantagenbetrieb und die Nutzung der großen Zahl der Bewohner als Arbeitskräfte. Wichtig war auch, dass die Wege für den Gütertransport und die Migration der Arbeitskräfte militärisch gesichert waren.

In einem Fall wurde nach Unruhen vermeintlich großzügig von Strafzahlungen abgesehen, allerdings nur, weil die nötigen Arbeitskräfte für die Wiederherstellung der Dörfer und Farmen benötigt wurden, die als Lebensmittellieferanten für den Karawanenverkehr wichtig waren.

Aber empfangen wir nicht auch heute Nachrichten dieser Art? Wie ist das in Ländern Südamerikas, wenn Land der indigenen Stämme enteignet wird, die Bevölkerung vertrieben wird aus ihren Dörfern, weil das Land an große, landwirtschaftliche Unternehmen verkauft oder verpachtet worden ist. Unterlagen über Eigentumsrechte gibt es kaum, somit gehöre das Land verfassungsgemäß der Regierung und nicht den Stämmen, welch Glück! Und kennen wir solche Berichte heute nicht auch aus Afrika von den großen Rosen- oder Gemüseplantagen, auf denen dann die Einheimischen Arbeit finden können, ein Umstand, der uns dann als positive Entwicklung verkauft wird. Die beschämenden Arbeitsbedingungen werden allerdings viel zu wenig beschrieben; wie damals wird vor allem durch die beteiligten Unternehmen gerne ein Tuch darüber gebreitet oder eine Sicherheitsfirma verhindert mit rüden Maßnahmen die Recherche der TV-Stationen. Und heute werden die Einheimischen sogar von eigenen Landsleuten vertrieben, die mühelos und korrupt die Methoden von damals assimiliert haben. Und wir sind glücklich über das günstige Gemüse und Obst, die Sojaschnitzel und Tofu-Burger, die man jetzt überall erhält und greifen gern zu bei den billigen Rosensträußen im Discounter.

Doch zurück in die Kolonialzeit. Oft genug profitierten die errichteten Stationen und die umliegenden Dörfer auch voneinander und lebten gut genug zusammen. Die Dorfbewohner stellten ihre Arbeitskraft zu Verfügung, weil die Bezahlung durch die Station gut war. So beschreibt es auch Franz Reuter in seinen Aufzeichnungen, als er Träger für seine Expedition engagierte und sich einige in die Gruppe hineinmogelten. Die Station oder die

Expedition erwarb Lebensmittel und auch Baumaterialien, die Dorfbewohner erhielten dafür Zugang zu europäischen Produkten. Später kippte die Zusammenarbeit durch Zwangsrekrutierungen zu Arbeitsmaßnahmen und der Auferlegungen von Steuerabgaben und Strafmaßnahmen. Vielleicht sind hier auch die Gründe zu suchen, warum Franz Reuter dann von den Baturi überfallen worden ist. In der Nähe hatte es Konflikte zwischen ihm und Häuptling Zappa gegeben, wie er am 23.02.1908 berichtet hatte.

Wie auch heute waren zahlungskräftige Unternehmer und Bankiers in der Lage, Zusammenschlüsse von Handelshäusern und Unternehmern zu begründen, um große und machtvolle Gesellschaften zu bilden. Schon 1898 wurde mit Beteiligung deutscher und belgischer Unternehmer die »Gesellschaft Süd-Kamerun« gegründet, an der auch Adolf Woermann mit seiner Schifffahrtslinie beteiligt war. Bald verfügte die GSK über 15 Faktoreien und Handelsposten. Mit dem Verfall der Kautschukpreise wurden Plantagen aber auch verlassen und der Verwahrlosung preisgegeben.

Maßnahmen zur nachhaltigen Verbesserung der Infrastruktur wurden nur insofern vorgenommen, wie es der GSK von Nutzen war, so die Schiffbarmachung von Njong und Dume. Eine Arbeit, zu der allerdings auch die Schutztruppen auf ihren Außenposten ihren Beitrag leisteten, auch wenn sie die Arbeit »nur« anordneten und überwachten. So berichtete es auch Franz Reuter, als er über die Aufgaben auf seinem Posten Dume-Mündung erzählte. Die eigentliche Arbeit musste jedoch, wie immer, von Einheimischen geleistet werden, auch wenn Franz Reuter sicher auch teilweise eigenhändig mit anpackte.

In Kamerun gab es die verschiedensten Ethnien mit unterschiedlichen Herrschafts- und Gesellschaftsstrukturen sowie allein drei große Sprachfamilien. Im Norden und Osten des Landes, dort wo auch Franz Reuter seinen Dienst leistete, waren die Gbaya die zahlenmäßig größte Gruppe. Sie gehören zur islamisch geprägten Adamawa-Gruppe, auch wenn sie sich nur oberflächlich zum Islam bekannten, hatten sie jedoch die Sitten der Norden eingewanderten Haussa adaptiert.

Wanderbewegungen und auch Vertreibungen hatte es schon vor der Kolonialzeit durch Konflikte der einzelnen Stämme untereinander gegeben.

Später kam es auch zu umfangreicher Migration aus benachbarten, französischen Gebieten aufgrund von Repressalien durch die dortige Verwaltung. Davon wird in Schreiben an das Reichskolonialamt berichtet, ebenso vom brutalen Vorgehen des französischen Verwaltungschef Dupont, das wohl die Ursache bildete. Genau jener Dupont, mit dem auch Franz Reuter seine Schwierigkeiten hatte, wie er in seinem Tagebuch erzählte.

Die spätere Oberhoheit der deutschen Besatzung wird auch deutlich an der Handhabung der Gerichtsbarkeit im Laufe der Zeit. Bei den Expeditionen, vor allem zu Beginn der Kolonialisierung, kam es allerdings eher zu willkürlicher Rechtsprechung und lag gemeinsam mit der Ausführung in einer Hand: dem Expeditionsleiter. *»Berechtigt Afrikaner zu bestrafen, fühlte sich so ziemlich jeder, der irgendetwas zu befehlen hatte, und das war praktisch jeder Beamte und Offizier.«*[148], gibt Florian Hoffman in seinem Buch ein Zitat wieder. Zu Beginn der Verwaltung 1891 wurde noch angeraten, bei Zivilstreitigkeiten nur eine Mittler-Roller zu übernehmen und das Gouvernement empfahl: *»gute Beziehungen zu den umwohnenden Eingeborenen zu pflegen und sich schon aus diesem Grunde jeder Einmischung in deren Angelegenheiten zu enthalten.«*[149]. Für Streit- und Zwischenfälle zwischen Deutschen und Einheimischen galt ab 1879 ein Gesetz über die Konsulargerichtsbarkeit, auch Gegenstand des Unterrichts im Orientalischen Seminar, das Franz Reuter zur Vorbereitung besucht hatte.

Teilweise wurde später die Rechtsprechung den Stämmen auch entzogen, auf das zuständige Bezirksamt oder auch beschämend auf ein benachbartes Dorf übertragen, teilweise wurde Unterstützung bei der Schlichtung in Streitfällen auch von den Stämmen selbst gesucht. Bald gab es feste wöchentliche Gerichtstage, so wie es auch Franz Reuter erwähnt. Sein Kamerad Wegelin berichtete später über *»eine geradezu beängstigende Ausdehnung«* der beanspruchten Rechtsprechung[150]. Durch eine Erhöhung der Gebühren versuchte man dann die Zahl der Verfahren zu steuern. Aber auch

[148] Gotthilf Walz: »Die Entwicklung der Strafrechtspflege in Kamerun unter deutscher Herrschaft 1884-1914« (Beiträge zur Soziologie Afrikas) Freiburg 1981
zitiert nach F. Hoffmann
[149] Kaiserliches Gouvernemnt an Rittm. Frhr. v. Gemmingen, 31.12.1892,
zitiert nach F. Hoffmann
[150] Oblt. Wegelin, Halbjahresbericht 1908, BArch. Berlin R, zitiert nach F. Hoffmann

Eingeborenen-Schiedsgerichte wurden bereits ab 1892 eingesetzt mit sorgfältig ausgewählten, nach Ethnien paritätisch ausgeglichenen Mitgliedern. Das waren dann Headmen und andere Autoritätspersonen, die mit dem Richteramt nicht nur an Autorität gewannen, sondern auch durch die Gebühren zusätzliche Einnahmen hatten. Grundlage bildete das lokale, afrikanische Recht, später gewannen europäische Rechtsvorstellungen zunehmend Einfluss durch die machtvollere Stellung örtlicher Verwaltungen. Im Laufe der Zeit waren es die Stationsleiter, die bald alle wichtigen Herrschaftsfunktionen ausübten und so die Headmen als Autorität einschränkten und ins Abseits drängten. Ein Umstand, der sicher auch zur Quelle von Rebellion geworden ist.

Die Zunahme der Verwaltungsstrukturen bescherte den Orten, die eine Station beherbergten, aber auch einen Bedeutungs-Aufschwung, der teilweise bis heute anhält. Noch heute werden dort die damals errichteten Post- oder Stationsgebäude genutzt. So besitzen auch heute noch Abong-Mbang, Sangmélima, Batouri, Lomië und auch Doumé zentrale Bedeutung in ihrer Umgebung.

Wenn wir heute von den deutschen Schutz- oder Kolonialtruppen sprechen, dann sind nur die wenigsten davon Deutsche gewesen, diese natürlich in den oberen Rängen. Florian Hoffmann beziffert ihre Zahl für 1906/07 auf insgesamt 149, davon neben dem Kommandeur 44 Offiziere, 15 Sanitätsoffiziere als Ärzte, 44 Unteroffizieren und 18 Sanitätsunteroffiziere. Der größere Anteil mit etwa 1300 waren angeworben aus anderen afrikanischen Gebieten.

Dass diese in den Dienst gezwungen worden sind, wie oft behauptet, ist nicht richtig oder allenfalls in Einzelfällen vorgekommen. Vielmehr erhielten sie eine mehrwöchige Ausbildung und wurden zunächst für 3 Jahre Dienstzeit verpflichtet.

Doch Deutschland besaß im Vergleich zu den anderen europäischen Kolonialmächten ein eher kleines Kontingent. Belgien hatte hingegen für seinen Kongostaat 1904 bereits über 500 europäische Offiziere und Unteroffiziere und 13.000 Afrikaner eingesetzt und auch das italienische Kontingent in Abessinien, das portugiesische in Angola, sowie die britischen und französischen Kolonialarmeen waren zahlenmäßig weitaus größer aufgestellt als die Deutschlands.

Größere Diskussionen gab es dabei um die Wahl geeigneter Herkunftsländer für die Anwerbung afrikanischer Soldaten. Heute würden gerade die Reden über die Unterschiedlichkeit und die jeweilige Eignung heftige Reaktionen über Rassismus hervorrufen, in der Kolonialzeit erschien jedermann diese Debatte völlig normal. Die deutsche Militärverwaltung zog eine Anwerbung aus anderen Gebieten der aus Kamerun selbst vor, da man verhindern wollte, dass die Soldaten militärisch gut ausgebildet, in ihre Heimatdörfer zurückkehren und so eine künftige Gefahr darstellen würden. Zudem befürchtete man Probleme, wenn diese gegen ihre eigenen Leuten eingesetzt werden sollten.

Die Rekrutierung und Ausbildung trug aber auch dazu bei, dass sich schließlich eine gewisse Elite ausbildete, denn die früheren Soldaten genossen hohes Ansehen und erhielten, protegiert durch die Verwaltungen, auch Führungspositionen in ihren Heimatgebieten. Auf diese Weise veränderte die Kolonialisierung auch die Sozialstrukturen der afrikanischen Länder.

Liberia bildete damals eine Sonderstellung unter den Gebieten Afrikas und eine der Hauptquellen zur Anwerbung von Arbeitern, da diese als Arbeitskräfte sehr begehrt waren. Das Land wird heute gerne als das einzige Land Afrikas neben Äthiopien angeführt, das nie kolonialisiert gewesen sei. Doch wenn man genauer hinschaut, erkennt man die Mogelpackung, die uns hier verkauft wird. Das ist allein schon an der Flagge erkennbar, die auffällige Ähnlichkeit zu der der USA zeigt. Der erste Präsident Liberias ist zwar von schwarzer Hautfarbe, stammt aber aus Virginia, USA, und trägt einen englisch lautenden Namen.

Bei der Gründung Liberias spielt die »American Colonization Society« eine nicht unwesentliche Rolle. Diese Vereinigung wurde 1816 von Vertretern der weißen, amerikanischen Oberschicht in den USA gegründet, um freien Schwarzen und ehemaligen Sklaven eine Heimkehr nach Afrika zu ermöglichen. Klingt gut. Die wahren Beweggründe waren, die zunehmende Anzahl von Schwarzen aus den USA hinauszubefördern und vor allem in Afrika einen Brückenkopf für amerikanische und britische Händler für den Rohstoffhandel zu etablieren. Zwei der fünf Gründungsmitglieder jener Organisation, James Monroe und Andrew Jackson, wurden einige Jahre später Präsidenten der USA. Und der Kongress war auch eiligst bemüht, der Vereinigung großzügig finanzielle Unterstützung zu bewilligen. Damit konnte 1822 aus der britischen Kolonie Sierra Leone (!) ein Stück freigekauft werden, um das Ziel eines neuen Staates zu verwirklichen.[151]

Obwohl sich Liberia bereits 1847 als einer der ersten Staaten Afrikas für unabhängig erklärte, wurde es von den USA erst 1862 anerkannt. Das Schein-Kolonialprojekt drohte bald zu scheitern, bei der Kongokonferenz 1884 konnten die USA die vollständige Annexion durch Frankreich gerade noch verhindern, ein Teil wurde jedoch an Frankreich abgetreten. Doch schon 1926 gelang es den USA, ihren Einfluss gewinnorientiert festzuschreiben: zwei US-amerikanischen Reifenherstellern wurde ein Teil des Staatsgebietes für 99 Jahre überlassen. In der Folge entstand dort die größte Kautschukplantage der Welt![152]

Die Liberianische Regierung sah die Anwerbungen durch andere Kolonialmächte nicht gerne, da so Arbeitskräfte im eigenen Land fehlten. Teilweise wurden diese mit Kopfgeldern unter der Hand angeworben, die Anwerbeprämie allerdings den Arbeitern später vom Lohn natürlich wieder abgezogen.

Im Laufe der Recherche erhielt ich zunehmend den Eindruck, dass bei der Kolonialisierung das Militär ein willkommener Erfüllungsgehilfe für die profitorientierten Vorstellungen der Wirtschaft gewesen ist. Es waren die Armeekräfte, die die Gebiete mit Expeditionen erschlossen, für befahrbare Wege und Flüsse sorgten, Stationen errichteten und sich einsetzten für die Sicherheit der Faktoreien. Allerdings wurde die eigentliche Arbeit als Rodung oder Wegebau entweder durch Strafgefangene geleistet, oder durch Stationsarbeiter, von umliegenden Dörfern gestellt. Diese erhielten dann auch eine Entlohnung. Für all diese Kosten wurden nicht wenig Steuermittel aufgewendet.

Auch für die wissenschaftliche Datenerhebung arbeiteten die eingesetzten Soldaten. Nicht wenige taten dies auch aus eigenem Interesse, so war es auch bei Franz Reuter. Die Schutztruppler brachten umfangreiche Sammlungen von Pflanzen- und Tierpräparaten, Kunst- und Kulturgüter

---

[151] Quelle https://de.wikipedia.org/wiki/American_Colonization_Society
[152] Quelle: https://de.wikipedia.org/wiki/Liberia

mit, die in der Folge Grundlage von Artikeln in der Fachliteratur bildeten. Die oft später veröffentlichten Erinnerungen mancher Soldaten galten mit ihren Beschreibungen der einheimischen Bevölkerung als durchaus denen von Ethnographen ebenbürtig, da sie noch unverfälschten Kontakt und Einblick erhielten. Auch Franz Reuters Sammlungen gelangten wie im letzten Abschnitt erwähnt, schließlich zu Berliner Museen und sind teilweise noch heute dort zu besichtigen.

Nachdem wir jetzt mit all dem Wissen schuldbewusst den Kopf gesenkt haben, was auch in jedem Fall angebracht ist (!!), sollten wir uns danach allerdings auch vor Augen führen, dass nicht nur die Deutschen mit ihrer Kolonialpolitik schwere Schuld auf sich geladen haben. In allen anderen Gebieten Afrikas sah es keineswegs anders aus!

Dieses Kapitel ist eigentlich nur beiläufig entstanden, durch meine Recherche über die Hintergründe der Kolonialgeschichte. Es war für mich ein Glücksfall, dass Florian Hoffmann seine Dissertation darüber verfasst hat. Eine ausschließlich eigene Suche nach Quellen wäre viel zu aufwendig gewesen. Seine so gründliche Auseinandersetzung lässt die Frage offen, ob diese Art der Aufarbeitung auch in England, Frankreich, Italien, den Niederlanden, Portugal, Spanien oder auch Belgien so gehandhabt wird. Gibt es auch dort die verantwortungsvolle Auseinandersetzung mit der eigenen Kolonialvergangenheit? Oder wird nicht vielmehr allzu oft ein verhüllendes Tuch darüber gebreitet?

Nein, ich bin nicht für eine Aufrechnung nach dem Motto, meine Vergehen sind geringer an der Zahl und weniger schwer als deine. Es gibt auch nicht ein Land, eine Bevölkerung, die grausamer oder kriegstreibender wäre. Wir sind alle Menschen, in jedem von uns ruht ein Impuls, der uns zur Waffe greifen ließe; der ist mehr oder weniger groß. Wir in Europa hatten das Glück, in eine Gesellschaft geboren worden zu sein, die über lange Zeit hinweg humanistische Grundzüge, materiellen und technologischen Fortschritt entwickelt hat. All dies wird uns durch unser Elternhaus, in der Schule und innerhalb unseres Lebens in der modernen Gesellschaft mehr oder weniger vermittelt. Menschen anderer Regionen der Erde hatten nicht dieses Glück oder eben eine andere Herausforderung bei ihrer Geburt.

Die Europäer zur Zeit der Kolonialmächte waren geprägt durch ihre Erziehung. Damals waren Afrikaner seltsame Objekte, die es wert waren, in Ausstellungen angestarrt zu werden. Ihre einfache Lebensweise wurde als unterentwickelt herabgewürdigt und ließ nur den Rückschluss zu, dass jene Menschen dümmer und minderwertiger wären. Den entwickelten Europäern kam es nicht in den Sinn, diese Sichtweise kritisch zu hinterfragen. Vereinzelt hat es das gegeben, so wie es bei Noskes Rede mahnend anklingt. Aber es gab zu wenige, die es weiter kommuniziert haben, verbreitet haben.

Und auch heute gibt es allzu oft die bekannte, einseitige, schuldbewusste Darstellung mit der Konzentration auf die vermeintlichen Täter. Alles das, was daneben stattgefunden hat, vielleicht auch zum Endergebnis beigetragen hat, fällt unter den Tisch, wird selten erwähnt. Es könnte ja auch der vielleicht gewünschten Bilanz das Gewicht nehmen.

Wir alle lassen uns nur allzu gerne leiten von den vorgefassten Meinungen, die uns in der Presse präsentiert werden. Das glauben wir dann und laufen mit im großen Pulk, das ist das Einfachste. Die Recherche und das Denken überlassen wir den anderen, weil die mehr zu wissen scheinen, weil sie es so offensichtlich kundig vortragen. Und dann gehören wir alle mit dazu, zur großen Masse, sind keine Außenseiter oder Rebellen; und gehören auch nicht zu denen, die heute oft als Querdenker herabgewürdigt werden.

Später ist es dann ganz einfach, der gesamten Bevölkerung die Schuld zuzuweisen, als wären alle so gewesen: stumm geblieben und mitgelaufen.

Ein anderes Abenteuer in Kamerun

Achtzig Jahre nachdem Franz Reuter in sein Abenteuer nach Kamerun aufgebrochen ist, reist ein anderer junger Mensch in das afrikanische Land. Im Frühjahr 1987 steigt meine Schwester Kathrin in ein Flugzeug, dass sie nach Douala bringen sollte. In West-Berlin geboren und aufgewachsen, war sie zu dieser Zeit gerade 24 Jahre alt, also nur etwas jünger als Franz Reuter damals mit seinen 26 Jahren.

Dabei sollte es allerdings für meine Schwester viel weniger Abenteuer darstellen als eher eine Zeit voll von tiefer persönlicher Entwicklung. Ihr Plan war es gewesen, als ausgebildete Krankenschwester ein Jahr in dem konfessionellen Hospital dort zu arbeiten. Zwei ganze Jahre wurden daraus und sie hat in dieser Zeit einen Teil des Landes und dessen Bewohner intensiv kennenlernen dürfen. Natürlich hat Kathrin uns in Briefen und später auch direkt viel davon erzählt. Doch nach all meiner Arbeit mit dem Tagebuch und der Recherche dachte ich, es wäre interessant, sie zu befragen nach ihren persönlichen Eindrücken und Begegnungen mit den Menschen dort, auch im Hinblick auf Überbleibsel aus deutscher Zeit, tatsächliche und die in den Köpfen der Einwohner.

Ein kleiner Ausflug mit Erklärungen ist nötig, denn jenes General Hospital Fontem ist ein besonderer Ort.

Es sind die Menschen dort, welche das Hospital betreiben, die es außergewöhnlich haben werden lassen und viele Menschen der gesamten Umgebung mit ihrem Wirken erreichen.

Fontem liegt recht unzugänglich im bergigen Regenwald des Südwestens von Kamerun, in der Region Lebialem, 220km nördlich von Douala. Die nächste größere Stadt ist das 40km entfernte, östlich gelegene Dschang. Die dort lebenden Bangwa sind eine von vielen Bevölkerungsgruppen in Kamerun. Obwohl die Sprache Ngwa sie eint, gibt es zwischen einzelnen der insgesamt 9 Chiefdoms der Region Verbindendes aber auch trennende

Unterschiede, sodass sie kein letztlich einendes Gruppengefühl besitzen, dass sie zu einem »wir Bangwa« führen würde. So beschreibt es Robert Brain in seiner Arbeit von 1967[153].

Die Bangwa haben seit ihrer ersten Begegnung mit Europäern einige gute, aber auch erschütternd schlechte Erfahrungen gemacht. Gustav Conrau war 1898 der erste Deutsche, der Kontakt zum Fon von Fontem als Chief der bedeutendsten Gruppe erhielt[154]. Conrau, als Kaufmann, und Asunganyi, der charismatische Fon hatten nicht nur viel Sympathie füreinander, sondern strebten nach der ersten Begegnung bald eine enge Handelsbeziehung an. Für den Fon war es eine Möglichkeit, noch größere Bedeutung zu erlangen durch die direkte Handelskette und die europäischen Waren auf seinem Markt. Conrau hingegen konnte dort nicht nur seine Waren absetzen, sondern auch Männer als Arbeitskräfte gewinnen, die er auf Plantagen im Süden Kameruns mitnahm. Der hoffnungsvollen Verbindung beider folgte leider kein Glück: es kam zu einem Konflikt als Conrau ein Jahr später, entgegen der Vereinbarung, ohne die Männer zurückkehrte. Gründe hierfür nennt Brain nicht, sicherlich sind einige von ihnen aufgrund von Unfällen oder Krankheiten gestorben. Andere mögen der besseren Verdienstmöglichkeiten wegen der neuen Heimat den Vorzug gegeben haben. Der Fon und die Bangwa hingegen fühlten sich getäuscht. Obwohl Conrau und Asunganyi sich bemühten, den Konflikt zu beenden und die Hintergründe aufzuklären, kam es auch durch Missverständnisse zu einem Gefecht, bei dem sich Conrau schließlich mit seiner letzten Kugel erschoss.

Die Nachricht von Conraus Tod, dessen Umstände lange unklar blieben, führte dann zu einer Strafexpedition durch die deutschen Schutztruppen unter Hauptmann Bernhard von Besser. Die Brutalität des Vorgehens wird in dessen eigener Schilderung in seinen Berichten deutlich:

»Der materielle Schaden ist durch Niederbrennung sämmtlicher Dörfer, deren Hütten mit der allergrößten Sorgfalt gebaut waren und gewissermaßen Kunstwerke

---

[153] *Robert Brain* (1967). »THE BANGWA OF WEST CAMEROON« (PDF). University College;

[154] Fon ist der Titel des Chiefs einer regionalen Gemeinschaft in Teilen Kameruns. Im Südwesten gilt der Fon von Fontem zugleich als der Chief über die benachbarten Fons mit ihren Gemeinschaften.

sind, ein sehr großer, zumal auch viel Groß- und Kleinvieh vernichtet ist«[155]. Mitte März 1900 wurden weitere 40 Dörfer niedergebrannt. Bei den nachfolgenden Friedensverhandlungen mit der erzwungenen Anerkennung der deutschen Oberhoheit durch Chief Asunganyi wurden außerdem noch Entschädigungszahlungen der Bangwa vereinbart. Die Stellung von Strafarbeitern wurde jedoch auf Bitte von Asunganyi ausgeschlossen, im Vertrag kommentiert mit: »*der ungemein großen Verluste der Bangwa wegen*«[156]. Das Vorgehen von Bessers blieb allerdings nicht folgenlos, es wurde harsch kritisiert in Deutschland, er wurde aus Kamerun abberufen und zurück in der Heimat gerichtlich verurteilt. Indes war seine Festungshaft auf wenige Monate beschränkt, danach wurde er mit einer Pension aus dem Militär verabschiedet.

In den folgenden Jahren kam es immer wieder zu Unruhen und nachfolgenden Strafexpeditionen unter hohen Verlusten der Bangwa, bis 1904 dann Asunganyis Sohn und sein Bruder dem stellvertretenden Gouverneur ihre Unterwerfung unter deutsche Verwaltung erklärten. Häuptling Ansunganyi hatte sich in den Busch geflüchtet und hielt sich jahrelang dort verborgen.

Nach der deutschen Niederlage in Kamerun 1915, während des ersten Weltkriegs, übernahmen Briten die Verwaltung der Region. Asunganyi kehrte zurück, bestieg nach Konflikten mit seinem Sohn erneut den Häuptlingsthron und nahm wieder seine einflussreiche Stellung ein bis er 1952 starb. Er wurde zur Ikone für die Bangwa: streng und konsequent, gleichzeitig großzügig. Legendär waren die Festlichkeiten, die er bei jeder Gelegenheit abhalten ließ. Dann gab es Mengen an Fleisch, Yams und Wein für sein Volk. Um jeden europäischen Besucher und auch die benachbarten Chiefs zu beeindrucken, bot er eine Parade der Pferde, ließ seine deutsche Brass-Band spielen, seine Frauen tanzten und mit Schießpulver wurden eindrucksvolle Explosionen erzeugt[157].

Laut Robert Brain war die britische Administration bis zur Unabhängigkeit Kameruns 1961 viel weniger effektiv als die deutsche zuvor.

---

[155] von Besser an Gouverneur Köhler 5.3.1900. BArch, zitiert nach F. Hoffmann
[156] Strümpell an Kais. Gouvernement, 14.12.1900, BArch., zitiert nach F. Hoffmann
[157] Robert Brain, s.o.

Verwaltung und Entwicklung der Gebiete wurden weitgehend den Bangwa selbst überlassen. Wie überall so musste auch Fontem den Weggang vieler junger Menschen verkraften, die in die Städte gingen oder Arbeit auf den Plantagen im Süden suchten, auch um Geld für die hohen Brautpreise zu verdienen, die meist gefordert wurden.

In Fontem gab es eine von Bangwa geführte Grundschule neben einigen anderen Schulen, die von katholischen Missionen unterhalten wurden.

Schon in der Kolonialzeit wurden neben Kaufleuten auch Wissenschaftler vielfach nach Afrika entsandt. Die deutsche Reichsregierung schickte 1906 den berühmten Virologen Robert Koch zu Forschungszwecken nach Ostafrika. In der britischen Kolonie Uganda hatte um 1900 eine Epidemie der Schlafkrankheit etwa 250.000 Menschenleben gefordert. Diese von der TseTse-Fliege übertragene Tropenkrankheit war und ist in Afrika teilweise weit verbreitet und noch immer schwer zu bekämpfen. Nur wenn die Krankheit im frühem Stadium erkannt wird, sind dauerhafte Schäden im Zentralnervensystem und Todesfälle zu vermeiden. Die in Fontem lebenden Bangwa oder Ngwa waren Mitte der 60er Jahre von der Schlafkrankheit und auch durch Malaria so weit dezimiert, dass sie ein Aussterben ihres Stammes befürchteten. Die Kindersterblichkeit betrug alarmierende 80%! Sie wandten sich an den katholischen Bischof der Region mit der Bitte, er möge für sie beten. Dank der langjährigen Arbeit der katholischen Pallotiner Mission mit ihrem ersten Bischof Heinrich Vieter, der in Yaounde noch immer hochverehrt wird, genießt die katholische Kirche mit ihren 4,5 Millionen Gläubigen in 24 Diözesen in Kamerun einen guten Ruf. Die Bitte der Bangwa erreichte über Bischof Peeters aus Kamerun die Fokolar-Bewegung in Rom.

Und schon wieder ist ein Ausflug nötig: die Fokolar-Bewegung ist eine Laiengruppierung, ursprünglich ausgehend vom Katholischen Glauben. In der sorgenvollen Zeit während des 2. Weltkriegs hatte die damals 23jährige Chiara Lubich 1943 diese Bewegung in Italien ins Leben gerufen. Im Zentrum steht dabei das Engagement für Verständigung und ein friedvolles Miteinander. Der Name vom italienischen focoli = Herd soll auf die Wärme und Geborgenheit einer Familie hinweisen, als die sich die Gemeinschaft versteht. Die Worte aus dem Johannes-Evangelium »*Alle sollen eins sein*«[158] wurden zum Leitspruch und verkörpern das zentrale Anliegen nach Einheit aller Menschen und Konfessionen. So fühlen sich mittlerweile weltweit über 2 Millionen Menschen der Bewegung verbunden, 30.000 davon gehören anderen Religionen wie dem Judentum, Hinduismus, Buddhismus oder dem Islam an und 70.000 sind ohne feste Zugehörigkeit zu einer Kirche. Der deutsche Theologe Klaus Hemmerle, der später für die Bewegung zu einer bedeutenden Figur wurde, beschreibt seine Empfindung bei der ersten Begegnung so:

»*Hier wurde in einer neuen und unmittelbaren Weise versucht, die biblische Botschaft von der Liebe zur Grundlage eines buchstäblich gelebten Christentums werden zu lassen ... . Zum ersten Mal habe ich da Gott wirklich erfahren.*«[159].

Wie Klaus Hemmerle haben mittlerweile über 7000 Menschen aller Berufe ihr Leben der Bewegung gewidmet. Sie leben in über 700 Zentren miteinander in 83 Ländern. Bereits 1962 wurde die Fokolar-Bewegung von Papst Johannes XXIII. offiziell anerkannt. Und es folgte eine noch größere Auszeichnung durch den Heiligen Stuhl in Rom: Chiara Lubich erhielt einen Teil des Areals von Castel Gandolfo, der großen Sommer-Residenz des Papstes für ihre Organisation zur Verfügung. Anfang der 80er Jahre wurde dort die frühere Audienzhalle in ein großes Begegnungszentrum umgebaut. Seit 1987 ist die Fokolar-Bewegung als Nichtregierungsorganisation bei der UNO akkreditiert.

Für die Bangwa entwickelte es sich zum einem Glücksfall, dass der Bischof zuvor in Rom Chiara Lubich getroffen hatte, deren Wunsch kannte, das Ideal der Einheit in der Welt zu verbreiten, verbunden mit der Bereitschaft, in Afrika zu helfen. So kam es, dass Bischof Peeters nicht nur der Bitte der Bangwa entsprach, sondern die Not weiterleitete an drei Mitglieder der Fokolar-Bewegung in seiner Region.

Nach der vorgetragenen Bitte der Bangwa schickten die Fokolare sofort drei Ärzte dorthin, die zunächst in einer einfachen Hütte in Fontem lebten

---

[158] Johannes-Evangelium Kapitel 17, Vers 21
[159] Quelle: https://www.fokolar-bewegung.de/seite/klaus-hemmerle

und dort praktizierten, um den Bangwa zu helfen. Nicasio Triolo war einer von ihnen, Abb. 17 zeigt ihn in den ersten Jahren seines Alltag in Fontem. Aber es war rasch klar, dass es mit einer kurzzeitigen Hilfe nicht getan war und eine grundlegendere Unterstützung wünschenswert war. Als das wichtigste Ziel wurde dabei von den Fokolaren formuliert: den dort lebenden Bangwa sollte nur so lange Hilfe gegeben werden, bis sie irgendwann in der Lage wären, das Geschaffene in eigener Regie fortzuführen, sodass das Hospital, Werkstätten und die Schule von Afrikanern getragen werden kann und nicht länger von Weißen.

Während die Fokolare also in den folgenden zwei Jahren einerseits bereits eine erste medizinische Hilfe leisteten, besuchte Chiara Lubich als das Oberhaupt der Fokolare das Dorf in Kamerun und es wurden viele Gespräche geführt mit den Bangwa, um einen Weg für eine noch bessere Hilfe zu finden. Im Januar 1966 war es dann soweit: der Fon, Chief von Fontem, zusammen mit den Subchiefs der Region akzeptierte die ausgehandelten Punkte und stellte gleichzeitig den Fokolaren ein Gebiet zur Verfügung. Nach der ersten Ambulanz in einer Hütte errichteten dann Bangwa und Fokolare in tätiger Gemeinschaft mit einfachsten Mitteln und Bedingungen in den folgenden Monaten das »Mary Health of Africa Hospital Fontem«. Die Fokolare schafften es sogar, ein Kraftwerk für die Stromversorgung mit Hilfe eines Wasserfalls einzurichten. Das Geld für die Errichtung der Gebäude wurde von den Gen[160], den jungen Menschen der Bewegung mit vielen Spendenaktionen gesammelt. Und es brauchte Jahre, bis das Geld für neue Bauten zusammen war. Nach einer kleinen Kapelle in Fontem konnte dann auch endlich 1970 der Grundstein für die Kirche im nahegelegenen Menji gelegt werden.

Es ist nicht irgendeine zweckmäßige Konstruktion geworden, sondern vereint mit ihren drei Dächern sowohl christliches Gedankengut als auch

---

[160] als Gen von New Generation werden junge Menschen in der Fokolarbewegung bezeichnet. Nur die wenigsten davon entscheiden sich für ein Leben für Gott, mit den Fokolaren, wie in einem Orden. Das ist auch nicht das Ziel. Das Ziel der Bewegung wird vor allem durch die Worte »Alle sind eins« charakterisiert, ungeachtet vom Beruf und Lebensweg, den derjenige auswählt. So gibt es auch viele Verheiratete und Freiwillige Fokolare, die ein gewöhnliches Leben mit Familie und Beruf führen, jedoch mit engem Bezug zur Fokolar-Bewegung.

das der Bangwa. Gewöhnliche Häuser der Bangwa besitzen ein Dach, der Palast des Fons verfügt über zwei Dächer. Für den Bau der Kirche ordnete der Fon an: weil die Christen in sein Dorf gekommen seien und sein Volk gerettet haben, darf deren Kirche als das Haus Gottes der Christen drei Dächer tragen. Für Christen wiederum symbolisieren die drei Dächer die Dreieinigkeit von Gott Vater, Sohn und Heiliger Geist. Im Inneren der Kirche erscheint es als ein einziges Dach und zeigt so die Einheit und auch den Leitgedanken der Bewegung: »Alle sind eins«.

Heute hat das Krankenhaus 120 Betten, in denen pro Jahr über 10.000 Patienten behandelt werden und in dem Bereiche von Innere Medizin, über Chirurgie, Geburtshilfe, Gynäkologie, Kinderheilkunde bis hin zu Infektionskrankheiten abgedeckt sind. Auch eine Zahnarztpraxis gibt es und natürlich eine Abgabestelle für Medikamente. Stolz sind sie auf ihre Bemühungen in Bezug auf die Schlafkrankheit: seit dem Jahr 2000 ist kein Fall mehr aufgetreten.[161]

Die kleine Hütte für die erste medizinische Hilfe war der Anfang. Bald gab es auch eine Sekundar Schule, die heute zu den besten in ganz Kamerun zählt und etwa 600 Schüler hat. In der Umgebung werden zusätzlich noch zwei Schulen mit insgesamt über 400 Schülern unterhalten. Und es gibt eigene Bau-, Holz- und Elektrowerkstätten, durch die Gebäude errichtet und ausgestattet werden und auch junge Menschen ausgebildet werden.

Alles braucht Zeit und Geduld, als Kathrin im April 1987 in Fontem eintraf, war erst wenige Jahre zuvor die Maternity - die Geburtsstation - eröffnet worden.

Im Mai 2000 besuchte Chiara Lubich noch einmal Fontem. Während eines besonderen Fests mit einer feierlichen Zeremonie wurde der Präsidentin der Fokolar-Bewegung durch den Fon der Titel »Mafua Ndem« (Queen sent by god) verliehen und sie wurde auf diese Weise in das Volk der Bangwa aufgenommen. Es war ein großes Fest, das vor dem Königspalast stattfand und viele Bangwa waren aus der Umgebung gekommen. Chiara Lubich regte in ihrer Rede an, dieses neue Band zwischen den Fokolaren und den Bangwa möge auch als Motivation dienen für neue Verbindungen gleicher Art zwi-

---

[161] Quelle: https://focolare-fontem.org/about-us/history/dates-and-events/ und http://www.humanitaere-hilfe-ev.de/inhalte/kamerun/fontem.html

schen den einzelnen Bangwa Chiefdoms. Das Ereignis verstärkte in besonderer Weise die Verbindung zwischen dem Fon und Chiara Lubich.[162]

Leider hat sich seit 2016 eine politische Krise in Kamerun entwickelt. Ursache sind Konflikte zwischen dem anglophonen und dem frankophonen Teil des Landes. Kamerun war im Zuge der Kolonialisierung seit Mitte des 19. Jhdt. immer aufgeteilt in Schutzgebiete, jeweils verwaltet durch Briten, Franzosen und Deutsche. Im Marokko-Kongo-Vertrag 1911 erst [*siehe Fußnote 134*] hatte Deutschland, unter Verzicht auf Gebiete in Marokko, einen größeren Teil der französisch verwalteten Gebiete übernommen. Nach Ende des 1. Weltkriegs wurden die Gebiete der ehemals deutschen Kolonie Kamerun im Versailler Vertrag sowohl Frankreich als auch Großbritannien mit einem Verwaltungsmandat im Auftrag des Völkerbunds zugeschlagen, wobei Frankreich über 4/5 des Landes verfügen durfte. Nach Ende des 2. Weltkriegs erfolgte die Umwandlung in Treuhandmandate mit dem erklärten Ziel der künftigen Selbstständigkeit. Der französische Einfluss war schon damals groß zu Lasten der anglophonen Bevölkerung. Nach Auslaufen des UN-Mandats erreichte der französische Teil am 1. Januar 1960 die Unabhängigkeit als Republik Kamerun, während die britischen Treuhandeigner die Entlassung ihrer Gebiete in die Unabhängigkeit zunächst verweigerten, da sie fürchteten, die beiden kleinen Regionen würden sich allein nicht behaupten können. Volksabstimmungen in den britischen Gebieten ergaben im Oktober 1961 dann folgende Lösung: der nördliche Teil schloss sich Nigeria an, der südliche Teil ging als anglophoner Teil in der neuen Föderativen Republik Kamerun auf mit den zwei anerkannten Amtssprachen Englisch und Französisch. Mit angeblich französischer Unterstützung etablierte sich eine eher diktatorische Regierung, die unter Paul Biya ab 1982 nochmals eine Verfassungsänderung bewirkte: seit 1984 gibt es die Republik Kamerun mit acht frankophonen und zwei anglophonen Regionen. Der Präsident Paul Biya, heute 87 Jahre alt, konnte sich seitdem mit einem Einparteiensystem, zahlreichen Verfassungsänderungen, französischer Unterstützung und zunehmender Repression von politischen Gegnern im Amt halten.

---

[162] https://www.focolare.org/en/news/2014/04/10/buon-viaggio-fon-lukas-njifua-re-di-fontem/

2016 schließlich organisierten Gewerkschaften von Anwälten und Lehrern Streiks gegen die wachsende Unterdrückung der anglophonen Bevölkerung. Sie demonstrierten unter anderem gegen die von der Regierung verordnete, fast systematische Vermeidung der englischen Sprache in offiziellen Dokumenten und Verwaltungsakten und die dominierende Etablierung des französischen Schulsystems. Dies alles entgegen der 1961 in der Vereinigungskonferenz vereinbarten Richtlinien[163].

Die Friedrich-Ebert-Stiftung beschreibt im August 2017 in einem Artikel, sogar die frankophonen Bürger des Landes würden Verständnis für die Proteste zeigen, empfänden sie doch gleichfalls die Infrastruktur, Bildungsmöglichkeiten und das System ihres Landes als rückständig[164]. Allerdings erschweren die separatistischen Bestrebungen des anglophonen Teils Kameruns für einen eigenen Staat Ambazonia, die Einigkeit in der Bevölkerung. Eine Abspaltung der rohstoffreichen Region wird die Regierung wohl nie zulassen, zu wertvoll sind die dortigen Erträge an Gold, Eisenerz und vor allem Erdöl. Daher reagiert Paul Biya mit Härte: Tränengas, Wasserwerfer, Verhaftungen bis hin zu Übergriffen des Militärs auf Zivilpersonen, in der Presse des Landes totgeschwiegen[165].

Mittlerweile warnt auch das Auswärtige Amt Deutschlands:

»In den beiden anglophonen Regionen North-West und South-West dauern gewaltsame Auseinandersetzungen zwischen Sicherheitskräften und separatistischen Gruppierungen an, die Todesopfer und Verletzte forderten. Im Januar 2019 wurden in Kumba bei einem Überfall auf einen Bus allein 36 Personen entführt.

Die Straße zwischen Bamenda und Bafoussam darf laut Anordnung der kamerunischen Sicherheitskräfte nur noch im Konvoi mit bewaffneter Eskorte zu festgelegten Zeiten befahren werden.«[166]

---

[163] https://en.wikipedia.org/wiki/Anglophone_Crisis und
https://en.wikipedia.org/wiki/Anglophone_problem
[164] https://library.fes.de/pdf-files/iez/13612.pdf
[165] Quelle: Laura Anyola Tufon, Koordinatorin der »Gerechtigkeit und Frieden-Kommission« des Erzbistums Bamenda über:
https://blog.misereor.de/2019/11/22/kamerun-die-krise-haelt-an/
brennpunktkamerun.org
[166] https://www.auswaertiges-amt.de/de/aussenpolitik/laender/kamerun-

Auch Fontem in der anglophonen Region Süd-West gelegen, erreichten die Unruhen schließlich 2017 und behinderten bald ernsthaft die Arbeit der Fokolare. Um nötigen Druck aufzubauen, behinderten die Separatisten den Schulbesuch der Kinder, sodass schließlich 2018 nur 20% der Kinder die Schulen in Fontem besuchten. Militärische Kräfte erreichten Fontem auf der Suche nach Separatisten. Es kam zu Gefechten auf offener Straße mit Einschußspuren in den Gebäuden und im Hospital stieg die Anzahl der verwundeten Soldaten, die versorgt werden mussten. Man fürchtete daraufhin im Krankenhaus, zur Zielscheibe für den Unmut der Separatisten zu werden, bis dann schließlich das Militär ein eigenes Lazarett einrichtete. Die Fokolarin Anni Lechner, die viele Jahre im Hospital gearbeitet hatte, schreibt in ihrem Bericht auf brennpunktkamerun.org: »*Es war schwierig Lebensmittel von der nächstgrößeren Stadt, wie wir es normalerweise machten, zu besorgen. Nicht nur wegen den Straßenverhältnissen, sondern auch wegen den Wegelagerern oder dem Militär.*«[167]

Der Konflikt hat bislang etwa 3000 Menschen das Leben gekostet, über 500.000 Menschen sind mittlerweile aus der Region geflüchtet.

In Fontem verringerte sich die Zahl der Mitarbeiter ab Januar 2018, da die Situation auch dort zunehmend gefährlicher wurde. Am 31.10.2018 schließlich verließ auch Anni Lechner das Hospital, zurück blieben zehn Einheimische, die versuchen würden, die Arbeit im Zentrum weiterzuführen. Während in vielen Gebieten in der Umgebung Krankenhäuser und öffentliche Gebäude geplündert und niedergebrannt würden, wäre Fontem bisher verschont worden, schreibt sie in ihrem Artikel. Kein Priester wäre mehr dort, geblieben sei den Bangwa vor Ort das tägliche gemeinsame Gebet für Frieden und der Kontakt zu den Menschen der Fokolarbewegung in der Ferne in der Hoffnung auf bessere Zeiten.

---

[167]https://brennpunktkamerun.org/wp-content/uploads/2019/07/Bericht-von-Anni-Lechner-zur-Situation-in-Fontem-Mai-2019.pdf

Ich habe dann kürzlich meine Schwester eingehend in einem Telefonat befragt über ihre Erlebnisse in Kamerun. Kehren wir also jetzt zurück in die Zeit der damals noch friedlichen Jahre 1987 - 1989:

Kathrin:

Wenn man von Fontem und der Arbeit der Fokolare dort erzählt, ist es zunächst wichtig zu wissen: die Fokolare sind im Gegensatz zu vielen anderen nicht dort, um die Menschen zu missionieren! Und das war auch von Anfang kein formuliertes Ziel. Als ich dort war, gab es Missionen anderer Orden in der Nähe. Es gab drei Franziskaner in der Umgebung und 2 - 3 Jeepstunden entfernt gab es spanische Missionare; die unterhielten auch ein Krankenhaus, das ich einmal besucht habe. Eine spanische Krankenschwester, mit der ich dort sprach, sagte mir: »Die Fokolare sind anders als wir hier. Ihr lebt mit den Leuten, ich bin viel zu weit weg von der Bevölkerung hier.« Wir haben also mit den Bangwa viel enger verknüpft gelebt in Fontem. Wir sind ja auch zu denen nach Hause gegangen und haben sie besucht. Martina zum Beispiel versuchte mir das Trommeln beizubringen.

Autorin:

Martina?? War das eine Bangwa? Woher kam denn der europäische Name?

Kathrin:

Dort hatten viele europäische Namen: Esther, Judith oder Rebecca, also religiöse Namen und auch viele französische Namen. Es gab aber auch so seltsame wie Prudentia oder Immaculata. Einer hieß Oneglass. Und es gab, inspiriert von uns, Babys die MissAnita oder DoktorPino, genannt wurden, nach einem unserer Ärzte. Und einige Babys, denen ich auf die Welt half, wurden auch Kathrin genannt.

Autorin:

Wie habt ihr denn gewohnt und wer hat da noch alles zusammen mit Euch gelebt?

Kathrin:

Also da waren zum einen die Fokolare, das sind die, die ihr Leben der Bewegung gewidmet hatten. Das waren Ärzte und Ärztinnen, Handwerker, Lehrerinnen und Lehrer, Krankenschwestern und Priester zum Beispiel. Sie wohnten getrennt nach Frauen und Männern. Weil die Fokolare ja auch zölibatär leben, eben vollkommen in der Bewegung, ähnlich wie in einem Orden. Dann gibt es ja noch die Gen, quasi die, die vielleicht auch in der Vorbereitung auf ein Leben für die Fokolare sind oder freiwillig für eine gewisse Zeit, so wie ich eben. Das waren junge Frauen, etwa in meinem Alter. Natalia kam aus Italien, aber viele kamen auch aus anderen afrikanischen Ländern: aus Kongo, Burundi, Togo oder Angola, alles Länder, wo es schon Fokolare gab. Dort hatten sie also die Bewegung kennengelernt und haben sich dort entschlossen, selbst dieses Leben zu führen. Die Bewegung hat diese Frauen dann, wie das bei den Fokolaren und auch in allen kirchlichen Orden so gehandhabt wird, in Regionen geschickt, wo sie gebraucht werden oder wo es sinnvoll wäre. Und deren Vorbereitung war dann eben auch unser Gen-Haus in Fontem. Bei uns konnten diese Frauen dann auch eine Ausbildung machen. Das war schon auch ein Privileg. Für viele Frauen in Afrika war es nicht möglich, eine Ausbildung zu erhalten.

Die Gen bei uns waren aber auch nicht alles Krankenschwestern oder in der Ausbildung. Manche waren in der Näherei. Dort wurden Vorhänge, Bettwäsche oder auch die Kittel genäht. Die haben dann Nähen gelernt. Oder sie waren in der Schule beschäftigt.

Autorin:

Wie wurde denn das College betrieben? War das schon so groß wie heute?

Kathrin:

Es waren vielleicht so 100 Schüler und etwa 4 oder 5 britische Lehrer, die dort unterrichteten, auf jeden Fall englischsprachige und alle Lehrer kamen aus der Fokolarbewegung. Männer und Frauen. Ich erinnere mich an Charlotte, die Mathematik und Physik unterrichtete.

Autorin:

Gab es auch Schwarze als Lehrer oder einheimische Lehrer?

Kathrin:

Bangwa-Lehrer gab es noch nicht.

Autorin:

Ich habe auf der website der Fokolare in Fontem über die Werkstätten gelesen. Gab es die auch schon, als du dort warst?

Kathrin:

Es gab die Autowerkstatt, die von zwei italienischen Fokolaren betrieben wurde. Sergio, ein anderer italienischer Fokolar, hatte die Leitung der Schreinerei. Er ist auch einmal pro Woche nach Dschang gefahren und hat eingekauft. Dort gab es für uns auch ein Telefon. Fontem hatte vor Ort noch kein eigenes Telefon. Man musste also zum Telefonieren die 40 km nach Dschang fahren, das dauerte etwa 1½ Stunden. Dort gab es für uns eine kleine Hütte, wo man auch übernachten konnte. Dort schliefen auch die Leute, die uns aus anderen Ländern besuchen wollten. Sie kamen dann vom Flughafen in Douala mit dem Buschtaxi nach Dschang. Dort konnten sie sich etwas akklimatisieren, bevor sie dann weiter nach Fontem zu uns fuhren.

Autorin:

Wurden auch Bangwa zu Nurses von euch ausgebildet?

Kathrin:

Ja natürlich. Wir hatten 3 Bangwas, die zu Nurses ausgebildetet wurden. Wobei man anmerken muss, dass keine von uns Krankenschwestern ein Zertifikat als Ausbilderin besaß. Im Gegensatz zu den Leitern der Werkstätten, die als Meister über die offizielle Befähigung zur Ausbildung verfügten. Es gab insgesamt 4 Krankenschwestern aus Europa, die also dort ihre Ausbildung erhalten hatten. Wir wurden dann daher in Fontem als Schichtleiter eingesetzt und die Auszubildenden waren unsere Assistentinnen. Sie erhielten dann neben unserer praktischen Unterweisung eine externe schulische Ausbildung, sodass die Ausbildung auch den Normen entsprach und sie ein anerkanntes Examen machen konnten. Das legten sie dann in einer größeren Stadt offziell ab.

Autorin:

Wie hast Du denn diese Bangwa erlebt als Auszubildende? Und stammten die aus Fontem?

Kathrin:

Ja, natürlich. Sie wohnten in ihrem compound. Das sind vereinzelt gelegene kleine Ansammlungen von Hütten oder Häusern im Busch, in denen alle Anghörigen einer Familie zusammen wohnen. Eine unverheiratete Frau wohnt nicht alleine, sie hat vielleicht eine eigene Hütte, aber immer in dem compound ihrer Familie. Fontem war damals nicht so ein Dorf wie wir es kennen. Es gibt zwar eine größere Straße mit Geschäften oder Ständen. Und drumherum gab es eben weit verbreitet kleine compounds. Die Häuser waren aus Lehmziegeln, die man aus dem Boden gestochen hatte und aufgebaut hat und manchmal auch ein wenig verschmiert hatte, sodass es wie eine Wand aussah. Die meisten Häuser hatten auch kein elektrisches Licht, bis auf die von den Verwaltungsbeamten. Die Regierung in Kamerun hatte jeweils Bezirksregierungen eingerichtet und Beamte so auch nach Fontem geschickt für die Verwaltung. In deren Häusern gab es Licht, sonst nicht.

Autorin:

Wovon leben die Menschen in ihren compounds?

Kathrin:

Viele sind Farmer, sie haben ein kleines Stückchen Land wo sie Yam[168] und Cocoyam[169] und Yuca[170], Bananen und Avocado anbauen. Sie sind also Selbstversorger und verkaufen an den Markttagen auch ihre Ernte. Auch wir haben oft dort unser Gemüse gekauft. Aber es gab auch Bangwa, die für die Regierung gearbeitet haben und einige haben auch bei uns im Krankenhaus gearbeitet.

Autorin:

Wenn du es schätzen würdest, wie viele waren bei Euch angestellt? Und waren das sowohl Männer als auch Frauen?

Kathrin:

Ungefähr 40, würde ich sagen. Ja, es gab Männer und Frauen, die mit uns gearbeitet haben. Sie waren dann auch nicht unbedingt Angehörige der Fokolar-Bewegung. Das waren auch zum Beispiel unsere watchmen, die Sicherheitsleute, die am Tag und in der Nacht für unsere Sicherheit gesorgt haben. Das war durchaus wichtig, weil sie auch oft die Hintergründe der Menschen kannten, die ins Krankenhaus kamen. Wenn ich also Nachtdienst oder Spätdienst hatte, dann waren diese Leute wichtig, einmal für meine Sicherheit aber auch als Übersetzer für die Patienten, die dann kamen. Manche

---

[168] Yamswurzel: stärkehaltige Wurzelknollen, wie Kartoffeln verwendet

[169] Cocoyam ist ebenfalls ein stärkehaltiges Wurzel-oder Knollengemüse, auch als Taro bekannt. Oft wird es zu Fufu, einem Mehl, verarbeitet.

[170] andere Bezeichnung für Maniok

Patienten sprachen kein Englisch oder noch nicht mal Pidgin[171], sondern nur Bangwa.

Autorin:

Und wie war das Miteinander mit diesen Sicherheitsleuten?

Kathrin:

Sehr gut! Ich hatte nie Probleme mit denen. Es war immer respektvoll, immer gut. Sie waren auch immer dankbar, dass wir da waren. Das hast du immer gespürt. Sehr, sehr große Dankbarkeit.

Ich war auch oft beschämt. Wir sind ja so erzogen, dass wir Älteren Respekt zollen, der Jüngere grüßt den Älteren. Wenn du in Fontem jemanden begrüßt, dann machst du das nicht, indem du ihm einfach die Hand gibst. Der Jüngere oder Untergebene muss dann mit der linken Hand sein rechtes Handgelenk umfassen. Das ist dann ein Zeichen von Ehrerbietung gegenüber dem Älteren. Und das haben die Älteren Bangwa immer mir gegenüber gemacht, das hat mich immer beschämt. Deswegen habe ich das dann auch immer gemacht. Weil es mich beschämt hat, weil ich das nicht wollte. Ich wollte auch ihnen Respekt als dem Älteren zollen, als jemand der Farmer ist und viel härter arbeitet als ich.

Autorin:

Wussten sie denn, dass du Deutsche bist?

Kathrin:

Ich glaube, ja. Martina, die eine Bangwa aus der Umgebung, hat mir oft gesagt, dass man über mich sprach. Weil ich anders war, weil ich aus einer Großstadt kam, weil ich eben ein bisschen modern war, mich manchmal geschminkt habe, was die Bangwa, mit denen ich zu tun hatte, immer lustig fanden. Ich war einfach auch anders als die anderen Fokolare, die eher gesetzt wirkten. Martina erzählte mir auch, dass man mich immer Earring nannte, weil ich nur an einem Ohr einen langen Ohrring trug.

Autorin:

Zurück zu den Auszubildenden. Wie hast du sie erlebt?

---

[171] Pidgin ist eine reduzierte, vereinfachte Verkehrssprache zur Verständigung zwischen verschiedensprachigen Personen. Trotz der vereinfachten Grammatik, muss auch sie wie eine Fremdsprache erlernt werden. Es gibt zahlreiche Pidgin-Sprachen, in Kamerun allein fünf, die in unterschiedlichen Regionen gesprochen werden. Quelle: https://en.wikipedia.org/wiki/Cameroonian_Pidgin_English

Kathrin:

Sie waren alle etwa in meinem Alter, also Anfang Zwanzig und waren sehr kompetent als sie fertig waren. Das waren vollwertige Krankenschwestern.

Autorin:

Wie habt Ihr Euch verständigt? Auf Englisch?

Kathrin:

Ja, die Hauptsprache war Englisch, und Pidgin-Englisch. Alle konnten aber auch Französisch, da Kamerun eine frankophone Regierung hat. Und sie sprachen natürlich Bangwa, das ist schon eine ganz eigene Sprache, aber keine Schriftsprache. Sprachen haben mich ja immer interessiert, daher habe ich oft nach der Schreibweise der Bangwa-Worte gefragt. Dann haben die Bangwa immer gelacht und gesagt, das könne ich mir aussuchen.

Autorin:

Du sagtest, du hättest die Bangwa Martina in ihrem compound besucht. Wie war das dann?

Kathrin:

Also wir Weißen waren schon irgendwie anders. Ich weiß nicht wie ich es beschreiben soll, wir waren … nicht gleichgestellt. Nein, das trifft es nicht und ist ein blödes Wort, aber es stimmt auch wieder.

Einmal hatten wir in unserem Wohnhaus kein Wasser und im Krankenhaus gab es noch Wasser. Ich wohnte damals schon zusammen mit den Gen in einem Haus, etwa 200m entfernt vom Krankenhaus. Dann haben wir eimerweise das Wasser den Berg hinauf in unser Haus geschleppt. Die Mädels trugen die Eimer auf dem Kopf, alle Lasten wurden so getragen. Dann wollte ich dann auch so machen. Darauf sagten die Mädchen zu mir: »Nein, du brauchst das nicht zu machen.« Vielleicht auch weil man mir das als Weiße nicht zugetraut hat.

Autorin:

Aber du hättest die Eimer ja auch so tragen können, so wie wir es machen.

Kathrin:

Nein, sie wollten das nicht. Sie haben gedacht, als Weiße wäre ich gar nicht in der Lage dazu, das Wasser zu tragen. Das hat mich verblüfft. Einmal saß ich in einem Mangobaum mit meiner Freundin Georgette aus dem Kongo. Da kam eine Frau vorbei, sie kam den Weg entlang auf ihrem Weg nachhause. Sie schaute so hoch und sah mich in dem Baum und war völlig baff, dass ein weißer Mensch in einen Baum klettern kann. Dazu hat mir danach Georgette erzählt, dass sie als Kind immer dachte, die Weißen können gar nicht laufen. Weil sie damals in Goma, im Kongo, noch nie gesehen hatte, dass ein Weißer zu Fuß unterwegs war. Sie hat Weiße immer nur in einem Auto sitzend gesehen. Sie hat die Weißen deswegen auch immer bedauert. Die armen Weißen, die können nicht laufen!

Autorin:

Wie hast Du denn die Bangwa im Krankenhaus erlebt, wenn sie zu Euch als Patienten kamen?

Kathrin:

An drei Tagen pro Woche gab es ambulante Sprechstunden, das waren auch die Markttage in Fontem. Da kamen dann viele Bangwa zu uns, vor allem Schwangere kamen. Wir hatten auch eine Gynäkologin, Mary, sie ist auch zu den Bangwa nach Hause gegangen. Für viele Schwangere war es auch schwierig zur Sprechstunde ins Krankenhaus zu gehen. Es gab zu dieser Zeit in Kamerun noch ganz viel witchcraft[172], also Hexerei. In einem Compound ist es der Älteste, der bestimmt, ob eine Frau zur Sprechstunde gehen darf oder es eben verhindert. Als Bangwa-Frau kann man nicht einfach so sagen: »ich gehe jetzt zur Behandlung in ein Krankenhaus«. Vorher werden auch immer die Medizinmänner befragt und erst wenn die sagen: »ok, geh zur Behandlung ins Krankenhaus«, durfte die Frau dann zu uns kommen. Oder es wurde zuvor ein Zauber vorgenommen und erst danach, oder wenn der nicht half, durfte die Frau kommen. Das waren durchaus auch Bangwa mit christlichem Glauben, es gab bei diesen Menschen noch ei-

---

[172] witchcraft meint hier eine Glaubensrichtung, die es noch teilweise in Afrika, Asien oder Südamerika gibt. Sie beeinhaltet eine magische Weltanschauung. Ursachen von Unglücken oder Krankheits/Todesfälle werden auch in Besessenheit oder in der Wirkung böser Dämonen durch einzelne Menschen betrachtet. Oft gibt es die Anwendung metaphysischer Mittel und Praktiken, um mit Geistern, Gottheiten oder Vorfahren zu kommunizieren oder um Krankheiten zu heilen. Diese Anschauung und Praktiken verhindern heute oft die Bemühungen westlicher Medizin in der Eindämmung der HIV-Infektionen oder der Behandlung des Ebola-Virus.
Quelle wikipedia

nen Mix aus beiden Glaubensvorstellungen. Die Fokolare haben versucht, diese Haltung bei den Bangwa immer zu respektieren. Wenn also jemand christlich getauft war, konnte es trotzdem vorkommen, dass er gleichzeitig auch Vorstellungen und Praktiken seines Traditionsglaubens ausübte. Für uns von der Fokolar-Bewegung war wichtig, beides zuzulassen. Das einzige, was wir nicht tolerierten, war das Vorgehen gegen Albinos. Für die Bangwa wie für viele Afrikaner sind Albinos Hexer, die ausgegrenzt oder sogar getötet werden müssen.

Autorin:

Hast du so einen Fall in deiner Zeit in Fontem selbst erlebt?

Kathrin:

Als ich in Fontem war, gab es zwar keinen Fall von getöteten Albinos, aber es gab durchaus Fälle, wo jemand getötet wurde, weil der Frau oder dem Mann angelastet wurde, Schuld an dem Tod eines anderen zu sein. Es wurde einfach ein Grund, eine Ursache, ein Schuldiger gesucht, wenn es einen plötzlichen Todesfall gegeben hatte. Es wurde dann nach jemandem gesucht, der den Toten verhext hätte, sodass der dadurch gestorben ist.

Autorin:

Wenn also Bangwa zu euch ins Krankenhaus kamen, aus welcher Entfernung kamen die dann?

Kathrin:

Das ist ganz unterschiedlich weil die Compounds so weit verteilt waren. Aber es konnte schon vorkommen, dass die Leute 2 - 3 Stunden Fußweg hinter sich hatten. Manche kamen aus Besali, die haben dann von mir sofort ein Bett bekommen, egal wie es ihnen tatsächlich ging, einfach weil Besali so weit entfernt war.[173]

Das war auch vor allem, wenn sie in der Nacht kamen. Die Nacht gehört in Kamerun den Hexen und bösen Geistern, da ist man nicht so gern unterwegs. Eigentlich logisch, weil es kein Licht gibt und es entsprechend gefährlich ist, durch den Busch zu laufen. Wenn also jemand in der Nacht mit Buschlampen durch den Urwald bis zu uns läuft, dann muss es einen ernsten Grund dafür geben. Es gab also für diese Fälle die Order, denen sofort ein Bett zu geben.

---

[173] Besali ist ein Ort, der 27km nördlich von Fontem gelegen ist.

Oft kamen die Patienten in Begleitung von jemandem, auch weil es üblich ist, dass die Ärzte und Schwestern im Krankenhaus nur für das Medizinische zuständig sind. Die ganze Pflege, wenn also der Patient gewaschen werden musste, übernahm das der Angehörige, der ihn begleitet hatte. Dafür waren wir nicht zuständig. Der sorgte dann auch für das Essen. Das war nicht Leistung des Krankenhauses. Es war so üblich dort, nicht nur in unserem Krankenhaus, sondern das ist allgemein dort so. Der Begleiter schlief dann auf dem Boden, neben oder unter dem Bett, oder ging auch nachhause und kam am nächsten Tag wieder.

Autorin:

Hat sich das so entwickelt? Oder ist das so, weil es den Menschen dort entspricht?

Kathrin:

Ja, das war dort so. Immer. Wir kennen nur unsere Art der Pflege im Krankenhaus und denken dann, dass das überall so gehandhabt wird. Aber auch in den arabischen Ländern ist die Pflege im Krankenhaus anders. Auch dort wird das Essen von den Angehörigen gebracht. Es ist einfach eine andere Art der Organisation. Ich glaube in Lateinamerika ist das auch so. Das spart auch unglaublich an Geld. Vielleicht ist das im Krankenhaus einer großen Stadt wie z.B. Nairobi anders, Aber bei uns im kleinen Fontem war die Pflege immer Sache der Familie.

Schwierig war, es, wenn tatsächlich mal jemand ohne einen Angehörigen kam. Einmal hatte ich Nachtdienst, als mitten in der Nacht eine Frau aus Besali mit ihrem Baby kam. Sie hatte sich heimlich auf den Weg gemacht, weil sie von ihrer Familie, vom Compound keine Erlaubnis bekommen hatte. Sie hatte eine Brustentzündung und es hatte sich ein schlimmer Abszess an einer Brust gebildet, der sich geöffnet hatte. Die Frau trug einen Umhang, der die Brust verhüllte. Und als sie hereinkam, nahm sie wortlos den Umhang ab und man sah die große, offene Wunde an der Brust. Da waren noch Blätter drin, die der Medizinmann hineingesteckt hatte. Als wir sie dann aufgenommen haben, mussten wir darum kämpfen, dass jemand ihr Essen bringt. Sie war ja allein gekommen. Die Bangwa haben das erst abgelehnt: »die ist ja aus Besali, die ist nicht von uns«. Dann habe ich denen gesagt: »Was soll ich denn sagen? Ich bin auch keine Bangwa und helfe hier den

Menschen.« Es war eine gute Situation, um ihnen zu vermitteln: es ist unsere Christenpflicht zu helfen, egal welche Hautfarbe, welche Familie, welche Religion.

Autorin:

Kam es auch vor, dass man euch Vorwürfe machte, wenn jemand starb?

Kathrin:

Nein. Ich habe es eher so erlebt, dass es für die Bangwa etwas Natürliches war. Der Tod gehörte als ein natürlicher Vorgang mit dazu. Der letzte Ausweg war für die Bangwa schon das Krankenhaus, wenn der Medizinmann nicht mehr weiter wusste. Wenn dann aber trotz allem jemand starb, dann akzeptierte man das. Die Bangwa leben mit dem Tod viel mehr als wir heute. Es gab ganz feste Regeln, wenn jemand aus dem Compound starb. Dann gab es einen »cry«, einen lauten Schrei. Das musste man tun, auch um den Menschen im Busch zu verkünden: hier ist jemand gestorben. Ich kann mich erinnern, dass auch Natalia, unsere Krankenschwester aus Italien, laut aufschrie, als Ita, eine der Fokolarinnen an Malaria gestorben war. Es war ein schrecklicher Vorfall und Natalia schrie ihren Schmerz heraus. Aber die Bangwa erfuhren so auch, dass jemand von den Fokolaren gestorben war. Für alle Schwarzen, auch die jungen Gen aus den anderen afrikanischen Ländern war es wichtig auf diese Weise zu erfahren, auch die Weißen trauern um ihre Toten. Eigentlich ist es ja auch ein natürlicher Vorgang, um Gefühlen Ausdruck zu verleihen und zu verarbeiten. Man schreit dort nach einem Todesfall drei Tage lang. Der Tote wird drei Tage im Haus aufgebahrt und wird nicht alleingelassen. Es gibt Regeln, wer was zu kaufen hat, wer Speisen und Getränke organisiert für die Besucher. Es gibt also drei Tage ein Totenfest, dann wird er am Haus oder auch unter dem Haus begraben. Einen Friedhof gibt es nicht.

Erst der Tod jener jungen Fokolarin Ita Lyng aus Irland bewirkte, dass Fontem schließlich einen christlichen Friedhof erhielt. Der Wunsch der Fokolare nach einem »holy field« war über viele Jahre immer wieder von der lokalen Verwaltung abgelehnt worden. Nun wurde ein Feld nahe der Kirche dafür freigegeben und der felsige Grund mühevoll vorbereitet. Das Begräbnis der jungen Fokolarin war das erste auf dem neuen Friedhof und für alle auch ein Signal, dass die Fokolare jetzt dazugehören, weil es einen Platz für die Toten gibt. Mittlerweile gibt es 98 Gräber und auch

einige Bangwa wünschen sich, dort begraben zu sein, weil sie erleben, dass die Ver-
storbenen einen Platz dort haben, an dem mit Grabsteinen, Inschriften und auch
Bildern an sie erinnert wird und für sie gebetet wird.[174] *Anm. Autorin*

Autorin:

Erzähl doch bitte noch mehr über eure medizinische Arbeit. Das war
doch sicher schwierig mit den einfachen Bedingungen?

Kathrin:

Da gibt es viele Situationen, die schwierig waren. Wir hatten ja nur 3 Ärzte und nur einer konnte operieren. Die anderen mussten noch angelernt
werden, hatten wenig Operationserfahrung. Auch ein Beatmungsgerät war
nicht vorhanden. Wenn also operiert wurde, musste eine lokale Betäubung
zusammen mit Ketanest als Schmerzmittel und Schlafmittel genügen. Alle
richtigen Anästhetika, wie sie hierzulande bei Operationen zur Narkose verwendet werden, bewirken eine Atemlähmung, mit der Notwendigkeit, dass
derjenige maschinell beatmet wird. Das war in Fontem nicht möglich, weil
wir eben kein Beatmungsgerät hatten. Wir hatten auch kein Dialysegerät,
mit dem bei Nierenerkrankungen deren Funktion ersetzt werden kann.

Einmal wurde der Sohn eines Subchiefs aus der Umgebung gebracht. Mit
Hilfe eines Tuchs, gehalten an einem langen Stab, trugen ihn alle Männer aus
seinem Dorf 12 Stunden lang durch den Busch bis zu uns. Es war ein impo-
santer Mann, der auch eine hohe Position in seinem Dorf besaß. Mit Hilfe
unserer Möglichkeiten, wir hatten auch ein kleines Labor, stellten wir ein
Nierenversagen fest. Eine permanente Möglichkeit der Blutwäsche wäre nötig gewesen; das, was sonst die Nieren für uns machen, 2 - 3 x pro Woche.
Völlig undenkbar in Fontem, schon weil in ganz Kamerun ein solches Gerät
fehlte. Wir mussten also den Bangwa sagen, dass wir leider nichts tun können für ihn. Das haben wir dann alle miteinander besprochen, auch mit
Martin, dem Patienten. Es war sehr, sehr schwer, das zu akzeptieren, auch
für uns. Sie nahmen ihn also wieder mit und er starb natürlich an seiner
Krankheit. Es war traurig, dass wir diesem stattlichen Mann nicht helfen
konnten, während in Europa vielen mit dieser Erkrankung geholfen werden
kann.

Aber vielleicht unterliegen wir auch bei unseren guten Bedingungen viel

---

[174] Info siehe: https://focolare-fontem.org/about-us/cemetery/

zu oft der Illusion der Grenzenlosigkeit mit dem Anspruch alles ist möglich und wir haben fast schon verlernt, Grenzen oder den Tod zu akzeptieren.

Autorin:

Wie war das, als du auf der Geburtsstation gearbeitet hast, wie waren die Bedingungen dort?

Kathrin:

Die Säuglingssterblichkeit hatte sich von ausgehend 80% in den 60er Jahren zwar verringert, war noch immer sehr hoch. Ich kenne keine näheren Zahlen dazu aus der Zeit, als ich dort war. Aber wenn eine Frau beispielsweise 6 Kinder geboren hatte, war es nicht ungewöhnlich, dass 2 davon gestorben waren. Das lag auch an den vielen Frühgeburten. Wir haben dann einen Ante-Natal-Klinik eingerichtet, also eine vorgeburtliche Sprechstunde, wo die schwangeren Bangwa sich der Hebamme vorstellen konnten. Dort konnten dann schon vor der Geburt Risiken festgestellt werden, wie schwierige Geburtslagen. Aber längst nicht alle haben sich da vorgestellt. Dann konnte es sein, dass sich komplizierte Geburtslagen erst während der Geburt zeigten. Ich war zwar ausgebildete Krankenschwester aber keine Hebamme. Ich habe erst dort einige Unterweisungen erhalten, wie man auch Steißlagen oder Beckenendlagen alleine entbinden kann, ohne Hilfe eines Arztes. Und das ging ohne Probleme, oft. Ich hatte das Glück, dort ein deutsches Lehrbuch über Geburtshilfe zu finden. Das war dann quasi meine Bibel. Darin habe ich viel gelesen und mir auch so das nötige Wissen angeeignet. Einmal in der Woche hatten wir aber auch Unterricht durch die Gynäkologin und die Hebamme.

Autorin:

Wie oft kam es vor, dass ihr einen Kaiserschnitt vornehmen musstet?

Kathrin:

Das kam schon manchmal vor, wenn es einen Geburtsstillstand gab. Etwa einmal pro Woche, würde ich sagen. Wir hatten jede Nacht 2 - 3 Geburten. Also pro Tag 4 - 5 Geburten. Es waren schon viele Kinder, aber es sind leider auch viele gestorben. Auch wegen der vielen Frühgeburten. Wir hatten auch keinen Inkubator. So etwas mussten wir uns zusammenbasteln mit Wärmflaschen. Erst als die Hebamme und ich beschlossen haben, diese winzigen Babys streng zu isolieren von allen anderen, verringerte sich die

Sterblichkeit bei den Frühgeborenen. Viele Neugeborene bekamen auch Malaria oder wurden schon damit geboren.

Autorin:

Haben die Patienten auch etwas für ihre Behandlung bezahlt?

Kathrin:

Die aufgenommenen Patienten musste eine »Admission-Fee«, also eine Aufnahme-Gebühr bezahlen. Das waren, glaube ich, 1000 CFA-Franc [*umgerechnet 1,50€, Anm. Verf.*][175]. Bananen, zum Beispiel, kosteten nur Cents. Wenn wir Bananen kauften, haben wir immer eine ganze Staude gekauft, nie einzelne Bananen. Für das Bett im Hospital wurde eine Tagesgebühr berechnet und jede einzelne Maßnahme, Tablette, Spritze haben wir dokumentiert und abgerechnet. Am Tag der Entlassung kam der Patient mit seiner Akte, dann haben wir alles zusammengerechnet. »Money-Palaver« heißt das dann, wobei natürlich auch wirklich versuchte wurde, ein wenig zu handeln. Manche konnten die Betrag nicht bezahlen, dann blieben sie so lange auf dem Krankenhausgelände bis Verwandte das Geld gebracht hatten. In wenigen Fällen konnte auch die Familie den Betrag nicht aufbringen, dann durften sie den Betrag abarbeiten, zum Beispiel mit Gartenarbeit oder Hilfe in der Wäscherei. Es gab eine überdachte Terrasse mit Kochgelegenheiten, Toiletten und Waschmöglichkeiten für die Begleiter der Patienten. Dort konnten auch die entlassenen Patienten dann so lange bleiben, auch Tage, falls nötig. Aber wir haben immer den Patienten aufgenommen, wenn es nötig war.

Im Gegensatz dazu stehen die Umstände des Todes von Bangwa-Fon Lukas Njifua 2014, die von NewsWatch Cameroon berichtet werden. Der studierte Jurist aus Fontem war als Senator in Yaounde tätig. Als er am 2. April 2014 aufgrund plötzlicher gesundheitlicher Probleme in das Krankenhaus von Younde gebracht worden war, verzögerte sich die Behandlung, weil das Oberhaus des Parlaments als Arbeitgeber die Kostenzusage eines Betrags von umgerechnet 450€ nicht zeitnah übermittelte. Die Praxis »no money - no health« der öffentlichen Krankenhäuser wird nach NewsWatch vielfach beklagt. Dabei wäre eher die Lethargie der Auszahlung als ein tatsächlicher Mangel an Geld die Ursache des Problems. Die

---

[175] der Wechselkurs betrug 1996 1DM = 337 CFA-Franc, heute beträgt er 1€ = 655 CFA-Franc, hat sich also wenig verändert. Quelle: https://bankenverband.de/service/waehrungsrechner/historicalcurrencies/?amount=100&from_=DEM&to=XAF&date=19.05.1996&interbank=0&o=1

Kostenzusage für die Überführung der Leiche nach Fontem über umgerechnet 4500€
erfolgte dann allerdings noch am gleichen Tag.[176] Anm. Autorin

Autorin:

Haben die Patienten eure Rechnung akzeptiert oder gab es Probleme mit der Bezahlung oder mit dem Abarbeiten?

Kathrin:

Nein, die Patienten waren immer sehr dankbar für die Behandlung und ein Abarbeiten kam selten vor und machte keine Probleme. Aber ich weiß, dass die Kosten auch manche Patienten davon abgehalten haben, überhaupt zur Behandlung zu kommen. Es gab eben in Kamerun keine nationale Gesundheitsversorgung oder Versicherung so, wie wir es kennen.

Autorin:

Wie hoch war denn euer Verdienst?

Kathrin:

Wie haben nur so viel verdient, dass wir davon leben konnten. Natürlich gab es eine Abstufung, die Ärzte haben mehr erhalten als die ausgebildeten Schwestern und diese verdienten mehr als die ungelernten Helfer. Von diesem Geld haben wir alles bezahlt, was wir brauchten. Ich habe damals 45.000 CFA-Franc [*etwa 70 €, lt. Umrechnungstabelle v. 1996, Anm. Aut..*] pro Monat erhalten. Von diesem Geld wurde ein Teil für mich gespart, damit ich ein Rückflugticket kaufen kann. Der gesamte Rest ging an die Gemeinschaft. Das war für uns alle dort so, die wir dort im Sinne der Bewegung arbeiteten.

Autorin:

Woher kam dann dieses Geld?

Kathrin:

Das kam aus dem wirtschaftlichen Ertrag des Krankenhauses. Das musste sich selbst tragen. Wenn wir Geräte brauchten, dann haben wir oft in der Bewegung um Spenden gebeten. Die kamen auch zahlreich. Manchmal erhielten wir auch recht ungewöhnliche Geräte, die andere Ärzte oder Krankenhäuser aussortiert hatten. Aber es gab auch Geldspenden durch irgendwelche Sammel- oder Spendenaktionen, die die Gen-Bewegung der Fokolare veranstalteten. Ich erinnere mich daran, dass durch Spenden auf

---

[176] http://newswatchcameroon.blogspot.com/2014/04/negligence-senator-fontem-nji fua-was.html

diese Weise der Kauf eines Jeeps finanziert worden ist.

Autorin:

Inwiefern unterschied sich deine Arbeit dort von der hier in Deutschland im Hinblick auf das Miteinander? Das war doch sicher anders geprägt durch die Fokolare?

Kathrin:

Wir haben uns oft getroffen und miteinander die medizinischen Entscheidungen getroffen. Das entsprach einfach auch unserer spirituellen Haltung, jener der Fokolare. Das Miteinander.

Ich erinnere mich an den Fall einer hochschwangeren Frau, die keine Kindsbewegungen mehr hatte. Das Kind war gestorben im Mutterleib, das kommt vor. Aber die Frau ist nicht ins Krankenhaus gekommen, weil sie Angst vor der Situation hatte. Schließlich wurde sie gebracht, weil sie Fieber bekommen hatte. Und hier stellten wir fest, dass das Kind nicht nur tot war, sondern auch schon verweste im Mutterleib, eine hochgefährliche Situation. Leider war unser erfahrenster Arzt, Dr. Pino, zu der Zeit nicht in Fontem. Die beiden anderen kannten die nötige Operation nicht selbst. Und in dieser Situation war auch unklar, ob das Kind zusammen mit der Gebärmutter entfernt werden muss oder erst das Kind alleine und später die Gebärmutter, mit der Gefahr einer Blutvergiftung durch den Vorfall des toten Kindes in diesem Organ. Aber eine gemeinsame Entfernung von Kind und Gebärmutter war hochriskant und mit einer ähnlich hohen Gefahr, weil es ohnehin das tote Kind gab in dem Organ, in dem Körper der Frau. Es war eine unglaublich schwierige Situation, vor allem für die beiden jungen Ärzte. Auch da haben wir uns alle zusammengesetzt und gemeinsam die Entscheidung erarbeitet und getragen. Die beiden Ärzte haben die ganze Nacht dafür gelernt und sich vorbereitet, damit diese Operation mit unseren Bedingungen so gut wie möglich durchgeführt werden kann. Vorher kamen wir alle zusammen und beteten. Und auch während der Operation dachten alle anderen daran und wer Zeit hatte, betete für einen guten Ausgang. Leider gab es doch eine Infektion, die Wunde verschloss sich nicht. Das war auch eine sehr schlimme Situation mit unseren Bedingungen. Wir mussten sehr viel Verbandmaterial selbst sterilisieren, um die Wunde so gut es ging zu versorgen. Aber diese Situation kennen wir mittlerweile ja auch hier in

Deutschland mit diesen von MRSA-Keimen infizierten Operationswunden, die sich aufgrund der Infektion nicht verschließen. Damals ist die Frau ist dann nach zwei Wochen doch gestorben.

Autorin:

Die Tatsache, dass du Deutsche bist, auch bezogen auf die Vergangenheit, war das den Bangwa bewusst?

Kathrin:

Nein, den Bangwa nicht. Nur dem Chief Fobellah, den ich getroffen habe. Der wusste, dass ich Deutsche bin und hat mich immer ein wenig streng angeschaut. Da war ich mir nicht sicher, wie er mich sieht.

Es gibt den Fon, der in seinem Königspalast wohnt und es gibt Subchiefs. Und Chief Fobellah war ein Subchief. Ich habe ihn mal in seinem compound besucht, als er Geburtstag hatte. Zusammen mit allen anderen sind wir zu ihm gelaufen. Als wir ihn besuchten, war er schon alt und hatte als Kind die Deutschen in der Kolonialzeit selbst erlebt.

Autorin:

Du hattest mal erzählt, dass du auch positive Rückmeldungen bezogen auf die Vergangenheit in Kamerun erlebt hast.

Kathrin: Ja, das war aber nur einmal, als ich nach Buea[177] musste, um mein Visum zu verlängern. Ich saß in einem Taxi, als der Fahrer, mit dem ich mich unterhielt, zu mir sagte: »Tolle Straßen, tolle Brücken, das haben alles die Deutschen gebaut.«

---

[177] Buea ist die Provinhauptstadt der Region Süd-West mit etwa 50.000 Einwohnern, 250km südlich von Fontem. Buea war einer der ersten Orte, die von Expeditionen der Schutztruppen erreicht wurden. 1891 wurde die Siedlung nach dem gewaltsamen Tod des Expeditionsleiters in einem Rachefeldzug von den übrigen Soldaten zerstört. Bei weiteren Rebellionen wurde Buea 1894 wiederum von den Truppen um Hans Dominik vollkommen zerstört und die Bevölkerung vertrieben, um jeglichen Widerstand zu brechen. Unter dem Gouverneur Puttkamer wurde Buea 1901 Verwaltungssitz der Deutschen Kolonie, erfuhr einen raschen Ausbau mit Errichtung eines Gouverneurspalasts (Puttkamer-Schößchen), der heute als Nebenresidenz des Staatspräsidenten dient.

Am Schluss dieses Kapitel angekommen, bin ich sehr froh darüber, auch wenn nach der Idee des Interviews die Arbeit daran viel mehr Zeit gebraucht hat, als ich mir ursprünglich vorgestellt hatte.

Das Kapitel wurde auch gespeist durch Erinnerungen an meine eigenen Jahre, die ich in Berlin in einem Gen-Team verbracht habe, an meine persönlichen Begegnungen mit Fokolaren bei der Mariapoli 1987 in Deutschland. Ich bin erfüllt von dem, was ich bei der Recherche über die Fokolare einmal mehr gelernt habe, insbesondere über ihre Arbeit in Fontem. Eine berührende Organisation und ein beispielhafter Einsatz für Kamerun.

Ich war so glücklich mit dem Kapitel über Fontem und die Arbeit der Fokolare dort. Doch so wie beschrieben, gibt es Fontem nicht länger. Noch stehen die Häuser, aber sie sind so gut wie leer.

Kurz vor der Fertigstellung des Buches sprach ich nochmals mit meiner Schwester über notwendige Änderungen in meiner Ausarbeitung des Interviews. Erst zu diesem Zeitpunkt erreichten mich ihre Hinweise auf die augenblickliche politische Situation in Kamerun und ich begriff rasch, das gehört auf jeden Fall mit in das Buch. Wieder war einige Recherche nötig und ich fügte die Passagen über die politische Situation nachträglich ein.

So bitter es auch ist, diese letzten Ergänzungen über die politische Situation zur Zeit runden das Bild entscheidend ab, schildern sie doch auch die Folgen der unseligen und ungerechten Politik des letzten Jahrhunderts, die bis heute andauern. Sie legen den Schluss nahe, dass die ehemaligen Kolonialmächte noch immer nicht von ihrer Machtpolitik ablassen können, vermutlich wiederum aus ökonomischen Gründen. Und wer weiß denn auch, von wem andererseits die anglophonen Separatisten mit Waffenlieferungen unterstützt werden und wer letztlich deren Kampf für eigene Vorteile nutzt.

In der Kolonialzeit wurden die Samen gelegt, wir sehen heute die Folgen in den Taten der Menschen, die in dieser Zeit geboren wurden, aufwuchsen, auf diese Weise geprägt wurden und es weitergaben an ihre Kinder. Es ist einmal mehr ein Beispiel für Menschen, die meinen, besser zu sein, als andere oder es besser zu wissen - oder die einfach nur für den eigenen Vorteil agieren. So ist es in Kamerun, aber auch in vielen anderen Ländern der Welt, wo zur Zeit für vermeintlich hehre Ziele gekämpft wird. Die Auswirkungen der Unruhen in Kamerun seit 2016 sind jedenfalls bestürzend und deprimierend.

Man kann nur hoffen, dass die verfeindeten Seiten eine Lösung finden, bald wieder Frieden herrscht im Land und die Fokolare ihre Arbeit dort fortführen können.

So gibt es tatsächlich im Augenblick einen kleinen Hoffnungsschimmer: Im Juli 2020 trafen Vertreter der Kameruner Regierung Sisuk Julius Ayuk Tabe, den inhaftierten Präsidenten der Separatisten und weitere seiner Mitstreiter, um Wege zu einen Waffenstillstand auszuhandeln[178]. Doch das Treffen zeigte auch: es gibt noch viele Steine, die vorher aus dem Weg geräumt werden müssen.

Und was Fontem anbetrifft: in einem berührenden Video, das meine Schwester in Internet fand, schilderten 2019 zwei der verbliebenen Pflegekräfte von Fontem die Situation mit der hoffnungsvollen Botschaft: Fontem lebt! Ärztliche Hilfe ist zwar nicht länger möglich, aber die wenigen Pflegekräfte versuchen alles, um das Zentrum zu erhalten und den Menschen dort medizinisch zu helfen.[179]. Ich kann nur jedem empfehlen, sich dieses Video anzusehen, weil darin auch jene Spiritualität spürbar wird, die nicht nur Fontem trägt, sondern die gesamte Bewegung der Fokolare.

---

[178] https://cameroonnewsagency.com/covid-19-ceasefire-the-big-four-react/
[179] https://vimeo.com/364251812

Abb. 16
Fontem 1987

Abb. 17
Nicasio Triolo, einer der
ersten drei Ärzte in
Fontem.
aus:
»una vita per vincere - bi-
ographia   di   Nicasio
Triolo« von
Tanino Gaetano Minuta
Verlag Città Nuova

Abb. 18, Staff des Hospitals 1987, Kathrin ist die 6. von links, erste Reihe stehend

Abb. 19, die Bewohnerinnen des Gen-Hauses in Fontem, Martina mit der Trommel

Abb. 20,
Kathrin 1987 in Fontem

Abb. 21
Kathrin zusammen mit
Krankenschwester Cecile
beim Impfen.

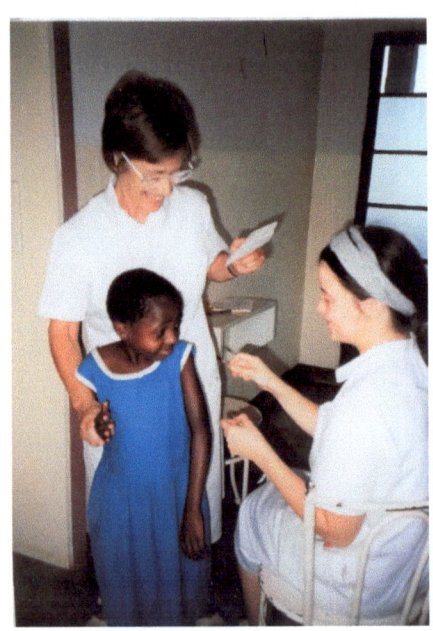

Abb. 22, der Palast des Fon in Fontem

Abb. 23, der Fon zusammen mit der Krankenschwester Cecile

Karten

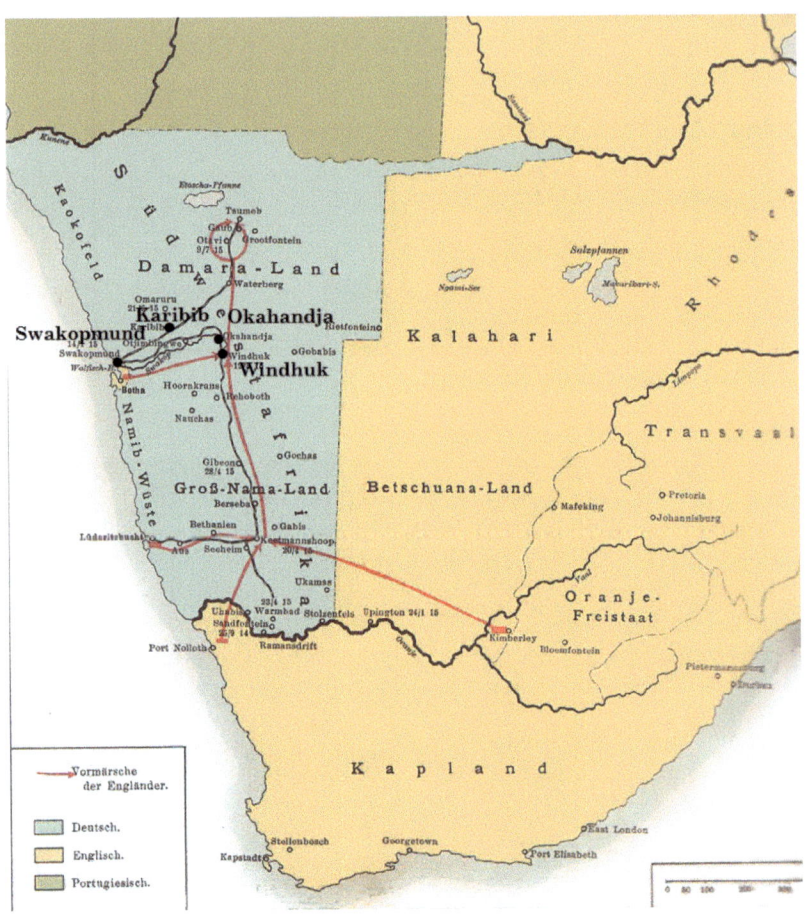

Karte 1

Deutsch-Südwestafrika 1915

Eduard Rothert, Karten und Skizzen zum Weltkrieg,
Druck und Verlag von A. Bagel, Düsseldorf, 1916.
bearbeitet zur Verdeutlichung der Namen

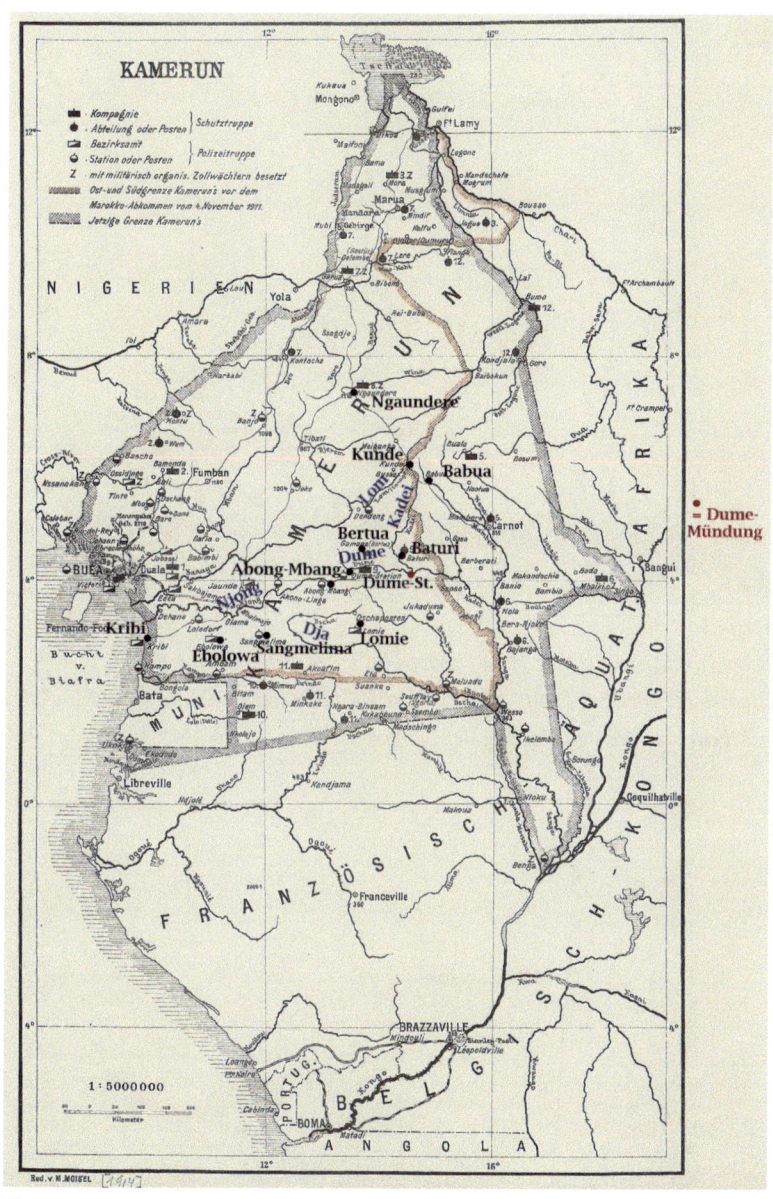

Karte 2

Grenzen Kameruns 1911+1914   Maßstab 1 : 5.000.000 1cm = 50 km

Max Moisel (1869–1920) - Staatsbibliothek zu Berlin - Preußischer Kulturbesitz

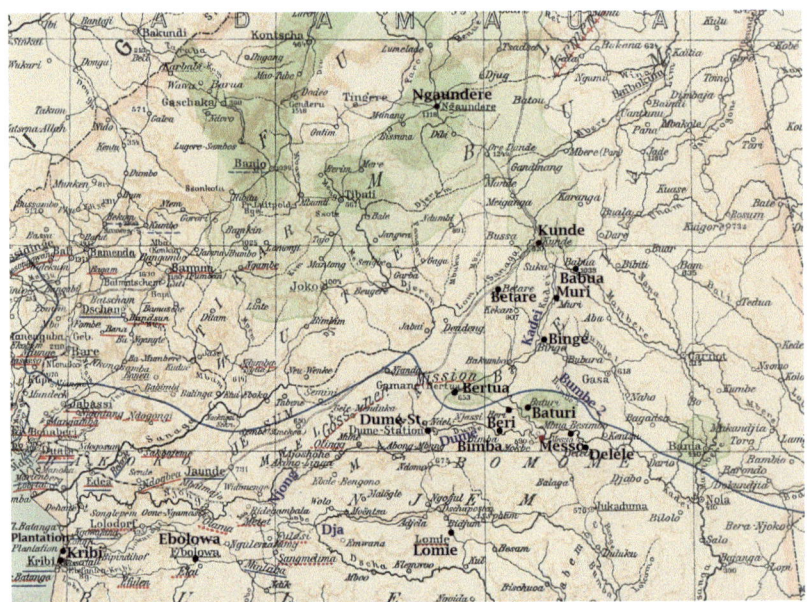

Karte 3 ● = *Dume Mündung*

Kamerun Missionskarte 1914   Maßstab 1:8.600.000, 1cm = 86km

Staatsbibliothek zu Berlin - Preußischer Kulturbesitz Paul Sprigade Max Moisel

bearbeitet zur Verdeutlichung der Namen

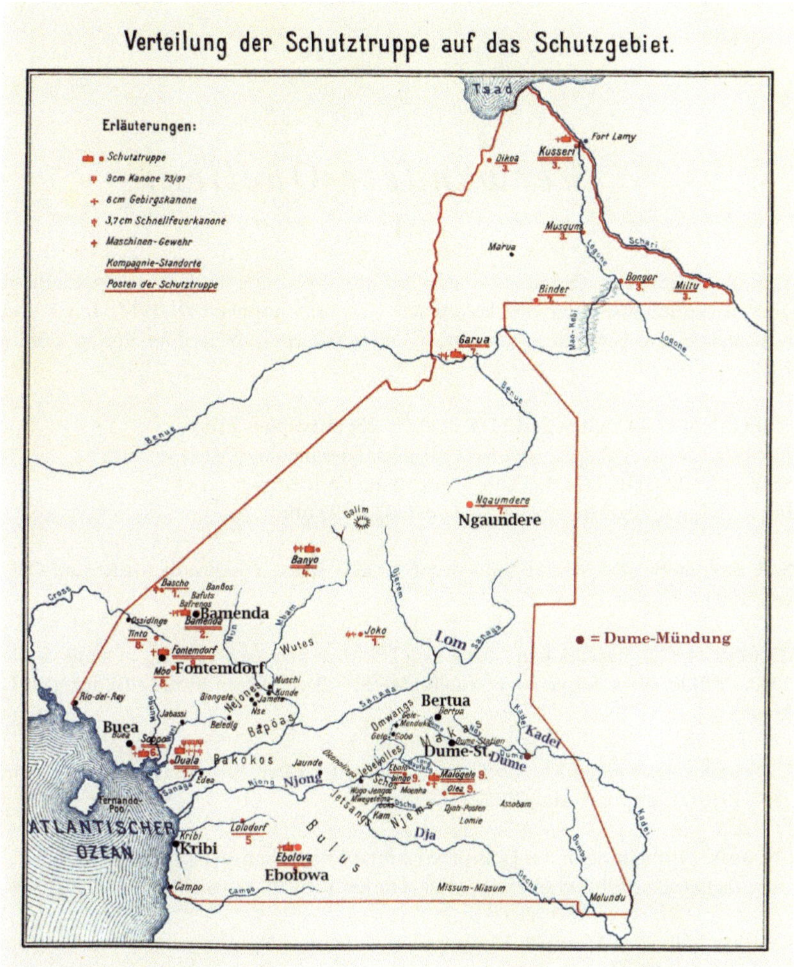

Verteilung der Schutztruppe auf das Schutzgebiet.

Karte 4
Verteilung der Schutztruppen 1908, mit Fontemdorf
Verhandlungen des Reichstages. Band 245 (1908).
Verl. der Buchdr. der Norddt. Allg. Zeitung, Berlin, 1908.
bearbeitet zur Verdeutlichung der Namen

Verwendete Quellen:

Florian Hoffmann: »Okkupation und Militärverwaltung in Kamerun« Etablierung und Institutionalisierung des kolonialen Gewaltmonopols 1891-1914, Teil I und II: »Die kaiserliche Schutztruppe und ihr Offizierskorps«, ©Cuvillier Verlag Göttingen 2007

SPIEGEL SPECIAL GESCHICHTE 2/2007: »Zwiespältiges Erbe«
https://www.spiegel.de/spiegel/spiegelspecialgeschichte/d-51661367.htm
SPIEGEL GESCHICHTE 12/2016: »Ganz feine Kaufleute«,
https://www.spiegel.de/spiegel/print/d-143711895.html

S. R. Steinmetz: »Rechtsverhältnisse von eingeborenen Völkern in Afrika und Ozeanien«, 1903

Deutsches Kolonial-Lexikon / hrsg. von Heinrich Schnee. - Leipzig : Quelle & Meyer 1920. - 3 Bde. über: http://www.stub.bildarchiv-dkg.uni-frankfurt.de/Bildprojekt/Lexikon/

U. Schaper »Koloniale Verhandlungen, Gerichtsbarkeit und Herrschaft in Kamerun 1884-1916«, Campus Verlag 2012

»Neueste Mittheilungen der Deutschen Amtspresse« vom 16.03.1894 über:
http://zefys.staatsbibliothek-berlin.de/kalender/auswahl/date/1894-03-16/11614109/

Gunther Mai: »Die Marokko-Deutschen 1873-1919« © 2014, Vandenhoeck & Ruprecht GmbH & Co. KG, Göttingen

»Der Erste Weltkrieg im Orient«, Arabische Truppen an die Front, https://www.phoenix.de/sendungen/dokumentationen/der-erste-weltkrieg-im-orient-13-a-97205.html

Catalogue of Life: ITIS CoLD des Naturalis Biodiversity Center
    http://www.catalogueoflife.org/col/details/species
    https://www.naturalis.nl/en

Verhandlungen des Deutschen Reichstags, website der Bayerischen Staatsbibliothek
    https://www.reichstagsprotokolle.de/impress.html

Deutsches Institut für Wirtschaftsforschung,
Wochenbericht 3/2018: Einkommensverteilung in Deutschland
https://www.diw.de/documents/publikationen/73/diw_01.c.575222.de/18-3.pdf

Robert Brain (1967). »THE BANGWA OF WEST CAMEROON« (PDF).
University College; über http://www.lebialem.info/page-5/pag

Fokolar-Bewegung: https://www.fokolar-bewegung.de
Fontem: https://focolare-fontem.org

Susanne Stollreiter, Alexandra Vojvoda: »Kamerun, die anglophone Krise« (PDF),
Friedrich-Ebert-Stiftung, Referat Afrika, http://www.fes.de/afrika

Für das Auffinden der Orte benutzte ich openstreetmaps und googlemaps

Abbildungen:

Abb. 1 - 14 ©Wilhelm Reuter

Abb. 15 ©Museum für Naturkunde Berlin

Abb. 16, 18 - 23 ©Kathrin Baumann

Abb. 17 aus »Una vita per vincere. Biografia di Nicasio Triolo«
von Gaetano Minuta, Verlag Città Nuova, ©Tanino Gaetano Minuta

Umschlagphoto: Station Ebolowa:
Bundesarchiv_Bild_146-2006-0024,_Kamerun,_Ebolowa,_5._Kompagnie

Danke sage ich

meinem Schwiegervater Franz, auch wenn er schon vor vielen Jahren verstorben ist. Immerhin hat er die Relikte seines Onkels über all die Jahre aufbewahrt und an seinen Sohn weitergegeben. Und ich danke Margot, meiner Schwiegermutter, für die Übertragung in leserliche Schrift. Auch Margot erreichen meine Worte leider nicht mehr, obgleich sie noch am Leben ist.

Ich danke meiner Schwester Kathrin für die interessanten und bewegenden Einblicke in ihr Kamerun-Abenteuer sowie für die Photos, die sie mir zur Verfügung stellte. Ohne ihren mutigen Entschluss zu diesem Abenteuer, würde es das Kapitel über die Arbeit der Fokolare und Fontem in diesem Buch nicht geben. Manchmal sind mutige Entschlüsse im Leben wichtig!

Ein herzliches Danke auch den Damen aus dem Naturkunde Museum Berlin für ihre Unterstützung und das schöne Photo des Schmetterlings.

Und ich danke Tanino (Gaetano) Minuta für die Erlaubnis, aus seinem Buch das Foto von Nicasio Triolo verwenden zu dürfen.

Rückmeldungen von Testlesern sind so wichtig! Daher gilt mein Dank auch Kathrin, Simon, Willi, Silke, Tina und Daniela für Ihre Einschätzungen und Ideen, vor allem das Cover betreffend.